财政部规划教材
全国高等院校财经类教材

营销策划

（第二版）

张光忠 编著

中国财政经济出版社

图书在版编目（CIP）数据

营销策划/张光忠编著．—2版．—北京：中国财政经济出版社，2009.9
财政部规划教材．全国高等院校财经类教材
ISBN 978-7-5095-1761-1

Ⅰ．营…　Ⅱ．张…　Ⅲ．市场营销学-高等学校-教材　Ⅳ．F713.50

中国版本图书馆CIP数据核字（2009）第151276号

责任编辑：刘瑞思　　　　责任校对：黄亚青
封面设计：陈　瑶　　　　版式设计：汤广才

中国财政经济出版社 出版

URL：http：//www.cfeph.cn
E-mail：cfeph@cfeph.cn

社址：北京市海淀区阜成路甲28号　邮政编码：100142
发行处电话：88190406　财经书店电话：64033436
北京财经印刷厂印刷　　各地新华书店经销
787×1092毫米　16开　11.25印张　264 000字
2009年9月第2版　2014年1月北京第2次印刷
印数：3 061—5 060　定价：20.00元
ISBN 978-7-5095-1761-1/F·1489
（图书出现印装问题，本社负责调换）
本社质量投诉电话：010-88190744
反盗版举报热线：88190492、88190446

编写说明

营销策划是高等财经院校工商管理、市场营销、产业经济等专业的专业课，也可以作为经济学、管理学、文化传播学、法律学等相关专业的选修课，有比较广泛的应用性。依据国家对创新型人才培养的需要，本教材的教学目的是：造就创新思维好，市场开拓能力强，思想活跃，理论丰富，有优秀的营销策划能力、市场操作能力和营销管理能力的复合型专门人才。具体表述为：

1. 通过系统的营销与策划知识的学习、探讨，使学生全面掌握最基本的市场营销思维模式和营销思维操作的理论、创意、方法。

2. 通过对经济全球化条件下企业的市场策划、产品策划、质量策划、形象策划、品牌策划、渠道策划、促销策划、赢利策划等领域的策划要素、策划原则、策划技巧的分析、研究，努力塑造实战型、创新型、创业型的新型营销管理者。

3. 通过对不同产品类型、不同细分市场、不同消费需求、不同竞争模式、不同赢利策略的策划机制、策划程序、策划目标、策划概念、策划手段的分析、探讨，全面锻炼学生的思维能力、创新能力、竞争能力和经营管理能力。

4. 通过理论联系实践、历史联系现实、策划联系营销，对世界典型国家、典型产业、典型市场、典型企业、典型产品、典型案例的分析、探索，提升学生走向社会、参与经济、开拓市场、创造价值的能力素质。

考虑到营销策划是一门创造性、开拓性、应用性的课程，本教材特别注意两个结合，即知识与能力的结合、学习与创造的结合。坚持以“营销”为主导，以“策划”为主线，使“营销”因为有“策划”而有生命力、竞争力；使“策划”因为有“营销”而有说服力、影响力。

本教材的第一版出版于2001年。作为财政部“十五”规划教材、全国高等学校财经类专业教材，获得良好的使用效果，先后六次印刷。基于我国策划理论与策划方法的巨大发展、完善，本教材在全面创新营销策划理论与知识的基础上，重构体系，重新撰稿，极大地丰富了营销策划理论与方法。

本书能够获得比较好的社会效果，是与中国人民大学、南开大学、武汉大学、中山大学、暨南大学、上海财经大学、中南财经政法大学、西南财经大学、中央财经大学等兄弟院校专家、学者的亲切关怀与大力支持分不开的。他们的鼓励、爱护是我能够在营销策划教学与研究领域有所创造、有所贡献的力量源泉。

在《营销策划》出版之际，我要衷心感谢财政部干部教育中心的各位领导，衷心感谢干部教育中心教材处的各位领导和工作人员；衷心感谢中国财政经济出版社各位领导与编辑同志，他们为该书的出版付出了辛勤的劳动。

参加本书资料搜集与其他技术工作的同志有彭英纳、朱钧、李金阳、张春红、卢晓辉、张君、高凌云、Christina Zhang、胡恒兴、瞿应星、马晓丹、雷蕾、谢灿辉、陈真、陈思磊、肖斐，在此一并表示感谢。

营销策划是发展中的学科，需要在教学实践中不断完善。本书可能存在许多不足地方，欢迎批评、指正。

作　者
2009 年 8 月

目录

第一章 DIYIZHANG

营销策划基础

策划出来的世界品牌

成立于1854年的万宝路起初只是一家不受人们注意的小烟店。1908年，烟店才正式以"MARIBORO"品牌在美国注册登记。"万宝路"这个名字就是针对当时的社会风气而定的。"MARIBORO"的原意为"男人们总是忘不了女人的爱"，并且把女烟民作为自己的目标市场。其促销广告口号是"像五月的天气一样温和"。香烟的烟嘴染成红色，以吸引广大爱靓女士大量购买。错误的定位使"MARIBORO"一蹶不振。40年代初，莫里斯公司宣布倒闭，停止生产万宝路香烟。二战以后，莫里斯公司重新振作起来，相继推出女子香烟的三个新系列：（1）简装香烟；（2）白色与红色过滤嘴香烟；（3）广告语为"与你的嘴唇和指尖相配"的一种香烟。尽管做了这样的一些努力，万宝路市场销售仍然没有起色。1954年莫里斯公司求助于当时美国广告界最有名的大师之一，也是世界广告学的奠基人之一的李奥·贝纳，请他帮助策划。李奥·贝纳经过周密的调查和深思熟虑，提出：将万宝路香烟重新定位，改变为男子汉香烟，并大胆地改变万宝路形象。

李奥·贝纳的设想：男子汉形象应该是：目光深沉，皮肤粗糙；浑身散发着粗犷和原野气息，有着豪迈气概；他的袖管高高卷起，露出多毛的手臂，手指间总是夹着一支冉冉冒烟的万宝路香烟，跨着一匹雄壮的高头大马驰骋在辽阔的美国西部大草原。这个牛仔形象就是万宝路香烟的广告形象，并且一直沿用至今。李奥·贝纳高明的"变性手术"从根本上改变了莫里斯公司的企业形象，使万宝路香烟的销量扶摇直上。1955年，万宝路在美国香烟品牌中的销量就跃居第10位。60年代，莫里斯公司进入美国200家大公司之列，并成为美国第三大烟草公司。1995年，美国《金融世界》杂志评定万宝路为全球第一品牌，其品牌价值高达467亿美元。从销售角度而言，全球平均每分钟消费的万宝路香烟就达100万支之多。在全球消费者心目中，万宝路无疑是知名度最高和最具魅力的品牌之一。

第一节 营销策划概述

在市场经济的条件下，"营销"是个广泛的领域。当营销与策划融合的时候，使人类的知识宝库增添了新的知识体系。

一、营销策划的含义

（一）传统意义的策划

《辞海》对“策划”定义为：亦作“策画”，是计谋、计划、打算的意思。从中国传统的策划思想上看，“策划”与“计谋”、“计策”、“谋略”、“谋划”、“筹划”、“计划”、“打算”、“主意”、“点子”、“筹谋”、“出谋”、“献策”、“划策”等是比较接近的，且在多数情况下是可以相互替用的。

（二）现代意义的策划

由于信息论、系统论、运筹学在社会经济活动中的大量运用，人们需要运用各种不同的思考方法进行构想，使策划成为一种程序，在本质上是一种运用脑力的理性行为，是关于整体性和未来的策略规划。它包括从构思、分解、归纳、判断，一直到拟定策略、方案实施、事后追踪与评估过程。因而“策划”可以定义为：根据现有资源信息，判断事物变化的趋势，确定可能实现的目标和预算结果，再由此来设计、选择能产生最佳效果的资源配置与行动方式，进而形成决策计划的复杂思维过程。

（三）科学意义的营销策划

策划是极其重要的社会经济活动。人们通过策划来激发创意，科学有效地运用企业资源，选定可行的方案，以实现预定的目标或解决企业面临的难题。营销策划以企业经营活动为目标，应用科学手段与方法，通过创造性思维，使市场运行具有科学性、竞争性、赢利性和可持续发展性。这样，营销策划的含义又可以确定为：营销策划是指人们为了达到某种预期的目标，借助科学方法、系统方法和创造性思维，对营销策划对象的环境因素进行分析，对资源进行重新组合和优化配置而进行的调查、分析、创意、设计并制订行动方案的行为。

综上所述，营销策划的含义应该包括如下几层意思：

第一，营销策划是针对特定的需要与现实条件进行市场谋划。营销策划者必须尽可能多地掌握各种背景材料和现实情况，全面地了解形成客观实际的各种因素，包括有利的与不利的信息，并分析研究全面材料，寻找出问题的实质和主要矛盾，再进行市场策划。市场是策划的工作对象。这样的营销策划是超前的决策，针对性强，并具有挑战性。

第二，营销策划具有明确的目的性。目的性是营销策划成功的关键。营销策划一定要围绕既定的目标或方针，努力把各项工作从无序转化为有序。营销策划可以使人们正确地把握事物发展变化的趋势及可能带来的结果，从而确定能够实现的工作目标和需要依次解决的问题。

第三，营销策划是比较与选择方案的思维过程。营销策划者对多个营销策划方案进行权衡比较，扬长避短，选择最合理、最科学的一种。同时，营销策划也不是一成不变的，应在保持一定稳定性的同时，根据环境的变化，不断对营销策划进行调整和变动，以保持营销策划对现实的最佳适应状态。

第四，营销策划是按特定程序运作的系统工程。现代营销策划为了保证营销策划方案的合理性、高成功率，不可避免地趋向程序化。营销策划的程序性保证把各方面的活动有机地组合起来，把各个子系统相互协调，形成一个合理的整体营销策划。这种整体的系统性可以使人们确定理想的工作秩序和节奏，掌握轻重缓急，做到井然有序、提高工作效率、创造最佳效益。

二、营销策划的基本思想

1. 营销策划是解决营销过程中某一领域、某一问题的创意思维。营销策划的灵魂是创意思维。创意思维的科学性决定了营销策划的有效性。

2. 营销策划是从营销方案的构思、实施到评价的一整套规范程序和科学方法的综合运用。策划人员必须进行的科学分析、判断、推理、预测、构思、设计、传播、交流、反馈、评价等工作。

3. 营销策划是企业决策者与策划者共同寻找最佳的市场机会，实施创新职能。策划者要学会利用各种新思维、新方法制造“轰动效应”，以确定科学实施方案，扩大市场影响，塑造消费者认可的形象。

4. 营销策划突出营销策略的策划，包括市场策略、产品策略、价格策略、渠道策略等方面。以在现有资源、现有市场、现有营销目标的基础上，扩大市场份额，增加企业市场利润。

5. 营销策划是营销管理活动的核心，是将科学构想与创新融入营销活动的每一个环节和每一个营销执行者，使营销策划思想成为企业经营管理活动的指导思想；使营销策划目标成为企业经营管理活动的目标。

三、营销策划的特征

1. 依托性。营销策划以市场营销为依托，市场是营销策划的土壤。

2. 工具性。营销策划是实现营销管理任务和目标的特殊手段。

3. 目标性。营销策划的工作目标就是顾客满意和企业利润最大化。

4. 智慧性。营销策划的过程是运用思维、灵感和创新的过程。

5. 信息性。信息是营销策划的基础材料和客观依据，没有信息，无法策划；信息不完全或信息不准确，会影响策划的效果。

四、营销策划的发展历程

中国当代意义的营销策划开始于20世纪80年代。

（一）咨询业是中国策划业的开路先锋

1978年党的十一届三中全会的召开标志着中国进入改革开放时代。处于思想大解放的中国人几乎在一夜时间使各种各样的咨询公司铺天盖地。最早的行业主要是法律咨询、医院的心理咨询、农业专家为农民提供畜牧业咨询和科技咨询。以后，咨询业又开始涉足企业管理，管理咨询成为咨询业的主流。1982年中国国际工程咨询公司成立是咨询公司专业化的重要标志。

（二）形象设计热提升中国策划业的水平

20世纪80年代末期，中国开始了CI的萌芽。1987年策划人成功地策划、设计、实施了大陆第一套CI计划（武汉日化集团）。1988年，广东太阳神集团公司的一系列广告、品牌、产品的策划在全国引起轰动效应。形象设计中的理念识别设计、企业行为识别设计、企业视觉识别设计是营销策划的基础工作和重要组成部分。

（三）策划公司由点子、创意到专业化操作

1990年由王力策划的郑州亚细亚的成功开创了我国个人策划介入营销的先河。以后，

各种各样的点子公司、策划公司、咨询公司如雨后春笋般地在各处涌现。广州、深圳、上海、北京等地相继出现专职的营销策划公司。20 世纪 90 年代以后，伴随我国经济的不断发展和市场环境的变化，策划业逐渐规范与完善。目前，营销策划已经为越来越多的企业所关注，许多企业成立专门的策划部门或借助于专业的策划公司为企业的经营出谋划策，初步形成了一个系统的运作体系。

（四）创意产业是营销策划产业的同盟军

2006 年创意产业在我国兴起。创意产业是指通过开发个体的创造力、技能和天赋的智能资源，进而生产、传播、运用，以创造财富和就业潜力的直接行业及衍生行业。主要类别包括营销策划、工业设计、建筑艺术、动漫游戏、数码娱乐、信息增值产品、交互式互动软件及计算机服务等，也包括传统的广告、音乐、出版、旅游、时装、表演艺术、广播影视、文化遗产、艺术和文博市场等。由于创意产业与营销策划产业在基础理论、思想方法与运用技术上有着广泛的同一性，它们将相互融合、相互促进，共同推动市场的发展。

五、营销策划工作与策划资源

营销策划就是以信息为主导，以创意为中心，为客户提供全面服务的行为。

1. 营销策划工作的步骤。营销策划工作步骤主要包括：（1）了解现状，搜集资料；（2）资料整理，情况分析；（3）确立目标，设计方案；（4）匡算费用，预测效益；（5）充实方案，制定战略；（6）广泛沟通，适度调整；（7）反馈控制，落实应急；（8）总结经验，测评效果。

2. 营销策划的资源。营销策划需要聚合社会与企业的各种经济资源，把企业的小市场拓展为大市场，或为企业营造出一个新市场。营销策划资源包括：（1）各个特定市场要素的研究数据与现实素材；（2）各个特定企业的历史资料与现实资料；（3）各种特定消费者群体的研究数据与现实材料；（4）各种特定产品的历史材料与现实发展情况；（5）各个特定品牌产品的研究材料与现实报告；（6）各个特定细分市场的研究材料与现实报告；（7）各个特定目标市场的研究材料与现实报告；（8）各种特定营销策略的研究材料与现实报告等。

第二节 营销策划主题

一、营销策划主题概述

（一）策划主题的含义

策划主题是策划的中心思想，是策划为达到某个目的而要说明的基本观念。策划主题统率着整个策划的创意、构思、方案、形象等各个要素，它贯穿于整个策划之中，使策划的各要素有机组合成一个完整的策划作品。

（二）策划主题的要素

策划主题基本要素包括策划目标、提供给参与者策划对象的信息个性和参与者的心理需求。

1. 策划目标是策划者根据组织的宗旨、行动方式、社会角色设定等因素确定的策划要达到的目的和要完成的任务。

2. 策划的信息个性是指这种策划对象区别于其他对象的特点。策划对象可以是商品、劳务，甚至是某种观念、某种行事方式，但只有把它与一般物品区别开来，才能吸引参与者的兴趣。

3. 心理需求是指潜藏在人们心底里的欲望和追求。

二、宏观营销主题

营销策划是基于一定的宏观市场环境而进行的营销设计。最主要的宏观营销主题包括经济全球化主题宏观营销主题、市场消费主题和市场竞争主题。

（一）全球化主题

经济全球化是当今世界社会经济发展的一个基本趋势。每一个人都深切感受到资本国际化、企业国际化、生产国际化、市场国际化、消费国际化，已经影响并且制约着全球经济的进程。

1. 经济全球化的意义。

2. 认识经济全球化应该把握的原则：(1)“一体化”与“全球化”区别对待原则；(2)“全球化逐步深化”的原则；(3)“尊重主权”的原则；(4)“国际惯例接轨”的原则。

3. 经济全球化的趋势与对策。

（二）消费革命主题

1. 消费革命时代。消费革命是包括消费观念、消费心理、消费方式、消费文化、消费行为在内的消费模式的全面变革。

消费形态呈现多元化格局，并主要体现在：(1) 消费档次高级化；(2) 消费结构软性化；(3) 消费方式个性化；(4) 消费环境健美化；(5) 消费过程自然化；(6) 消费行为感性化；(7) 消费决策智能化；(8) 消费区域全球化。

2. 可持续消费。可持续消费是从消费的角度建立一种人与自然相协调的和谐关系。

3. 绿色营销主题。企业以环境保护为宗旨，在产品的设计、生产、制造、废弃物的处理直至产品消费过程中充分体现环境意识和社会意识的策略安排。

（三）市场竞争主题

市场竞争是市场经济最本质的特征之一，营销策划本身就是一种典型竞争工具。

1. 核心竞争力。核心竞争力一般是指企业获取、配置资源，形成并能保持竞争优势的能力，包括两个方面：一是企业获取各种资源或技术并将其集成、转化为企业技能或产品的能力；二是企业组织、调动各生产要素进行生产，使企业各个环节处于协调统一、高效运转的能力。

2. 市场领导者战略。市场领导者战略是运用优胜劣汰的竞争法则，使企业在本行业或本领域处于领先地位，从而获得比较大的市场占有率的策略。

3. 多元化战略。人们对“多元化战略”有以下不同的理解：(1) 多元化就是生产多种产品或提供多种服务；(2) 多元化就是跨行业生产经营；(3) 多元化就是一种产品在不同地区的市场上销售。严格意义的“多元化”主要是企业充分利用资源，发挥核心优势，扩大生产经营领域和范围，跨行业生产经营，向市场提供不同类别产品与服务。

4. 竞争联盟战略。

三、微观营销主题

微观营销一般是企业可以自主调节与控制的。在现阶段，微观营销主题主要包括利益主题、产品主题、服务主题和形象主题。

（一）利益主题

实现营销利益最大化是营销策划本质要求。这里的利益不仅包括经济利益，而且包括社会利益；不仅包括企业利益，而且包括消费者利益、职工利益和国家利益。同时，还应包括人类的长远利益、自然界的生态利益等。

市场经济是一种"利益经济"，市场上的任何经济行为都是直接或间接换取营销利益的行为。市场愈是发达，竞争愈是激烈，营销利益的追求愈是强烈、普遍、理智与规范。

（二）产品主题

产品是市场的载体，是企业进行经营活动的物质基础。在经济活动中，产品就是经济增长点，就是创造时代奇迹的物质要素。产品主题的科学确立，不仅关系到企业的兴衰存亡，而且关系一个国家、一个民族的经济振兴。

（三）营销服务主题

市场的竞争已经从产品本身的竞争转向服务的竞争。营销服务主题设计必须关心企业最大的资产——顾客；必须关心服务的质量——顾客满意度；必须关心现代营销的新工具——服务营销组合。服务对企业的竞争力与其他的要素一样起着作用，甚至是起着越来越大的作用。

服务营销是营销过程服务化与服务过程营销化的统一，其基本含义是：营销是建立在服务基础之上的，没有服务，就没有营销；服务本身是有价值的，服务也是营销，而且是利润丰厚的营销；服务与营销的统一，是企业的奋斗目标。

（四）形象营销主题设计

形象营销，也就是企业形象设计，是运用企业设计理论与方法，强化经营理念、行为识别、视觉识别的功能组合，以提升企业的形象力，增强企业市场竞争力。

四、策划主题表达

策划的主题表达要求为"四性三力"。四性即新奇性、合法性、趣味性、独特性；三力为视觉冲击力（叫人眼睛一亮）、心理吸引力（引人发生共鸣）、艺术感染力（令人久久回味）。

第三节　营销策划组织与策划人

一、营销策划组织概述

（一）营销策划组织

营销策划组织是承担并且完成营销策划任务、项目或者工程的专业化机构与策划人，即以营利为目的的市场化、专业化策划公司和企业内的营销策划人员以及高校教师中的非职业策划人。

（二）策划组织构成与职能定位

1. 营销策划工作小组或者营销策划工作委员会：该组织设组长或者主任 1 名，副组长（副主任）2 ~ 3 名，成员若干名。

2. 策划总监：其职责和任务是负责领导、保证、监督营销策划委员会（小组）的全盘工作，协调和安排营销策划委员会与企业各部门、各方人士的关系，掌握工作进度和效率。

3. 主策划人：负责并且指挥各类策划人员的业务组织调研，牵头组织业务人员的创意活动，并最后负责拟定策划文案。主策划人应有良好的业务素质和各方面的业务能力，并对企业营销行为比较熟悉，富有企业营销策划的成功经验和高度责任感。

4. 文案撰稿人：在主策划人的领导下，承担策划文案的具体工作。

5. 美术设计人员：承担企业视觉形象、商标、广告、包装等任务的策划与制作。

6、高级电脑操作人员：熟悉所有操作系统，能熟练操作策划所需各种软件。

二、策划人

策划人是以营销策划为职业的创意性、创新性、运作性市场工作者。策划人主要包括：

1. 企业策划人，对企业投资、经营、创业等活动进行全方位谋划，包括在各类企业中担任董事长、副董事长、董事、CEO、总裁、总经理、副总经理、总监及其他从事企业发展决策的其他高层管理人员。

2. 营销策划人，对市场活动过程的产品、品牌、渠道、价格、促销等进行全方位谋划。主要包括对市场各个要素进行科学策划的人员。

3. 商务策划人，够熟练运用经济管理、商务策划理论和各种实战方法为经济组织提供创新服务并取得明显绩效的专业化人员，主要是商务流通领域的各种专业人员。中国商务策划师联盟引进了全方位的商务策划理念，业务切入商务策划的五大领域：战略策划、生态策划、融资策划、管理策划、提供整体解决方案和价值体系。

4. 房地产策划人，主要是从事房地产行业的市场调研、方案策划、投资管理、产品营销和项目运营等工作的人员。从事的主要工作内容包括房地产项目的市场调研和咨询策划；整合设计、建设、营销、广告、服务等资源，制定策划方案；房地产项目的产品营销工作；房地产项目的运营工作。其中，从事项目策划的各级管理人员约 10 万人，其执业范围涵盖了房地产开发、项目咨询、产品设计、建设规划、广告策划、房产销售、物业管理等众多领域。

5. 旅游策划人，参与编制区域旅游规划、旅游项目策划及旅游项目总体规划方案的人员。

6. 媒体策划人，为广播和电视等媒体发展、规划而进行指导和咨询的专职人员。

7. 品牌策划人，进行品牌设计、塑造并通过各种媒体、活动、事件的策划和运作，提升品牌价值的人员。

8. 广告策划人，根据广告主的营销计划和广告目标，在市场调查的基础上，制定出一个与市场情况、产品状态、消费者群体相适应、经济有效的广告计划方案，并加以实施、检验，从而为广告主的整体经营提供良好的服务。

9. 会展策划人，从事会展项目的市场调研，进行项目立项、招商、招展、预算与运营管理等方案的策划，项目销售以及现场运营管理的专业人员。从事的主要工作包括：（1）会展（会议、展览、节事活动、场馆租赁、奖励旅游等）项目的市场调研；（2）会展的立项、主题、招商、招展、预算和运营管理等方案的策划；（3）会展项目的销售；（4）会展的现场运营管理。

三、策划人的素质与能力要求

（一）策划人基本素质要求

1. 集理论与实践于一身的复合型人才。

2. 敏锐的观察力、判断力和驾驭市场的能力。

3. 良好的社会公德和职业道德。

4. 娴熟的表达技巧。

（二）策划人竞争能力要求

1. 预见力。预见是策划之源，是建立在对规律的把握以及对未来趋势科学准确的判断基础之上的。

2. 创新力。创新是策划之灵魂，创新制造差异化。

3. 整合力。整合是各种创新的集成，是各种优势资源的集中与互补，是各种市场要素的配置与重组。

（三）策划人的财商素质

财商是指一个人认识和驾驭金钱运动规律的能力，是理财的智慧。包括观念（想不想）、知识（怎样想）、行为（怎样做）三个层次。观念是指对金钱、对财富及对财富创造的认识和理解过程；知识是指投资创业必不可少的知识积累，包括会计知识、投资知识、法律知识等；行为是观念的表现和载体，是观念和知识在我与环境之间的实施，突出表现了每个人自我突破、自我激活、自我控制的素质和能力。这三者互为补充、互为支持，共同构成了一个动态的、发展的财商概念。

（四）策划人的任务

策划人的任务主要有六项：（1）研究市场，主要进行消费者行为、市场历史、产品趋势、媒介监控等的研究；（2）确定目标，包括市场目标、竞争目标、创意目标、媒体目标、发展目标、赢利目标等；（3）推销自己；（4）招揽业务；（5）策划制作，包括策划调查、策划创意、策划书等环节的实施以及策划目标、策划成果的实现与完成；（6）策划管理。

策 划 训 练

策划读点：“福娃”国际译名的更改

五个设计可爱的福娃成为2008年奥运会的吉祥物，并得到了各界的一致好评。然而，作为北京奥运会吉祥物的福娃的国际译名“Friendlies”从其提出之日开始，就遭到多方面的质疑。兰州大学资源与环境学院的李博士是最先对福娃的国际译名“Friendlies”提出质疑的，并指出了三个方面的不足：首先，在单词意义上，“Friendly”有两个意思：一是“友好的人”，二是“运动队之间的比赛（也就是友谊赛）”，两种意思的复数形式均为Friendlies；其次，在发音上，“Friendlies”跟“Friendless”（没有朋友的）发音雷同，容易造成误解；三是在单词读音上会让人认为，“Friendlies：Friend（朋友）+Ues（说谎）”，容易产生歧义。也有人指出福娃的国际译名“Friendless”与五个吉祥物之间无任何联系，不但不能承载福娃的含义，准确地表达思想，相反给人一种仿佛坠入云里雾里的感觉。还有人指出福娃的国际译名比较复杂，难于记忆。此外，“福娃”的国际译名缺少民意的参与，也是其广受质疑的一个原因。基于此，北京奥组委于2006年10月更改发布以来备受争议的2008年奥运会吉祥物“福娃”的国际译名“Friendlies”，新的英文译名汉语拼音“Fuwa”正式启用。如今“福娃”的译名采取了简单的音译方法，用了汉语拼音“Fuwa”，简明、通俗，而且体现了本土文化的特色。由于中文名、英文名发音一样，除了写法不同，再没什么两样，也不必需要什么多余的解释，只要一开口，大家就都知道是在说什么。北京奥组委官员接受媒体采访时表示，改名后的福娃英文名称更加好记，从而便于市场推广。①

创意风暴：《北京青年报》“周末”时代

（一）创意实例

1992年，《北京青年报》创办了周末版——《青年周末》，《青年周末》是诞生于特定历史背景下的专副刊，“它冲破少数文人和专业人员的圈子，面向广大群众，版面容量大，具有较强的新闻性、可读性、服务性和贴近性”，拥有“周末大特写”、“记者行动”、“法制社会”、“休闲乐园”、“星光灿烂”、“人在旅途”、“咫尺天下”等专版。简单地说，周末版这种“新闻性、可读性、服务性、贴近性”强的专副刊出现的根本动因在于寻找一个满足读者需要的突破口。创办《青年周末》仅仅3个月，发行量扶摇直上，广告应接不暇，引发全国报界“周末版热”。“只有办周末版才能走向市场”成为报界的一致看法。②

（二）创意提升

头脑风暴1：“周末版热”说明了什么？

头脑风暴2：点评《北京青年报》“周末”时代若干期的策划主题。

头脑风暴3：比较分析我国报刊市场“周末”版的营销创意。

策划样本：亨利·福特独特的思维方式

（一）样本展示

亨利·福特独特的思维方式决定了福特公司的最初策略，也许这些思维形成于不经意间，但它却创造了福特的神奇：（1）由玩具变成人们的交通工具。19世纪末20世纪初的时候，汽车是奢侈品，多半都是有钱人买来当玩具的。它限速为5英里，也就是合每小时8公里左右，并不是代步的工具，只是一个很好玩的大玩具。亨利·福特在没有成立公司之前就已经做了试验性质的车，在寻找一个最好的平衡点，即技术好、价钱合理、组装制造容易、方便使用的车。（2）创立汽车生产流水线模式。一天，亨利·福特路过一个屠宰场，看到牛送进来以后先电击，然后放血，将牛吊起来，然后用锯开膛剖腹，最后分割，这个过程分别由不同的人来完成。他深受启发，于是汽车流水线生产模式诞生了。（3）让自己的员工首先成为“汽车族”。20世纪前15年，美国员工的工资大约是每天1~1.5美元，一个月一天不休息，也只有几十美元。有一天，亨利·福特让公关经理把所有媒体的记者都请来，他

① 摘编自孟韬、毕克：《营销策划：方法、技巧与文案》，机械工业出版社2008年版，第163~183页。

② 潦寒：《文化营销》，江西人民出版社2004年版，第71页。

发布了这样一条消息，从今天开始，福特车所有的生产线上的员工每一个人每天的工资涨到5美元。福特公司从老亨利·福特开始就不是把汽车制造当作简单地做生意，而是要将整个汽车行业带动起来。（4）福特文化。亨利·福特说过：如果你相信你能做到或者不能做到，你都是对的，关键是坚信自己，有坚定的信念，也就是“有志者事竟成”的意思。现在福特公司的员工还常常用这句话来相互勉励。[①]

（二）模拟与创新

1. 亨利·福特独特的思维方式的模拟与创新；
2. 福特公司新产品开发思维方式的模拟与创新；
3. 独特的“福特文化”的模拟与创新。

策划方法训练：功能拓展分析方法

任何产品、任何事物的功能都不局限于某一方面，只要打破传统思维框架，就可以拓展出许许多多种功能。电脑的功能，除了计算、工程设计、文字处理、上网外，还可以进行其他许多新功能的拓展。

训练建议：分析该方法的应用范围；应用该方法进行市场策划。

营销策划平台

企业资料概要	策划项目
北京同仁堂是中药行业著名的老字号，创建于清康熙八年（1669年）。历代同仁堂人恪守“炮制虽繁必不敢省人工　品味虽贵必不敢减物力”的传统古训，树立“修合无人见　存心有天知”的自律意识，确保同仁堂金字招牌长盛不衰。以高科技含量、高文化附加值、高市场占有率的绿色医药名牌产品为支柱，具有强大国际竞争力的大型医药产业集团（简称“三高一强”）是其企业目标。弘扬中华医药文化，领导“绿色医药”潮流，提高人类生命与生活质量，是其企业使命。同修仁德，济世养生，是其企业精神。以义为上，义利共生，是其经营哲学。同仁堂的堂训是：同修仁德，亲和敬业；共献仁术，济世养生。求珍品，品味虽贵必不敢减物力；讲堂誉，炮制虽繁必不敢省人工。承同仁堂诚信传统，扬中华医药美名。拳拳仁心代代传，报国为民振堂风。	理念策划 形象策划 产品策划 广告策划 促销策划 其他策划

① 摘编自世界品牌研究室主编：《世界品牌100强——品牌制造》，中国电影出版社2004年版，第70~71页。

第二章 DIERZHANG

营销策划理论

“看”、“听”、“想”的经营理念

眼睛、耳朵与大脑，这是福特汽车广告的图像展示的系列广告。它分别以“眼睛篇”、“耳朵篇”、“大脑篇”构成一个整体，突出公司重视“看”、“听”、“想”的经营理念，表达了福特汽车追求卓越，适应市场的企业精神。广告有三幅画面，分别表达不同的创意。“眼睛篇”从高空俯视的角度，以城市为背景，用夸张的科技手段勾勒出一只能洞察整个城市情况的特大型眼睛，而图片右侧的文字“看重当地的实际情况是我们制造耐用汽车的重要途径”直接点出了这只“眼睛”的真正用意所在，表明福特汽车重视目标市场的营销环境。“耳朵篇”中“耳朵”的用途是“听取您的意见是我们生产每一辆福特汽车的必经之路”，表明了福特公司重视消费者的意见，关心消费者的切身利益，从消费者的实际需要出发设计产品。“大脑篇”中的“大脑”的“想象总是不断地激励着我们对现有汽车科技实现突破”，表明福特公司勇于创新，善于创新，在汽车领域不断突破，攀登新高。该系列广告创意独特，定位准确，重点突出，相互联系，分别从不同的角度、不同的方面表现出福特公司周到服务、符合实际的营销策略，以及产品设计不断创新的特点。[①]

第一节　营销策划法则概述

营销策划法则是指人们在市场营销管理活动过程中，进行创造性思维与设计的客观规律和科学规律。营销策划要达到科学的效果，必须遵守各种营销策划法则。

一、营销策划法则的特点

营销策划法则是营销策划活动不断深化的产物，它在营销管理活动中表现出如下特点：

（一）个性化

个性化是说明营销策划法则随不同的主体、不同的时期、不同的竞争条件、不同的要求，产生不同的策划方案。市场营销活动是没有唯一模式的。每一个企业，每一种产品，每

---

① 摘编自周立公、聂永有：《中外广告精品赏析》，中国财政经济出版社2002年版，第206页。

一个媒体，都有独特的营销策划规律。这样，既保持了市场的生机与活力，又较好地发挥了市场营销的功能。譬如，《时代》（TIME）是全世界最大的杂志集团，旗下数本深具影响力的杂志就各有独立的面貌。《时代》（TIME）、《财富》（FORTUNE）、《生活》（LIFE）、《钱》（MONEY）、《人物》（PEOPLE）等等，独立、鲜明的个性注入了品牌的巨大力量。

（二）形象化

形象化是说明营销策划法则的着眼点，是通过创造性的活动，塑造企业形象、产品形象、品牌形象。营销管理活动是突出形象化这一主题的。所以，广告策划、商标策划、品牌策划往往成为营销策划的重点。世界市场的老品牌“可口可乐”、“通用”、“福特”和新品牌“微软”、“惠普”、“英特尔”，以及中国市场的“海尔”、“长虹”、“联想”、“万科”等一些著名品牌，无不依靠形象化的策划。在形象化的设计中，商标就是产品的一种视觉象征，而标识的意义又要靠文字传达，如“耐克”这个名字让它的“尖钩”商标有特殊的意义。科学的创意，建立了一个被消费者认定的形象。

（三）情感化

情感化是说明营销策划法则表达了“以人为本”，把营销管理活动过程赋予深刻的人文思想。一切营销管理活动都是围绕“人”来展开的。科技、产品、质量、品牌、价格、促销、服务等环节的出发点与归宿点都应该考虑人的心理行为和需求愿望。注重了人的情感，就抓住了营销策划的灵魂。

（四）渗透性

渗透性指营销策划法则的目标是力图利用策划活动实现区域渗透、市场渗透、产品渗透、品牌渗透和技术渗透。市场营销管理活动的活力在于它的“渗透性”。地方产品“渗透”为全球产品，地方品牌“渗透”为全球品牌。今天，不管你住在地球的哪一个角落，你都会看到很多人戴瑞士手表，开德国汽车，喝法国酒，穿意大利服饰，用日本和中国的电器产品。由于交通和通信技术的发展，营销策划的“渗透性”愈来愈普遍、强烈。

（五）灵活性

灵活性是说营销策划法则顺应了市场发展潮流，创造性地形成营销管理方案。现在，人们普遍认同这样一句话——世界唯一的不变就是“变”。不仅是变得“快”，变得捉摸不定；而且是变得“广”，变得想象不到。信息化的社会，需要人们有特殊的“灵活性”。市场欢迎的是有创意的新产品、新技术、新广告、新的促销行为。1958 年，“英特尔”为了全力经营自己开发出来的产品——微处理器，毅然退出随机存取记忆体芯片的生产行列。灵活性的营销管理让“英特尔”成为全球最知名的微处理器品牌。

二、西方国家营销法则

国际市场营销的发展历史是一部营销法则不断产生、完善与进化的历史。“万宝路”、“宝洁”、“迪斯尼”等的营销法则，在世界市场有广泛的影响，并且成为许多企业营销管理指南。

（一）专业营销策划法则

这是指某一特定经济领域、某一特定市场的营销策划法则。由于西方国家有比较好的经济基础、市场基础，专业营销策划法则获得了相当完善的发展。除一般的产品市场有相当规范的营销策划法则外，期货市场、资本市场、技术市场、服务市场等的营销策划法则也基本形成并在不断的完善中。如在证券市场上，“巴菲特投资法则”对人们的投资观念就有广泛的影响。

（二）综合营销策划法则

这是指国际市场或者国内市场对综合营销管理活动进行策划的法则。西方国家的综合营销策划法则比较多，其中的“22条商规”有比较大的影响。22条商规是：（1）市场领先法则：“第一”胜过“更好”；（2）产品创新法则：你若不能成为某类产品中的第一，就应努力去创造另一类新产品；（3）深入人心法则：抢先深入人心，抢先进入市场；（4）观念竞争法则：市场营销不是产品之争，而是观念之争；（5）概念集中法则：市场营销中最强有力的战略是潜在用户心目中只拥有一个概念；（6）概念专有法则：两个不同的公司不可能在用户心目中享用同一个概念；（7）阶梯定位法则：在产品的市场阶梯中的位置，决定了你所应采取的营销战略；（8）两强相争法则：从长远看，任何市场都终将变为两匹马的竞争；（9）针对第一法则：若想争取市场第二，你的战略就应针对市场第一；（10）品种细分法则：随着时间的推移，产品的品种会细分为两个或者更多；（11）远期效果法则：市场营销行为应在长期内显现效力；（12）商标扩展法则：商标系列的扩展，不可避免地给人以商标雷同印象；（13）有所牺牲法则：有所失才能有所得；（14）对立特征法则：对任何一种产品的特征，总存在着另一种与之相对立的有效特征；（15）坦诚相见法则：潜在用户会在你承认自己的短处时发现你的长处；（16）唯一策略法则：在各种场合中，只有一种举措会产生重大的效果；（17）不可预见法则：除非你亲自为你的竞争对手制订计划，否则你无法预见未来；（18）骄兵必败法则：成功往往导致骄傲，而骄傲又必然导致失败；（19）正视失败法则：失败难以避免，但应正视失败；（20）过度宣传法则：事情往往与新闻媒介所宣传的正好相反；（21）驾驭趋势法则：成功的市场营销应立足于长期趋势，而不是时尚；（22）财力支持法则：没有足够的资金，任何创意都不可能实现。

三、营销策划法则的应用

营销策划法则的应用是以市场营销基本环节和基本内容为基础的。

（一）分析、研究营销策划法则

在营销策划过程中，人们一方面要大量使用已经基本定型的营销策划法则，另一方面又会创造、培育新的营销策划法则，这就要求大量地分析、研究营销策划法则的科学性、规范性与应用价值。譬如，“放大法则”和“缩小法则”在现代营销策划中就非常有用。其中，放大是指将事物的常态予以扩展，可给人耳目一新的印象，是营销策划中常被应用的技巧，如腕式手表放大为挂钟的款式使人感到颇为别致。缩小是指将事物的形状由大变小或由长变短。缩小，不是功能的减少，而是功能的精致化、小巧化。如书籍的精美袖珍本、微型电视接收机等均属此例。目前，缩小是风靡于欧美的营销策划创意。

（二）宣传、传播营销策划法则

在营销策划过程中，一些法则特别受到人们的关注。比如“煮蛙理论”、“木桶原理”等等。“木桶原理”也称水桶原理：由几块长短不一的木板扎成一个水桶，则水桶的最大盛水量是由最短的一块木板所决定的。木桶原理的内涵表现在：在组成事物的诸因素中，最为薄弱的因素就是“瓶颈”因素，事物的发展最终要受到该因素的制约。在营销策划中，如果能抓准这个影响事物发展的关键的环节，那么就会收到加长一块木板而导致整个水桶总盛水量很快增加的目的。

（三）创造、培育营销策划法则

随着市场竞争的深入，人们根据市场的新特点，不断创造出新的营销法则。目前，所谓“牺牲商法”受到推崇。日本人松本清将售价为200元的膏药以80元的低价卖出，膏药卖得越多，亏损越大，但整个药店的经营相当成功，因为买膏药的顾客大多还要买其他药品，而其他药品的利润却是不作牺牲的。这个法则实质是抓住了顾客贪小便宜的心理来“套牢”顾客，通过部分商品的低价赔本销售来扩大企业在社会上的知名度，留给消费者深刻的企业形象和商业信誉，实现整体经营利润最大化。

第二节　营销策划法则体系

市场营销管理活动的多样性，决定了营销策划法则的多样性。在具体营销策划实践中，主要的营销策划法则有：

一、差异法则

差异法则是指营销策划的主线是研究与寻找差异，企业只有使自身与竞争者有所差异，才能更好地满足消费者的需求。哈佛商学院教授迈克尔·波特在《竞争优势》一书中指出，“如果一个企业能够提供给顾客某种具有独特性的东西，那么，它就具备了有别于其竞争对手的经营差异性。”“经营差异性来源于企业所进行的各种具体活动和这些活动影响买方的方式。”

二、双赢法则

双赢法则是指在营销策划中，贯彻“利益沟通，共同赚钱”的经营战略思想，使营销管理活动实现多方得利。在市场竞争过程，从一定意义上讲是经济利益分配与再分配的过程。成功策划方案的评判，不仅是策划人得利，也不仅仅是企业得利，而应该是消费者以及社会多方受益。

双赢法则需要全新的策划观念和科学的策划方法。要从传统的市场竞争就是“你死我活”的观念中解放出来，树立市场竞争是为了“你活我活，大家活得更好”的思想。必须以市场调查为前提，掌握顾客的需求，在此基础上调整市场营销组合，即产品、价格、地点、促销的组合，确保顾客购买和使用产品时能获得极大的满足。

三、设计法则

设计法则是指营销策划要以“设计”为中心，综合科学技术知识、社会科学知识、行为科学知识、美学知识等服务于市场营销管理活动。营销策划虽然不能等同于设计，但是营销策划是不能脱离设计的规律与技巧的。策划与设计的高度统一、融合，是设计法则的全部意义。

设计法则的重要指导思想是必须强调设计的中心和目的是为人服务的。

四、灵敏法则

灵敏法则是指营销策划以特殊的创造性思维，快速进行信息的加工与转换，以适应市场营销管理活动的需要。正如“哈佛商规”所提示的那样：保持灵敏的嗅觉，抓住稍纵即逝的有益信息，深入下去钻研它，从中看到前景……灵敏法则要求营销策划人目光敏锐，能够在别人尚未注意的时候发现市场迹象，并能抓住随之而来的市场机会。这些机会能使他们科学地创造市场效应。灵敏法则的核心问题是把握商机，创造效应。现代社会，商机无处不在。

五、品牌法则

“品牌形象”观念是20世纪60年代中期美国著名的广告人大卫·奥格威倡导的。他认为，每一则广告都应该从产品的长远考虑，为每一产品及品牌发展，投射一种生动、美好的形象，并使这一形象传达给所有的顾客，使顾客在购买产品的同时，也享用这种品牌形象所赋予的各种乐趣，即物质、心理上的需求满足。广告设计者在广告中赋予产品何种形象，消费者就会自然而然地根据这种形象去理解这个产品。美国的万宝路香烟广告便是其中的典范。

第三节　营销策划原理体系

营销策划原理，是指对营销策划管理活动的实质内容进行科学分析、总结而形成的规律性、真理性、指导性和纲领性知识。因此，营销策划原理应该符合如下条件：（1）现实营销策划管理活动的理论抽象；（2）策划学操作技巧与企业营销管理活动的高度综合；（3）对市场营销发展方向与消费者心理行为的全面概括；（4）能够对一切市场营销策划管理活动具有普通的指导意义。

营销策划原理的主要特征有：（1）客观性。营销策划原理是对营销策划的实质及其客观规律的正确揭示，任何人不得违背。（2）概括性。营销策划原理是对营销策划管理活动各种复杂因素和复杂关系客观规律的科学描述，不是一时一地的局部经验，而是被大量的营销策划实践所证明的行之有效的普遍真理。（3）稳定性。营销策划原理和一切科学原理一样，都是确定的、稳定的，具有“公理的性质”。（4）系统性。营销策划原理不是孤立的、单一的，而是由多种基本原理相互联系、相互融合、相互促进的统一体。

营销策划要遵循如下基本原理

一、人本原理

人本原理是以人力资源理论为基础，突出人在营销策划管理活动的中心地位，通过激发人的积极性与创造性，形成最优化策划方案，以获得市场利益的理论体系。人本原理在营销中强调调动人的潜在因素，更多地发挥人的作用，这种“人”包括企业外部的人——顾客；企业内部的“人”——员工。人本原理主要包括如下理论观点：（1）广义的“人”是营销策划的主体；（2）以“消费者为中心”是营销策划成功的关键；（3）让人性得到最完美的发展是营销策划的核心；（4）服务于人是营销策划的根本目的。

人本原理要求营销策划随时随地研究“人”，包括现实生活中的“人”和未来社会发展中的“人”。关注“人”的世界观、价值观、消费观；关注“人”的素质、心理、技巧；关注“人”的智商、情商、意商。“意商”的理论根据是：人类的意识包括三个基本因素，即认知、情感和意志，这就是人们通常讲的知、情、意三因素。意志问题作为科学研究的对象，是人本原理的新发展。它要求我们更多地理解人、尊重人，充分发挥人的主动性和积极性。

二、营销观念理论

营销观念理论是指企业从事营销活动的思想学说和经营哲学，既是对营销实践规律性的揭示，又是营销活动理论性的指南。所有涉及人们在营销活动过程中所形成的规律性的观点、学说、思想，都可以看做是营销观念理论。比如，生产观念理论、产品观念理论、推销观念理论、消费者观念理论、生态营销观念理论、社会营销观念理论、整体营销观念理论、网络营销观念理论、绿色营销观念理论、关系营销观念理论等等，都可以为营销策划提供丰富的知识营养。

三、基础市场理论

基础市场理论是关于市场经营运动与市场操作最一般的知识体系，包括顾客理论、消费者行为理论、市场细分理论、目标市场理论、市场定位理论和市场竞争理论等。营销策划只有在充分把握上述理论的基础上，才能明确策划的目标、任务和要求。知道市场某一特定产品现实和潜在的需求，在目标顾客心目中寻求和确定最佳位置而设计产品、培育品牌，是策划人员的基本功。

四、和谐营销理论

和谐营销理论是企业用于指导其营销活动有序进行的一套系统化的指导与控制方法。它以和谐为主题的科学发展观作为指导思想，旨在进行营销策划时必须兼顾自然与社会的和谐、设计与开发的和谐、生产与消费的和谐、产品与品牌的和谐、价格与价值的和谐、时尚与适用的和谐，共同促进企业持续健康发展，实现人与人之间的和睦共处。同时，和谐营销从整体与协同的角度出发，使企业能够将可用的营销资源与企业所面临的复杂环境要素进行对接，让企业和对立的各方面要素之间达到长久协调合作的某种和谐状态，以便最终实现互利共赢。

五、企业文化理论

企业文化理论是对一个企业团队在经营过程中体现出来的一种文化的理论概括，也是营销策划的思想基础与成果创造的源泉。企业文化通常指的是企业的环境或个性以及它所有的方方面面。具体从四个方面定义为：企业员工所共有的观念、价值取向以及行为等外在表现形式；由管理作风和管理观念（管理者语言、行为、奖励等形式）构成的管理氛围；由现成的管理制度和管理程序构成的管理氛围；书面和非书面形式的标准和程序。营销策划与企业文化的融合，可以相应形成企业产品文化、品牌文化、质量文化、网络文化、竞争文化等。

六、形象设计理论

形象设计理论，要求强化经营理念、行为识别、视觉识别的功能组合，以提升企业的形象力，增强企业的市场竞争力。企业要在竞争中取胜，必须全面系统地实施形象营销策略，灵活地塑造经营理念、行为识别、视觉识别，并且采取广告、公关、现场会、电视等方式和渠道，将企业形象准确、快速、有效地传播出去。企业理念识别设计、企业行为识别设计、企业视觉识别设计是营销策划的基础工作和重要组成部分。

策划训练

策划读点：上海通用公司的目标市场定位

1. 凯迪拉克：定位为“美国派”的豪华车，其品牌核心概念是“敢为天下先”。品牌定位：具有胆识、远见、开拓领先的高收入消费群。

2. 萨博：强调个性且崇尚内敛。品牌定位：通用公司在中国已经有大量的本地化产品，在进口车品牌上，通用主要选择一些个性化的产品做补充。萨博品牌定位于低调的成功人士，为高档进口车消费者群中强调个性且崇尚内敛生活方式的消费者提供另一种选择。

3. 欧宝：锁定年轻新贵。品牌定位：在中国试图塑造“欧洲精品车”的形象，吸引相对年轻、事业比较成功、追求生活品质的年轻新贵，对那些偏好精湛工艺且口味时髦、乐于张扬个性的消费群体也具有一定吸引力。

4. 别克：大气沉稳，激情进取，通用本地化做的最成功的品牌。品牌定位：“大气沉稳，激情进取”。

5. 雪佛兰：打造大众化的国际品牌。品牌定位：适合中国普通老百姓的，值得信赖的大众化的国际品牌。通用希望借助于这个品牌把买得起车的人群“一网打尽”。

6. 五菱：做自主开发微车先锋。品牌定位：着眼国际，自主创新，立足自身，百姓信赖。①

创意风暴：雅芳（Avon）的创造力

（一）创意实例

1886 年美国的一位名叫大卫·麦可尼的书报推销员成立了一家公司——加利福尼亚香水公司，这就是 Avon 的前身。由于麦可尼最喜爱的作家——大文豪莎士比亚的出生地就在 Avon 河岸的一处安静的街上，1939 年，麦可尼将公司更名为 Avon。Avon 这个名字给人的第一感觉就是高雅、清新，中文译名“雅芳”更给人女性美丽、雅致的联想。雅芳现已经发展成为世界上最大的化妆品、香水品牌之一，拥有许多大家熟知的品牌，例如“新活”、“柔肤”、“雅芳色彩”等等。同时，公司也是世界上最大的时尚珠宝制造商之一，销售服

① 摘编自盛敏、元明顺、刘艳玲：《市场营销学案例》，清华大学出版社 2005 年版，第 93～94 页。

装、礼品、装饰品、收藏品和家庭娱乐产品等。雅芳的理想：公司最好地理解和满足全球妇女对产品、服务和自我实现的需要。这个理想影响到公司的研究、产品开发、销售和管理作风。强调妇女和挨户兜售使雅芳成为非常有创造力的公司。

（二）创意提升

头脑风暴1：为雅芳再策划若干个公司名称。

头脑风暴2：分析雅芳的品牌创意。

头脑风暴3："雅芳的理想"使我们产生了哪些联想？

策划样本：永恒的可口可乐

（一）样本展示

从19世纪诞生到现在，可口可乐在全球分销和特许经营的国家已将近200个，它已成为世界最著名的品牌之一。可口可乐给人的联想是：最穷的人和最富有的人在喝可口可乐这一点上是平等的，而"平等"也就成了可口可乐的卖点。我们要记住：长寿的品牌应该凝聚着人们长久期盼的文化理念。可口可乐是"我的"。在可口可乐发展的历史长河中，不管如何发展、如何变化，它始终围绕着"顾客的需要"这一核心。顾客能切身地感受到，可口可乐是"我"的可口可乐，是专为"我"制造的可口可乐。可口可乐宣称：长寿的品牌应该不断地满足顾客的需要与偏好。[①]

（二）模拟与创新

1. 如何使产品能够成为"人类的一种永恒的需要"？
2. 围绕"顾客的需要"这一核心思想进行模拟与创新。

策划方法训练：反转型逆向构思方法

该方法是指从已有事物的相反方向，通过逆向思维，来引导营销策划的构思。在自然界的许多事物和现象中往往都具有正反两方面的意义。因此，通过逆向思维方法，认识和理解这种事物和现象，并按照某种特殊的要求，以某种特殊的方式进行反转，往往会创造出某些新的东西来。例如，就印刷来说，凹版印刷不如凸版印刷方便。这说明，从事物的相反方面来寻求解决问题的途径是可能的，包括：（1）功能性反转。它是从已有事物的相反功能，去设想新的技术发明或寻求解决问题的新途径。例如电话、电视机、电脑，都是独立的产品，"三电一体化"的发明，正是这种功能反转的结果。（2）结构性反转。它是指从已有事物的相反结构形式去设想新的技术创造。例如，电话在相当长的时间是"固定"的，人们从"移动"的角度思考，就出现了今天的手机。（3）因果关系反转。它是指改变已有事物的因果关系来引发新的创造性设想和思路。例如，水力发电机输入的是水力产生的机械能，输出的是电能；鼓风机输入的是电能，输出的是气体流动产生的机械能，两者的结构原理是等价的，只不过互换了其因果关系而已。

训练建议：应用该方法进行市场策划。

---

① 摘编自世界品牌研究室主编：《世界品牌100强——品牌制造》，中国电影出版社2004年版，第1~2页。

营销策划平台

企业资料概要	策划项目
安利（中国）日用品有限公司专门生产与销售家居护理、个人护理、美容化妆和营养保健四大系列产品。1998 年 7 月，安利获得对外贸易经济合作部、国家工商行政管理局、国家国内贸易局的批准，以自设店铺加雇用营销人员的方式经营。截至 2005 年 1 月，安利投入 2.7 亿资金用于店铺建设，在全国设立了 150 多家专卖店铺，产品明码标价；另一方面，为了拓展市场，安利亦雇用营销人员推广安利产品，为顾客提供销售服务。此外，安利亦通过经销商进行产品的批发与零售。	理念策划 形象策划 产品策划 广告策划 促销策划 其他策划

第三章 DISANZHANG

思维·创意·卖点策划

本田（HONDA）"追求创新，享受生活"的企业信条

本田创立于1946年。"以人为本"的经营理念，"幻想与朝气"，绿色革命，都显示了本田"追求创新，享受生活"的企业信条。(1) 以人为本。在日本商业界，本田是"技术和活力"的代名词。充分尊重个人，公平合理授权。本田宗一郎的语录"为自己工作"是这种尊重个人精神的高度概括。他告诫员工不要考虑向公司宣誓忠诚，而是要为自己工作。(2) 造就独创型人才。要造出风格独特的产品，企业员工就必须具有独创性的头脑。横向型组织、项目攻关制度只是一种保证，归根到底，企业的发展还取决于人。(3) 建立新设想工作室。本田在其国内各工厂都设有名为"新设想工作室"的实验工作室，室内备有机械设备，员工一旦产生好主意，就可以到实验室中把其设想具体化。(4) 举办各类作品的展览会。展览会的宗旨是提出自由奔放的设想并给予实施的"头脑运动会"，是彻底的群众活动。(5) 技术面前人人平等。在本田，技术面前人人平等，没有上下级的区分，因此经常发生被称为"以下克上"的事情。(6) 本田的"幻想与朝气"。本田宗一郎有句名言——"经常保持幻想与朝气"。这句名言体现在其经营策略乃至广告策略上。该公司为了让其小型摩托车打入美国市场，运用了一种"幻想与朝气"的广告形式。①

第一节　营销策划思维

营销策划过程是科学地运用思维的过程。思维科学中的抽象思维、形象思维、灵感思维、社会思维等是营销策划最重要的思想武器。现代科学所研究的模式识别、电子计算机、图形拓扑、美学等都与形象思维有关。

一、营销策划思维概述

（一）思维的含义

思维是指人脑利用已有的知识求解问题的根本途径，是人类区别于其他动物的最根本的

① 摘编自世界品牌研究室主编：《世界品牌100强——品牌制造》，中国电影出版社2004年版，第74~75页。

特征。人们平时常说的“想一想”、“考虑一下”、“思考再三”、“沉思良久”、“思索一番”、“深思熟虑”、“设想”、“反省”、“抽象概括”、“判断推理”、“眉头一皱，计上心来”等，都是指人们的思维活动。

二、创造性思维原理

在营销管理活动中，应锻炼创造性思维统帅能力、想象能力、综合能力、分析能力，并进一步培育进行联想、类比、类推的能力，以便在策划中能够把大量事实、概念、观察材料进行巧妙结合，形成新的科学概念和系统，做出更富创新性的策划。

（一）创造性思维的意义与类型

1. 创造性思维的概念。创造性思维是指人们在创造过程中产生出新的思维成果的思维，是一种创造新形象或新事物的思维形式。创造性思维由人的聪明才智决定。从理论上讲，人人都有创造能力，人人都有施展创造能力的机会，且创造潜力是无穷的，但实际发挥的程度有很大的区别。这里既有客观因素，也有主观因素。首要的问题是克服不利于创造力发挥的心理障碍，克服思维习惯的束缚，解放思想，充分相信自己的创造能力，激励和发扬创造精神，强化创造意识。创造性思维对分析市场形势、制定企业发展战略、塑造企业形象、进行企业管理创新、处理棘手问题、提高企业家认识、预见和决策能力等都具有明显的效应。

2. 创造性思维的类型。创造性思维的主要方式有：（1）想象思维，它不是空想和遐想，而是凭知识和经验推断的奇思妙想；（2）辩证思维，是透过事物的矛盾、发展、变化，看到事物的本质、主流、趋向和规律；（3）立体思维，思考问题跳出点、线、面三维的局限，从更新的层面进行开拓性思维；（4）多元思维，思考问题要多渠道、多侧面，思路开阔，机智灵活；（5）联想思维，是从事物的相似、相关中寻找新思路；（6）逻辑思维，按照常理和规律进行演绎和推论；（7）扩散思维，对事物进行层层分析和解剖；（8）抽象思维，对事物进行抽象的分析、综合和概括。

（二）创造性思维策划的要点

1. 创造性思维是策划的前提。没有创造性思维是不可能进行科学的策划的。思维是人的行为的先导，没有创造性的思维，就不可能有创造性的策划业绩。开发创造性思维，主要取决于人的积极性、主动性以及知识、智慧与技能等综合素质。

2. 大胆假设，小心求证。营销管理活动是思维的源泉。其一，对相关的想象对象进行细致的观察和调研，储备丰富的形象素材；其二，按客观对象的需求，激发创新策划的动机；其三，针对客观对象的实际，展开各种表象的加工、改组和重建；其四，要进行大量的可行性研究，反复比较，反复求证，然后确定方案。

3. 激发创造性设想。创造心理认为创造性设想的产生是选择、突破、重新建构三个环节的统一。首先是选择。选择是创造过程的第一步。创造主体只有对纷繁复杂的对象材料进行选择，选出有价值的、符合需要的、与创造活动相一致的信息，舍弃无关的、与创造活动相干扰的信息，才能有效地进行创造。选择贯穿在创造全过程，如选题、选择目标、选择方案等。创造化想象可以通过对已有表象进行加工、改造和重建，创造新的形象。

4. 创造性思维的过程。1926 年美国学者沃拉斯提出创造过程要经历准备、酝酿、启发、检验等四个阶段。我国学者杨纪珂从更广泛的角度提出了创造性思维的过程经历实践（S）、归纳（G）、理想（L）、演绎（X）四个阶段，简称 SGLX 循环。国内还有的学者主张创造性思维经过定向、逼近、成型、引申四个阶段，定向期里，创造者搜集感性和理性的信息，决定创造方向及课题；逼近期里，创造者以惊人的毅力、精力调动各种才能，进行各种试探，向追踪的目标进行逼近，这是创造性思维最紧张的阶段。成型期是创造者经过深思熟虑产生顿悟和灵感的阶段，这一时期情绪兴奋，思维敏锐；引申期，创造性思维诞生，但不够完善，要进行验证和深化，使之更加成熟和完善。

（三）创造性思维的方法

创造性思维的研究方法主要有征询法、传记法、实验法、追踪研究法。其中，征询法是通过把所有研究的课题分为详细的纲目，把简单明确的问题拟成征询表分寄给有关对象征求答复。根据征询表进行归纳、分类、分析、综合，进行统计研究，从中发现创造性思维的特征、外部条件、环境因素、心理特征等等规律性的东西。

（四）创造性思维的运用

1. 创造性思维的关键是把握以下方面：（1）勤学；（2）求新；（3）攻关；（4）质疑；（5）机智；（6）争辩；（7）交流；（8）借脑；（9）触景；（10）变异。通过一系列科学的训练，使自已成为智能型、开拓型、创造型人才。

2. 提高想象力。马克思曾经把想象力称做是“促进人类发展的伟大天赋”，爱因斯坦指出：“形象力比如识更重要，因为知识是有限的，而想象力是概括着世界上的一切，推动着进步，并且是知识进化的源泉。”

3. 创造性想象的主要形式：（1）设想。设想是指在创造性活动中或在探索事物发展规律过程中，对解决问题或预达理想境界事前在头脑中产生的假设。（2）联想。联想是指由于某种刺激或触动而由一事物想到其他事物的一种创造性想象。联想能够打破两种事物和程序在内容上的差距，并在另一种含意上将二者相联结，创造出新的形象。

三、形象思维原理

我国著名科学家钱学森是形象思维原理的创立者。他在《关于思维科学》（1984 年）一文中指出：“形象思维学属思维科学的基础科学。建立形象思维学要通过研究语言和识别图形”，并主张从心理学、人工智能、语言学、美学、人体特异功能等等方面研究形象思维。

（一）形象思维的意义

形象思维是通过一系列的实践活动，激发创意，塑造社会、经济、技术、产品、艺术等客体感观形象的思维活动。人类在相当长的历史时期，从改造社会、改造自然的伟大实践中，形成了丰富多彩的形象理念，认为理智创造概念，而想象塑造形象，并且赋予形象巨大的生命力。

（二）形象思维策划要点

1. 形象思维的心理形态。在市场营销管理活动过程中，人们对企业形象、产品形象、品牌形象等都有个心理定位。肯定什么，反对什么，追求什么，都有特定的想象与认识。营销策划如何去把握人们形象思维的心理形态，是营销管理人员的基本责任。

2. 形象思维的机制和过程。科学知识告诉我们，人的两个大脑半球中，非优势半球擅长于形象思维，它对色彩、空间知觉等有较强的思维能力，而且客观物体在大脑中形成表象有一个复杂的机制。物体并不直接形成表象，不同的脑细胞对物体的大小、明暗、色彩、方位等作出的不同反应，这些信息经综合后才形成表象，形象受着理性、情绪的影响。这就要求人们善于进行形象的观察、比较、选择和提炼，科学地设计、策划企业形象、产品形象。

3. 形象思维与形象识别理论的融合。20 世纪 80 年代以来，形象识别系统在中国市场得到普及。企业通过理念识别、活动识别、视觉识别等等形象识别系统，产生了巨大的形象竞争力。从一定意义上说，形象识别是运用形象思维的一种实践。正确使用形象思维，可以大大提高企业的形象塑造效果。

4. 形象思维与市场创新。市场创新是思维的创新。在高科技快速发展的条件下，信息识别、发明创造、人工智能等领域的进一步开发与完善，可以带来重大的市场创新的。近年来，数字化技术的广泛运用是形象思维与市场创新两者的完美结合。

（三）形象思维的方法

形象思维的方法主要有心理学方法、语言学方法、生理学方法等。其中，心理学方法是指形象的形成是一个完整而统一的心理活动，形象思维运用心理学方法揭示形象思维构成中的联想、表象、想象、情感的相互关系。

四、灵感思维原理

“灵感”一词起源于古希腊文，意指神赐的灵气或灵气的吸入。在社会实践中，人们视灵感为“智慧的闪光”、“思想的火花”。灵感在营销管理活动中有特别重要的意义。

（一）灵感思维的意义与特征

1. 灵感思维的意义。营销策划意义的灵感思维是指在市场营销管理活动过程中，思维处于最活跃状态时的“思想火花”，可以成为完成目标任务的创新思维。伴随着技术发明、产品开发、市场竞争，灵感思维是不断涌现的。譬如，灵感导致了“太阳神”、“小霸王”等等有价值企业名称的产生；灵感也导致了汽车、电脑、手机等等现代化产品的发展。一般认为，灵感思维和形象思维、抽象思维、社会思维是思维科学的基础科学。

2. 灵感思维的特点。灵感思维特点有：(1) 突然性。灵感的出现是创造者在一定的时间、空间条件下，大脑因意想不到的偶然原因刺激作用的结果。从时间来看，灵感没有时间规律可言；从空间来看，灵感也没有地域规律可言，带有很大的偶然性。(2) 稍纵即逝性。灵感有一闪而过的性质。因为诱发灵感的动因是随机的、不可预料的因素，常常意想不到地闪现出来，若不及时抓住，也就成了过眼烟云。(3) 创新性。灵感本身就是一种新思维，同时灵感思维打破了人们的常规思维，把人的认识提高到了一个新的高度，从而促进了市场创新。

（二）灵感思维策划要点

1. 营销策划中的灵感思维。灵感在营销管理过程是普遍存在的，有技术灵感、产品灵感、广告灵感、促销灵感等。意识和潜意识对灵感的产生具有决定的作用。意识和潜意识是相互作用、相互转化的，意识和潜意识之间不断进行着信息交流。营销人员对某个问题进行长时间钻研、思考后，大脑中积累了大量的知识元素和形象元素。这些元素一旦形成思想火花，灵感就产生了。同时，市场竞争也是灵感产生的重要条件。

2. 营销策划中灵感思维应用技巧。灵感的应用技巧应该是：勤于积累材料，汇成信息流；勇于探索并发现新课题；严格筛选和净化信息流；创造诱发灵感的环境，以激发热情，引起联想。英国学者贝弗里奇在《科学研究的艺术》一书中提出探索与捕获灵感的条件是：

（1）对问题和资料进行长时间的思考，直至达到思想的饱和，必须对问题抱有浓厚的兴趣，对问题的解决抱有强烈的愿望。（2）摆脱分散琐事的烦恼，避免分散注意力，摆脱一切使人分心的因素。（3）灵感往往产生于轻松的活动中，灵感思维需要有乐观、轻松的精神状态。（4）与别人接触对思维活动有积极的促进作用。大量灵感思维的例子表明，灵感是艰苦劳动后的思维激发状态。长期潜心思考某个问题，大脑皮层会出现连续的优势兴奋中心，并逐渐形成定向的意识，思维达到活跃状态，有可能引发灵感。

3. 灵感思维与创造性劳动。营销策划是一项创造性劳动，需要大量使用灵感思维。研究表明，灵感需要艰苦的思索。但是，灵感来临却往往是精神相对轻松的时刻，往往在轻松的交谈中、散步中、睡前醒后的静思中、半睡半醒或梦境中产生。因为大脑相对轻松状态有利于思维的自由进行，有利于使潜意识处于活跃状态。灵感来临时，往往处于激情状态，想象力丰富，思想活跃，进入忘我的意识境界。根据一些著名学者的经验，身心放松是产生灵感的有利时机。

（三）灵感思维的方法

目前，主要运用案例研究法，即对市场营销管理过程的典型企业、典型市场、典型产品、典型技术、典型发明产生灵感，进行归纳、分类，找出其灵感产生的共同性的规律来，从中研究灵感的特点。

（四）灵感思维的运用

1. 应用“多路思维理论”。该理论认为，“人”不光是一个自我，而是好几个，有的是自己意识到的，有的是自己还没有意识到的，而它们也在那里工作，形成多路思维。它们在解决问题的过程中同时工作，多中有一，乱中有序，分中有合，合中有分，互相渗透，互相反馈，互相转化，互相校正，在一定条件下潜意识和显意识沟通，一下子得到了解决问题的方案。比如，生产机械手表的人，产生发明电子手表的“灵感”。

2. 突破传统思维定势。需要有强烈的改革欲望，在生产经营的所有领域进行“破旧立新”。号称“世界第一”的美国魏特亚轮胎公司的董事长魏特亚，本来是个小轮胎店里的童工，但他进取心很强，天天都在想着怎样改良轮胎。一天夜里，他做了一个梦，梦见把橡胶和硫磺混合起来晒干后，竟变成一种坚韧的橡胶。他一骨碌爬起来，马上跑到实验室，按梦中的方法实验，结果美梦成真。

3. 正确进行“灵感定位”。灵感必须为营销管理服务。在激发灵感时，一定要明确“什么是问题的关键”，“什么是问题的主旨”，以便使自己的注意力集中于思考方向。然后，充分掌握资料和积累必要的知识、经验，使思想处于高度的“受激状态”，形成一触即发的局面，这样才会造成产生灵感的土壤。

五、超常思维原理

超常思维要求人们灵活多变，善于及时地转换、变通思路：一方面具有立体思维的能力，从多方位、多角度、多侧面去思考问题；另一方面能及时放弃旧的思路，转向新的思路，放弃无效的方法而采取新的方法，以便更有效地开拓市场、占领市场。

（一）超常思维的含义与特征

1. 超常思维的含义。超常思维就是在市场营销活动中，以打破常规的思路，实施出乎人们想象的决策、计划或者方案。

超常思维作为营销策划的力作，应该显示策划主体在处理自身与外部世界关系中的高度主动性、创造性和差异性。日本经营专家举例说，如果我们玩球时，球掉进衔心的一个又细又深的洞里去了，为了尽快地玩球，应该怎么办？很多人回答，找水盆，让球浮上来。事实上只要到街旁的商店里再买来一个球即可，这就是超常思维。

2. 超常思维的特征。超常思维特征包括：（1）自主性、独特性。这是创造性思维的特征，也是超常思维的首要特征。超常思维是策划主体独立思考、求异、求新、反对盲从与轻信，只有从新的角度、用新的方法，才能突破老框框，找到新的设想和方案。（2）反常规性、跳跃性。这是超常思维的基本特征。超常思维不是按旧的思想体系进行逻辑推理获得的，因此它不是思想连续性的产物，而是思维的间断、飞跃和质变。（3）机动性、灵活性。机动灵活是超常思维具有的重要特征。它根据不断变化的情况，充分发挥人们的机智、创造性，争取处于主动的地位。

（二）超常思维的内部机理

1. 系统调查研究基础之上的科学分析，是超常思维的可靠根据。超常思维植根于对客观实际的全面、透彻的了解，不仅是现象的罗列，而且是对事物内在本质及其发展趋势的把握。充分的信息是科学决策的基础。

2. 超常思维的形成是智力因素和非智力因素的统一。在人的智力获得极大发展的今天，国外学者不仅提出了“注意力”的问题，而且提出了“情商”的问题。非智力因素在一定意义上成为影响策划效果的关键。强烈的进取心、充分的自信心和自强不息的精神应该特别提倡。松下幸之助总结他60年的亲身体会，认为经营企业“最根本的还是正确的经营观念”。他说：“经营观念必须确实而坚定地奠基在人生观、社会观和世界观的完整思想体系上。正确的人生观、社会观和世界观，必须适合社会法理和自然法则。”这些观点，对于营销策划人来说，有非常重要的借鉴意义。

3. 个人和群体相结合的策划模式是超常思维的组织基础。从理论上说，营销策划是营销管理人员的基本职责。但是，由于营销策划需要一定的超常思维，这就不是所有的人都能胜任的。因此，一些重大的营销方案还是需要具有超常思维的人来承担。

六、逆向思维原理

在营销管理活动中，逆向思维大量被使用。譬如，“反季节购买”、“反时尚设计”、“反潮流生产”等。逆向思维方法也常常在教育培训中使用。譬如，“将作用过程倒过来思考”、“把重要结果倒过来思考”、“将位置倒过来思考”、“把某个条件倒过来思考”等，是营销策划的基础性知识。

（一）逆向思维的含义

逆向思维是从事物构成要素的反面或从事物的相反功能的角度，运用反常规的思想、方法或者程序来寻求问题解决方案的一种思维模式。由于我们面临的问题多样性，思维方式也应该多样性。逆向思维是公认的解决特殊问题或者创新问题的有效的思维模式。它是一种反常规思维创新模式。

逆向思维也可以认为是“思维倒转”。首先的作用是可以激发许多创新思想。例如，直到20世纪，建筑结构习惯利用墙壁作双重用途：挡风防雨和支撑建筑物。这支撑建筑物的作用迫使建筑师使用基础很厚的墙壁，无形中压缩了建筑物的使用空间。思维倒转导致新思想的出现：能否把墙壁支撑建筑物的思维模式改为让建筑物支撑墙壁呢？顺沿这一全新思维模式去进行反复实验、计算，最终倒转了这种作用力的方向，让建筑物支撑墙壁，从而改变了世界的建筑结构。

（二）逆向思维的运行特点

逆向思维的运行有其内在的规律。一般来说，它的运行特点有如下方面：（1）逆向性，即逆向思维与常规的思维处于相反的位置。（2）异常性，说明逆向思维总是采取某种特殊的方式来解决问题。异常性是逆向思维出奇制胜的关键所在。

（三）逆向思维的运用

1. 反市场细分策略，即与传统的市场细分背道而驰地实施市场策略。

2. 反定价策略，即实施与传统的价格策略相冲突的价格策略，如“10 元商店”。

3. 反季节营销策略，即培育“反季节商品”、“反季节消费”、“反季节购买”。

4. 反豪华包装策略，即实施“简易包装策略”、“无包装策略”等。

七、类比思维原理

（一）类比思维的含义

类比思维是通过对两种以上营销管理活动客体进行比较而获得创造性思维的方法。相比较的两事物可以是同类，也可以是不同类，甚至差别很大。通过比较，找出两事物的类似之处，然后再据此推出它们在其他地方的类似之处。例如，家电产品中，有冰箱、彩电、空调等，其中，冰箱既可以在冰箱大类之间进行品牌、质量、规格、价格的类比，又可以在冰箱与彩电之间进行广告效果、促销策略、市场目标等方面的类比。

类比思维可以从异中求同或同中求异，大大开阔营销策划的研究视野，获得新的创造性的成果。比如，电子手表就是人们从机械与电子两者之间进行类比后研究开发的。

（二）类比思维的应用技巧

1. 直接类比法。它是从自然界或是已有的发明成果中寻找与创造对象相类似的东西，通过类比而得出新成果。在进行策划活动时，人们常常将生物的某些特性运用到我们的创造发明之中。例如，人们通过分析鸟类的状况以及鸟类翅膀的构造，掌握鸟类飞翔的秘密、产生升力的原因，设计出了飞机。同样，发现鸟类可以直接起飞，不需要跑道，发明了直升飞机。

2. 综合类比法。依据营销管理活动的复杂性，从宏观、中观、微观的结合上，对策划客体的全方位比较、思考。如汽车安全性测试就是综合类比法的一个典型。因为汽车是由人开动的，在高速以及寒冷、高温、冰面、沙地等等条件下，汽车的性能、驾驶员的安全都是一个未知数。在以前的一段时间，各个公司是雇试车员来试验汽车性能，伤亡事件常常发生。后来采用“模拟人”在高温、低温、高压、高速度的极限情况之下进行测试，同时记下汽车的数据，作为汽车安全的数值范围，使试车过程中的伤亡减少到零。采用综合类比方法，既保护了人的生命，又为新器材和提高汽车的性能提供了实验的机会。

3. 象征类比法。用具体事物来表示某种抽象概念或思想感情的思考方法。例如，广告策划中，人们利用广告词、广告代言人、音乐、画面来象征产品的质量、用途、效果等意义。又如，设计咖啡馆需要幽雅的格调，茶馆需要有民族风格，音乐厅要求有艺术性，于是人们根据自己的需要，通过具体构造、色彩等来表现这种象征的意义。在营销策划中，象征类比借助某一形象、符号来比喻、替代、形容另一形象，一般用具体的形象来表示某种抽象概念或消费者情感。这种类比主要用于具有象征价值的产品创作、商品的款式设计、装潢包装等等。

4. 因果类比法。在世界市场上，许多企业或者产品之间可能存在着同一种因果关系，因此，我们可以根据一个事物的因果关系，推出另一事物的因果关系。例如，在合成树脂（塑料）中加入发泡剂，使合成树脂中布满无数微小的孔洞，这样的泡沫塑料用料省、重量轻，又有良好的隔热和隔音性能。日本一个名叫铃木的人应用因果类比，联想到在水泥中加入一种发泡剂，使水泥也变得既轻又具有隔热和隔音的性能，结果发明了气泡混凝土。

第二节 创意策划

创意是人们在经济、文化活动中产生的思想、点子、主意、想象等新的思维成果，或是一种创造新事物、新形象的思维方式和行为。创意的核心是创造性思维。

一、创意概述

（一）创意的含义

创意就是人们平常说的“点子”、“主意”或“想法”。好的点子就是“好的创意”。这些“点子”、“主意”、“想法”一般源于个人的创造力、技能或才华。

策划意义上的“创意”是指整个策划活动从构思到实施、从酝酿计划到统筹安排的整个过程中，自己的策划方案能尽量地与众不同，显示出自己的某种创造性、独特性和新颖性，以便加强策划活动对受众的冲击力，从而得到满意的实际收益和效果。①

（二）创意的特征

1. 创意的实践性。创意起源于人类的创造力、技能和才华，来源于社会，又指导着社会发展。

2. 创意的融合性。创意是科学技术和艺术结合的创造。这种结合力量的出现，对于改变人们对科学刻板、教条的认识，对认为科学只是无生命的、机械的、理性的、精确的、可以量化的旧认知是一次冲击。科学当中也包含了感性，包含了艺术的气质，包含了美学的内涵。

3. 创意的思辨性。创意作为一种辩证性思维，具有不同于其他思维的特征，这就需要营销策划人员要有睿智的灵感、敏锐的洞察力、丰富的竞争力。灵感是人们接受外界的触动而闪现出的智慧之光，它是人们在平时知识积累的基础上，在特殊情况下受到触动而迸发出来的创造力。

① 邓镝：《营销策划案例分析》，机械工业出版社 2007 年版，第 12 页。

二、营销策划的创意激发

（一）创意激发

创意激发是创意者灵感闪现的过程，也是一种可以组织、并需要组织的系统工作。

（二）创意激发构想

一个好的创意是从“联想”开始的，通过联想这个万花筒，会有千千万万个创意涌现出来。这种联想常称之为创意暗示、灵感、模糊的印象或灵机闪现等。要进行某策划方案的创意，其结果可以如下：把它颠倒；使它重复；变更一部分；把它缩小；使它变成立体；分裂它；把颜色换一下；改变图形；改变途径；使它更长；改变方法；使它速度加快；使它闪动；增加美丽度；增加材料；把它放进冲突中；给它起个名字；使它看起来流行；结合文字、音乐和图画；使它智能化；使它对称；使它富有活力；以上各项延伸组合；将它个性化……

（三）创意激发环境

研究表明，引发创意一般要具备以下 11 个条件：（1）即刻反应的灵敏反应能力；（2）卓越的图形感觉；（3）丰富的情报信息量；（4）清晰的系统概念和思路；（5）娴熟的战略构造和控制能力；（6）高度的抽象化提炼能力；（7）敏锐的关联性反应能力；（8）丰富的想象力；（9）广博的阅历与深入的感性体验；（10）多角度思考问题的灵活性；（11）同时进行多种工作的能力。

三、创造力及其构成

（一）创造力

创造力是指创造者的创造能力，是创造者在各种社会实践活动中表现出的取得创造成果的能力。创造者可以是某个国家、某个团体或某个人。其成果可以是物质的，如鲁班发明的锯子、张衡发明的浑天仪、爱迪生创造的灯泡和留声机、瓦特创造的蒸汽机等，也可以是非物质的，如各种学科的理论、革新技术、创作的各种文学作品、各种软件等。

（二）创造力的构成

美国创造心理学家格林提出创造力由 10 个要素构成，即知识、自学能力、好奇心、观察力、记忆力、客观性、怀疑态度、专心致志、恒心、毅力等。日本创造学家进藤隆夫等人提出创造力是由活力、扩力、结力及个性等 4 个要素构成。其中，活力是指精力、魄力、冲动性、热情等的集合；扩力是指发展行为、思考、探索性、冒险性等因素的共同效应；结力是指联想力、组合力、设计力等的综合。①

第三节　卖点策划

市场营销的过程实质是运作卖点的过程。没有卖点，就谈不上市场营销。从百年老字号

① 姚风云、苑成存：《创造学理论与实践》，清华大学出版社 2006 年版，第 32～33 页。

到新兴超级企业，起决定性作用的因素往往归结到卖点的成功。一个真正的策划家，必定是寻找卖点的行家。

一、卖点策划概述

（一）卖点的含义

卖点是指在一定时间内，可以用来进行市场运作或者商业炒作，能够体现商业价值的各种自然要素与社会要素的泛称。

（二）卖点的类型

卖点作为最基本的经济现象，可以进行各种各样的分类。

1. 按卖点形成的基点的不同进行分类，有原生型卖点与炒作型卖点。原生性卖点是因自然禀赋的特殊地位所具有的商业价值，如湖北鄂城生产的“武昌鱼”；新疆的特产“葡萄干”、“哈密瓜”等。炒作型卖点是因人工系统地商业化包装而积聚起来的商业价值，如名牌商品、新潮服装以及大量广告推销的产品。

2. 按卖点所代表产品形态的不同进行分类，有物质产品卖点、精神产品卖点，或者产品卖点、技术卖点、服务卖点等。其中，物质产品卖点是提供物质实体的商业价值，包括产品设计水平、生产质量、技术档次等所包含的商业价值。精神产品卖点是精神产品所能凝聚的包括知识、技能、形象、知名度在内的商业价值，诸如VCD、高水平体育比赛、世界水平的文艺演出。

3. 按卖点在空间上的影响范围进行分类，有全球型卖点与地区型卖点。其中，全球型卖点能够在世界所有国家社会经济活动中产生商业价值。如人们现代化所需要的各种产品（计算机、汽车、高档服装），在世界上有广泛影响的电影大片、芭蕾舞、演唱会等。地区型卖点是只能在特定的区域形成商业价值，如泰国的人妖、哈尔滨的冰雕、武汉的热干面等。

4. 按卖点在时间上延续的状态进行分类有流行型卖点与稳定型卖点。流行型卖点是伴随着消费者心理行为的热点转换而形成的商业价值，如消费品中的时装、保健品、化妆品；形形色色的连锁店、超级市场、专卖店、豪华商店、平价商店，它们在不同的时期是有不同的市场地位的。稳定型卖点是能够在比较长的时间被消费者所接受并能够获得长久的商业价值。比如，人们最基本的生活与生产资料，包括大众化的衣、食、住、行用品。

二、营造卖点的主要问题

（一）科学把握卖点

1. 注意卖点的特效性。卖点把握的关键问题是在特定的时间、特定的条件、特定的市场实现客观与主观的科学统一。严格地说，卖点是一种客观存在。但是，发现、把握卖点不是轻而易举的。

2. 注意卖点的差异性。卖点与热点是市场经常出现的两种现象。作为企业，应该密切注意卖点、热点，它们都可能是企业利润的增长点。热点一般是卖点，但是，卖点不一定是热点。

3. 注意卖点的持续性。“卖点”一词可能是永恒的。但是，具体到一个特定的卖点却不是永恒的，必须随时认识卖点转换。比如，黑白电视机曾经是卖点，后来被彩色电视机所取代。如今，数字化彩电、背投彩电又成为家电市场的新卖点。

（二）如何树立卖点新思维

1. 谁来创新卖点思维。

2. 市场需要什么样的卖点思维。

3. 让新思维接受市场考验。

（三）寻找卖点

1. 把握主流消费。

2. 使主流消费成为主导卖点。

3. 使卖点为企业带来商业利润。

4. 在创造市场中创造卖点。

策划训练

策划读点：吉祥词语与“双钱”品牌

余芝卿是我国近代著名实业家、民族橡胶工业先驱，1928 年创办大中华橡胶厂。对于设计一个怎样的品牌名称和图样，余芝卿等工厂领导曾有过一番思考，并且设想使用“如意”、“大吉”、“百吉”、“万年青”等吉祥词语，都感觉不满意。某日，余芝卿与工厂同事因工作去苏州办事，偶遇苏州街头有人抬着嫁妆经过他们跟前，新娘嫁妆上面的“双喜”“双钱”图样，不由地触动了余芝卿的灵感。回沪后，余芝卿将有关使用“双钱”商标名称、图样的想法告诉大家。因为“双钱”与“双全”两字谐音，并喻义“名利双全，福寿双全，成双吉利，两全其美”。另外，选择两个古钱作为商标，极具中国特色。左右两半相互依存、联成一体，呈现着团结协和的情景；另外“双钱”图案既与产品轮胎的外观图形较为形似，又表达“财源滚滚”的含义。据说，当时余芝卿在将此商标图样内容画给大家看时，还请工厂创始人之一的薛福基夫人购买大红纸作了一次现场“双钱”牌剪纸表演。这样，一张红纸，一把剪刀，便剪出一个“双钱”牌商标图案。为了防止其他同行的商标侵权，余芝卿还向商标局呈请注册了与“双钱”牌商标名称与图形相关的“单钱”牌、“古钱”牌和“金钱”牌等商标名称。其目的就是最大限度地防止其他同行的仿冒而造成自己不必要的经济损失。①

创意风暴：法式小面包的中国创意

（一）创意实例

盼盼法式小面包食品的成功，构建了福建休闲食品“达利”、“盼盼”、“雅客”三强鼎立的新局面。（1）名称创意。研究发现，面包作为西式点心自 19 世纪末传入中国后，通过近一个世纪的流传，面包的西式点心属性已经成为大众的思维定势，也最认同法国面包的正宗地位和浪漫印象。产品名称为“法式小面包”，顾名思义即是来自法国的面包，而且还是一种小巧方便的面包，这个面包既保留了地道的法国味，更增加了便利和长期存储属性，适

① 左旭初：《著名企业家与名牌商标》，上海社会科学院出版社 2008 年版，第 131 页。

合成为现代快节奏群体正餐之外的点心首选。（2）广告创意。广告所需要表现的内容已经较为清晰，盼盼法式小面包作为早餐食品、下午点心及外出主食的功能要传递透彻，代言人蒋雯丽的知性和感性形象要突出，法式小面包的牌子要打响，这些都是广告创作的要求和条件。在此前提之下，“厨房篇”及“环境篇”两个广告正式出台。作为一个新产品，最大化地传递产品信息成为两个广告片的重中之重，除了画面表现之外，策划者还重点创作了起到提示和强化作用的广告旁白。通过画面和广告旁白的双重传播，真正把盼盼法式小面包最大化地进行了信息传播。①

（二）创意提升

头脑风暴1：“蛋黄派”为什么能够成为中国食品行业一道绚丽的风景线？

头脑风暴2：中国的食品为什么要走“中西结合”的道路？

策划样本：经典市场定位

（一）样本展示

20世纪60年代末，米勒啤酒公司在美国啤酒业排名第八，市场份额仅为8%，与“百威”、“蓝带”等知名品牌相距甚远。为了改变这种现状，米勒公司决定采取积极进攻的市场战略。通过市场调查发现，若按使用率对啤酒市场进行细分，啤酒饮用者可细分为轻度饮用者和重度饮用者，而前者人数虽多，但饮用量却只有后者的1/8。他们还发现，重度饮用者有着以下特征：多是蓝领阶层，每天看电视3个小时以上，爱好体育运动。米勒公司决定把目标市场定位在重度使用者身上，并果断决定对米勒的“海雷夫”牌啤酒进行重新定位。重新定位从广告开始。他们首先在电视台特约了一个“米勒天地”的栏目，广告主题变成了“你有多少时间，我们就有多少啤酒”，以吸引那些“啤酒坛子”。广告画面中出现的尽是些激动人心的场面：船员们神情专注地在迷雾中驾驶轮船，年轻人骑着摩托冲下陡坡，钻井工人奋力止住井喷等。结果，“海雷夫”的重新定位战略取得了很大的成功。到了1978年，这个牌子的啤酒年销售达2000万箱，仅次于AB公司的“百威”啤酒，在美国名列第二。通过市场的重新定位，米勒啤酒公司找到了目标客户群，吸引并全面满足这个焦点群体的消费需求，最终套牢了这个群体，使得其利润猛增。②

（二）模拟与创新

1. “经典市场定位”策略的模拟与创新。
2. “积极进攻的市场战略”的模拟与创新。
3. “按使用率进行市场细分”的模拟与创新。

策划方法训练：求异思维方法

求异思维是一种逆向性的创造性思维，其特征是用不同于常规的角度和方法去观察分析客观事物而得出全新形式的思维成果。求异思维的内涵具有广博的开拓创新性和迁延性，运用求异思维可以冲破陈旧的思维模式，把思维从狭窄、封闭、陈旧相因的体系中解放出来，在一个新的领域中进行思维的创造性、开拓性的辐射与复合。在管理实践中，有经验的管理

① 张发松：《盼盼，法式小面包的中国创意》，《销售与市场》，2007年第12期。

② 盛安之：《营销的58个创新策划》，企业管理出版社2007年版，第18页。

人员特别注意培养员工求异思维的广阔性、深刻性、独立性、批判性、逻辑性、敏捷性、灵活性和反馈性，克服片面性、表面性、模糊性等弱点，努力为员工创设求异思维的情境，使日益深化的智力不断发展更新，培养智能型全方位人才。

训练建议：应用该方法进行市场策划。

营销策划平台

企业资料概要	策划项目
辉瑞公司是一家全球领先的、拥有空前规模、广泛的产品治疗领域和产品系列的全球药业巨擘，包括三个业务领域：医药保健、动物保健以及消费者保健品。公司的创新产品行销全球150多个国家和地区。辉瑞公司自20世纪80年代进入中国以来，不断向国内引进高新医药科技和创新产品，开展面向医生的疾病教育和患者的健康教育普及活动，并积极参与了社区的公益发展项目。与众不同的是，辉瑞公司所有在中国上市的创新药品均与全球同步上市。凭借这些更加丰富的药品组合，辉瑞在心血管科、内分泌科、呼吸系统和感染性疾病、精神科、关节炎和其他炎症、泌尿科、癌症、眼科疾病和其他许多医学领域均保持领先水平。在中国上市的40种创新产品中，有7种产品的全球年销售额超过10亿美元。辉瑞将一如既往地秉承“关爱生命，辉瑞使命”的承诺，致力于推动中国医药卫生行业的发展。	理念策划 形象策划 产品策划 广告策划 促销策划 其他策划

第四章 DISIZHANG

赢 利 策 划

奔驰汽车最重要的制胜武器

奔驰公司对自己的汽车产品本身定位是：高品质、高创新、高价位。这是奔驰公司一贯的追求，也是其制胜的有力武器。奔驰公司把质量视为生命，并把追求高品质作为首要目标，整个生产过程从产品构想、设计、研制、试验、生产，直至推销、维修，质量第一原则贯彻始终。为了保证质量，公司建立了一支技术熟练的工人队伍，并建立严格的产品和部件检查制度。为了检验新产品的质量和性能，公司设置了一套计算机控制设备，建造了占地8.4公顷的实验场。

面对激烈的市场竞争，除了追求高质量外，奔驰还有一个流行的口号就是“以创新求发展”。公司大胆地把科学技术应用到汽车上。20世纪50年代他们研制改造了安全系统，制造出世界第一个安全车身，即框形底盘承载式焊节结构。60年代研制出ABS刹车系统，用电子系统控制紧急刹车状态，保持车身平稳。几乎每一项汽车新技术的出现，都会体现在新型的奔驰牌汽车上。公司拥有8500人的科研队伍，每年的科研经费近6000万美元，同时还建立了一套合理的奖励制度。近几年，为了对抗美国、日本汽车的竞争，公司投入近30亿美元更新设备和改进厂房。

奔驰公司对汽车的品质追求可谓是精益求精，在价格定位上也选择了与之相适应的高价位，与日本车的价格相比，一辆奔驰车的价钱可以购买到两辆日本车。价值定位是奔驰公司最重要的制胜武器。①

第一节　赢利策划概述

企业作为市场竞争主体，运行模式就是“自主经营、自负盈亏、自我约束、自我发展”，并在市场营销中提高赢利能力，实现企业目标利润最大化。

① 世界品牌研究室主编：《世界品牌100强——品牌制造》，中国电影出版社2004年版，第34~35页。

一、赢利策划概述

（一）赢利策划的含义

赢利策划是人们通过创造性的市场营销活动，以产品与服务换取市场份额、市场利润、市场效用和市场形象的泛称。营销策划者希望自己的劳动获得比较高的报酬，从而激发更高的工作热情，创造出更完美的策划成果。

（二）赢利策划的主要内容

赢利策划是一个高度综合的概念。在营销实践中，有多种形式的利益表现。从经营目标上，由于对赢利策划追求贯穿于经营过程的各个环节，不可避免地形成产品利益、竞争利益、客户利益、渠道利益、促销利益等利益问题。从价值实现上，由于对赢利策划追求要以最小的劳动耗费（占用），获得最大的财务成果，必然形成投资利益、资本利益、财务利益、企业形象利益等利益问题。一般说来，赢利策划内容构成是：

1. 市场利益。市场利益是指企业通过市场占有率的不断扩大及市场销售的畅通所获得的商业利润。市场利益是最基本、最主要的赢利策划，它包括“有形市场利益”和“无形市场利益”两个方面。前者主要是：技术利益、产品利益、质量利益、服务利益，等等，一般是通过提供“看得见”的产品销售与服务来实现的；后者主要是区位利益、渠道利益、（商标）品牌利益、形象利益，等等，一般是依附于产品与服务的“附加利益”。

2. 竞争利益。竞争利益是指企业经营者在营销管理活动通过商业争夺所实现的市场利益。商业竞争是市场经济的一般规律，是供求力量互相适应又永远不会完全适应的对立统一的斗争，是形形色色的商品经营者追求各自利益的斗争。一般说来，商业竞争有两种形式：价格竞争和非价格竞争。价格竞争，是指同类产品的不同经营者通过价格的调整来占有较大市场份额的竞争活动；非价格竞争，是指经营者在市场竞争中通过良好的企业形象、产品创新、销售服务、广告促销、产品包装、消费联盟等非价格因素来获得成功的竞争活动。

3. 资本利益。资本利益是指企业经营者通过资本运营的方式，对市场要素进行合理配置，以较少的资本投入获得较大的资本增值。现在，人们一般形成了这样共识：资本经营是商品经营的高级形式。市场营销是包括商品经营与资本经营在内经济活动。市场营销中的资本利益，主要是技术资本利益、人力资本利益和企业无形资本利益，等等。其中，企业名称的买卖、商标名称的买卖、产品专利权的买卖、特许经营权的买卖，都是获得资本利益的重要途径。

4. 经营利益。经营利益是指企业在市场运作过程中，进行科学的市场调查、设计与策划，以新思维、新技术、新产品、新市场获得的商业利益。在知识经济条件下，经营利益是以创新为基础的，新思维、新技术、新产品、新市场成为赢利策划的重要源泉。企业要及时改变观念，在网络营销、绿色营销、科技营销、关系营销等新的营销领域，抓住新的利益增长点，以获得更多的经营利益。

二、赢利策划组合

赢利策划组合就是在营销管理过程中正确处理各个市场主体、市场客体的利益关系，结成最广泛的利益共同体。

1. 选择目标市场，进行利益定位。现代市场营销的核心可以被概括为 STP 营销，即细分市场（Segmenting）、选择目标市场（Targeting）和产品定位（Positioning）。这是获得赢利策划的基本途径。人们从细分市场中发现利益机会，从目标市场中确定自己的利益目标，从产品定位中塑造自己的获利能力，实现了比较科学的利益组合。所以，研究某些特定市场的特性，根据消费者需求的差异性进行市场细分，选择适宜的特定的消费者群作为企业服务的目标市场，是企业利益定位的工作内容。

2. 完善利益机制，进行有效经营。从世界市场的历史经验可以得知，赢利策划的实现，是通过一系列科学、规范的利益机制作保证的。这些利益机制主要包括：自主经营机制、自由竞争机制、遵守规则机制、公平分配机制，等等。同时，还要做好以下工作：科学确定经营战略，增强企业经营能力；节约经营时间，减少资源消耗；抓住市场机会，避免经营风险，等等。

3. 坚持市场导向，注重资本经营。应该坚定不移地突出市场导向，始终与市场热点同步，与顾客消费潮流同步。并重点注意：（1）及时进行资本经营结构的动态调整。主要包括企业资产结构、负债结构、经营结构、投资结构、效益来源等方面，特别是在总资产与净资产、负债资本与权益资本、长期负债与短期负债、专业化经营与多元经营、长期投资与短期投资、商业资本经营收益与产业资本、金融资本经营收益等构成要素中进行目标结构的选择与合理比例的确定。（2）优化企业资金投向。根据市场发展方向，尤其是技术创新及市场需求倾向进行细致研究，并结合企业自身实际，寻找经营增长点。

第二节　企业发展的营销法则

一、通用的成就与通用的营销法则

通用的营销法则主要有：（1）把精力集中在创建一家公司及其科研开发上。通用创办的通用电气研究实验室，号称世界首家公司实验室。（2）注重激励员工。公司制定政策，规定通用电气的雇员必须随时准备放弃、修改或发展某项建议，但永远不能对公司失去信心。（3）建立企业制度。公司创立的管理培训制度和公司结构，常常被认为是公司制度的典范。（4）扩大产品开发。20 世纪初，通用开发灯泡、电梯和电车市场。到 20 世纪 20 年代，它与美国电报电话公司和西屋公司共同开创了美国无线电公司。20 世纪中期，通用电气是世界塑料、厨房电器和飞机发动机引擎领域的一支主要力量。

二、福特的成就与福特的营销法则

福特汽车公司被称为世界汽车业的楷模。1908 年公司推出的“T”型车是为中产阶层生产的第一辆车，它彻底改变了美国社会经济生活。福特 1903 年在密歇根州迪尔伯恩创建了福特公司。到 1920 年，美国车辆中 60% 是福特牌。到 1938 年，福特公司仅次于通用汽车公司和克莱斯勒之后，在汽车行业中位居第三。20 世纪中叶，福特公司经历了沉浮动荡。如今，福特公司再次成为世界四大汽车制造商之一。福特的营销法则包括：（1）开拓了大工业大生产模式。福特创造了生产流水线，奠定了 20 世纪大部分规模生产的基础。（2）运用工资杠杆。福特宣布它愿意支付给工人每天 1 美元，这远远高于当时的平均工资水平。

（3）高档产品大众化。这一举动推动汽车在全世界的普及。

三、IBM 的成就与营销法则

IBM 营销法则包括：（1）提供最佳服务。公司广告用一目了然的粗笔字体写着："国际商用机器公司就是最佳服务的象征。"有人认为这是有史以来最好的广告。（2）尊重每一个人。IBM 坚信：公司最大的资本不是金钱和物质，而是人。IMB 强调人人要创造自己的特色和个性。所有部门经理都要理解员工工作满足感的价值，不断地给员工以鼓励，用承认、提升和金钱等方式对取得较好成绩的员工进行奖励。（3）追求卓越工作。公司产品一直是世界市场高质量的象征。

四、沃尔玛的成就与营销法则

沃尔玛的营销法则包括：（1）准确的市场定位。1969 年沃尔玛连锁店公司正式注册成立，把店开设在美国内陆各州 0.5 万人 ~2.5 万人的小镇上，为小镇居民提供各种需要的商品，避开了同其他大零售商的竞争，为自己的经营开创了一片新天地。（2）实行"天天平价"，赢得顾客。为了实现低价销售，沃尔玛千方百计降低成本，经营的大部分商品直接从工厂进货，采购人员为使进价低几分钱与供应商进行艰苦的谈判，公司发动员工为削减成本出谋划策。（3）提供优质服务。公司工作人员给顾客留下的是训练有素、热心助人的形象。他们履行公司的誓言：正视顾客，向 10 英尺范围内的顾客致意，走进沃尔玛，营业人员会满面笑容地出现在你面前。

五、宝洁公司的成就与营销法则

宝洁公司的营销法则包括：（1）顺应时代潮流的股权策略。1988 年 8 月，美国宝洁公司、香港和记黄埔有限公司与广州肥皂厂等单位共同投资成立了广州宝洁公司。美方的技术和品牌优势，香港的营销和对东南亚市场的辐射能力及中国的区位优势得到了合理的组合。正确的股权策略和良好的合作关系为日后的发展奠定了基础。（2）坚实的技术力量。宝洁公司的主导产品有三大类——保健药品、化妆品和保健食品。公司拥有 2500 多项专利，具有博士学位的各类专家近 1000 人。该公司自豪地宣称，它所拥有的高级人才数量甚至要比哈佛、麻省理工、斯坦福、剑桥等大学的科学家加在一起还多。（3）融入当地文化的营销策略。"海飞丝"、"玉兰油"、"飘柔"等一系列产品都富有中国文化色彩。（4）用多种品牌占满市场。宝洁的原则是，如果某一种类的市场还有空间，那么最好由宝洁的其他品牌来填空。因此，宝洁的多品牌策略让它在各产品中拥有极高的市场占有率。在美国市场里，宝洁有 8 种洗衣粉品牌、6 种肥皂品牌、4 种洗发水品牌和 3 种牙膏品牌。

第三节　战略型赢利策划

一、事业赢利策划的含义

战略型赢利策划是企业最高领导层对重大问题的决策、规划，主要内容有：企业从事的事业领域；各单位间如何分配资源；各单位间如何取得协同效果；如何进入新的事业领域或退出旧事业领域；企业的宗旨和战略目标。

企业的事业领域或范围包括三个方面：（1）产品—市场范围，即企业参与的产品—市场有哪些？（2）地理范围，即企业营运的地理分布；（3）纵向范围，即企业在纵向链条上（从原材料到消费者）所从事的活动。这三方面的决策需要分别进行分析，因为它们所依据的原则是不同的。企业在进行产品—市场决策时，主要考虑产品—市场的吸引力和依赖于哪些资源或能力在此领域进行竞争；在进行地理范围决策时，主要应考虑产品的特点、目标国家或地区的特点、所需要的战略变化、功能活动的地理分布、所有权形式等因素；进行纵向范围决策时，要考虑产业活动的吸引力、成功的关键因素、进入障碍、产业风险、资产专用性等多种因素。这三种范围的决策相互联系，如某一特定的产品—市场范围决策就可能决定了其地理范围决策。

二、事业赢利战略

事业赢利战略专门是从事某一事业方向（如专门生产某一类产品、专门进行某一项业务等）的具有较小规模与范围的独立单位，为实现其事业发展的长远目标所选择的发展方向、所确定的行动方针，以及资源使用方向和资源分配方案的一个总纲。制定事业战略的根本目的，是在现有的综合发展条件下，沿着既定的事业方向，尽可能早日并圆满地达到既定的长远目标。

制定并管理事业战略的基本程序为：（1）分析事业单位的外部环境，确定自身的事业方向和在本事业大环境中的定位以及面临的机会和挑战；（2）评估自身的内部条件，认清本事业发展在社会环境中的优势和劣势；（3）在此基础上，确定发展目标，制定达到目标的战略计划；（4）根据战略计划的要求，结合自身条件，合理配置从事事业发展所拥有的各种资源，并通过计划、预算和进程等形式实施既定的事业战略；（5）在执行事业战略的过程中，对事业战略的实施成果和效益进行评价，同时根据事业战略实施过程中获取的各种信息及时调整原有战略中的目标、规模、资源分布和控制，在不断发展的事业战略过程中达到既定的发展目标。

三、赢利战略规划

赢利战略规划是从事下列各项工作的一个持续的过程：系统地进行目前的企业的（承担风险的）决策，并尽可能地了解这些决策的未来性；系统地组织执行这些决策所需的努力；通过有组织的、系统的反馈，对照着期望来衡量这些决策的成果。

赢利战略规划最重要的是：（1）为了实现目标，要系统地、有目的地进行工作；（2）规划开始于摆脱过去，而这种摆脱要作为达到未来目标的系统规划的一个部分；（3）要寻找实现目标的新的、不同的方式，而不是认为多做一些同样的事就足够了；（4）需要深入思考时间因素并提出这样的问题：我们应该在什么时候开始工作？以便我们在需要的时候可以得到成果？

第四节　公关型赢利策划

一、公关型赢利策划的含义

公关型赢利策划是从长期的市场利益出发；而用关系营销作为“武器”的赢利策划行为，以达到关系各方共赢的目的。关系营销是企业与顾客、企业与企业间的双向的信息交流；是购销关系双方以互利互惠为目标的营销活动；是利用控制反馈的手段不断完善产品和服务的管理系统。

二、关系营销的特征

1. 信息沟通的双向性。关系营销的交流应该是双向的，既可以由企业向顾客开始，也可以由顾客向营销方开始。如果仅仅是顾客联系企业，顾客会认为这种交流和沟通不够充分，因而也无法和某一特定企业建立特殊关系。

2. 战略过程的协同性。关系可分为对立性关系和协作性关系两种。对立性的关系状态是指企业组织和相关者之间为了各自的目标、利益而相互排斥或反对，包括竞争、冲突、对抗、限制、斗争等；协作性的关系状态是指关系双方为了共同的利益和目标采取相互支持、相互配合的态度和行为。关系营销旨在消除企业与其他组织及个人和企业内部业已存在的对立关系，使其转化或建立起相互信任、互助合作的关系。

3. 营销活动的互利性。企业利益可以分为实质利益和关系利益。关系营销的基本目标是为了赢得公众的信赖、好感和合作，因此当上述两种利益相冲突时，企业只能舍弃实质利益，维护关系利益。

4. 信息反馈的及时性。开展关系营销要求企业建立专门的部门，用以追踪调查顾客、供销商以及营销系统中其他参与者的态度，企业要和这些人与单位建立一种系统、持久的关系。

三、公关型赢利策划实现途径

1. 改变企业经营理念。关系营销使企业经营哲学从以交易为导向转向以关系为导向。

2. 改变企业营销战略。关系营销突破了传统营销狭隘的目标市场战略。关系营销使企业同顾客、供应商、中间商、竞争者、政府、雇员之间的关系，从传统营销的单向、单赢的营销关系战略演变为交互的、多赢的营销关系战略。

3. 改变企业组织结构。关系营销要求企业从传统的垂直的科层组织结构转向建立跨职能部门以及协调各职能部门任务的扁平的组织结构。对企业内部各职能部门的任务进行协调，才能保证企业同顾客及利益相关者建立持久的良好关系，达到保持顾客的目标。所谓内部营销，是指在企业内部建立内部市场，即将企业雇员及各职能部门作为市场（或顾客）看待，运用营销策略与方法，协调和处理内部市场的各种关系，以吸收、发展、刺激和保留优秀员工，来达到外部顾客对企业及其产品的满足和忠诚，实施企业目标。

第五节　文化型赢利策划

一、文化营销概述

（一）文化营销的含义

文化型赢利策划是从长期的市场利益出发，用文化营销作为"武器"的赢利策划行为。文化营销是指充分运用文化力量实现企业战略目标的市场营销活动，即在市场调研、环境预测、选择目标市场、市场定位、产品开发、定价、渠道选择、促销、提供服务等营销活动流程中均应主动进行文化渗透，提高文化含量，以文化作媒介，与顾客及社会公众构建全新的利益共同体关系。文化营销本质目的是营建企业新型文化价值链，以文化亲和力将各种利益关系群体紧密维系在一起，发挥协同效应，以增强企业整体竞争优势。①

（二）文化营销特征

文化营销把企业营销活动的重点从交易的完成和实物的传递转移到文化的传递中来，把每次与消费者的接触看做是传递文化的机会，而不是一项单一的买卖、服务活动。

1. 文化营销的阶段性。首先是文化传递，这是主要的阶段，是文化营销活动的重心所在；然后才是产品的实物转移，这个阶段是水到渠成的结果。

2. 文化营销的目标性。文化营销是传递文化而不是出售产品，仅仅以出售产品为目标是难以成功的，只有以传递文化为目标，提升产品在消费者心理上的价值，占有市场，才能实现突出的销售业绩。

3. 文化营销的参与性。作为一种以传递文化为主的活动，文化营销强调全员参与，每一个员工与外界的接触都是传递文化的机会。

4. 文化营销的双向沟通性。文化营销强调不是单向的信息传递。企业倡导的文化不是随意捏造的空中楼阁，而是来源于消费者，只有这样发展起来的文化才能被消费者广泛接受。

二、产品文化

产品文化是以企业生产的产品为载体，反映企业物质及精神追求的各种文化要素的总和，是产品价值、使用价值和文化附加值的统一。一般来说，产品文化可以分为以下三个方面：

1. 产品质量与文化。质量是企业的生命，是企业竞争力强弱的基础性因素。产品质量是一个产品文化的载体，载体不好，文化也就无没有根基。

2. 产品标志与文化。产品标志（即商标）和企业标志是一些用来表达产品或企业形象的特定的造型、图案、文字、色彩等文化符号，又称象征性视觉语言。产品标志和企业标志可以是分离的，也可以是统一的，其基本功能都是使自己与同行企业、同类产品区别开来，

---

① 盛安之：《营销的58个创新策划》，企业管理出版社2007年版，第189页。

有利于公众识别。

3. 产品包装与文化。“人靠衣服马靠鞍”，包装越来越受到企业的重视。从文化的角度看，企业在产品包装上应注意以下三个方面：一是“精”，指精细、精巧、精益求精，杜绝粗制滥造、傻大黑粗；二是“美”，指造型美观、色彩鲜明、赏心悦目；三是“异”，指独特新颖、款式各异、与众不同。

三、品牌文化

品牌文化的核心是品牌所凝结的价值观念、生活态度、审美情趣、个性修养、时尚品位、情感诉求等精神象征。品牌文化的塑造通过创造产品的物质效用与品牌精神高度统一的完美境界，能超越时空的限制带给消费者更多的高层次的满足、心灵的慰藉和精神的寄托，在消费者心灵深处形成潜在的文化认同和情感眷恋。优秀的品牌文化可以生生不息，经久不衰，引领时代的消费潮流，改变亿万人的生活方式，甚至塑造几代人的价值观。

四、企业质量文化

（一）企业质量文化的含义与内容

企业质量文化，包括产品质量、服务质量与企业形象、员工精神、员工素质等在内的质量知识体系。质量文化的基本内容包括：

1. 质量目标。确立鼓舞全体员工积极进取的质量方针，提出体现企业经营目标的质量目标，并动员全体员工为实现这一方针目标而奋斗。

2. 质量观念。要求全体员工，特别是管理层，在质量观念上有个转变，明确提高质量的目的不是为了应付上级的抽查、评比或完成某些考核指标，而是为了满足市场顾客的需要，为了自我生存的需要。

3. 质量管理。从市场调查开始到为顾客服务的整个过程都能处于正常的受控状态；防止不合格品、不合格项的发生，而不是事后的检验和处理；质量管理要实现全过程受控，管理人员、执行人员、验证人员必须要有明确的职责与权限；每个岗位、每一件工作都应当有可操作的规范、程序，而不是无章可循、随意性的“人治”；质量管理体系的运行要着眼于持续改进并进行定期评审，建立自我完善机制，而不是消极地保护现状。

4. 质量制度。建立一套科学的奖惩制度，奖惩的立足点应当以激励积极性、进取性为主。

（二）质量文化的实施

始终以高技术、高质量为核心，形成独树一帜的企业管理体系。

1. 严格认真的质量传统作风。为保证稳定的高质量，从管理体制、科技创新、服务培训、营销文化以及法律制约等诸方面形成一个全方位的保障体系。

2. 质量是企业的生命。企业家和生产者都抱有相同的理念：高质量是生产出来的，而不是检验出来的，企业从所有者到管理者，从技术人员到生产销售人员，普遍重视质量管理。

3. 对高质量有更深层次的理解。必须站在使用者的角度，对产品提出和更新质量要求，企业的长期利益才能获得维护。

第六节　联盟型赢利策划

一、联盟型赢利策划的含义

联盟型赢利策划是从长期的市场利益出发，用联盟竞争作为"武器"的营销策划行为，以达到关系各方都创造更大的市场价值。联盟是指两个或两个以上的企业间或者特定事业和职能部门间为实现某种共同的目标，通过公司协议或联合组织等方式而结成的一种网络式的联合体。最初，企业大多以简单分散的方式参与市场竞争，竞争的对抗性十分突出，易使竞争走向极端。后来，一些企业为了克服对抗性竞争引起的成本费用不断上升和利润率不断下降给企业生存和发展带来的威胁，开始进行联盟竞争尝试。

二、联盟竞争的基本原则

1. 共利共存原则。结盟必须建立在合作者双方共利的基础之上，即通过联合，使双方的能力或资源得以互补，各自都获得相应的利益，这是结盟成功的基本前提。只有建立在互利互惠、共生共荣的基础之上的结盟，才能做到 1+1>2，提高整体竞争能力。

2. 合作成本最小化原则。结盟合作应在平等、自愿的条件下进行。任何企业之间的结盟，均应尊重对方的抉择。在国际结盟中，所承受的利益上的暂时损失叫做合作成本，只有当合作成本最小化（为负）时，结盟竞争才是卓有成效的。

3. 严格履行承诺原则。市场经济是契约经济。企业之间的合作结盟通常要通过签订协议（契约）明确各方的责、权、利、风险的分配和相互的承诺，承诺履行情况反映了合作双方的信誉。承诺履行得越好，信誉就越高，合作的机会就越多，结盟竞争的天地越宽广。

4. 双向沟通原则。沟通是结盟的重要环节，国际结盟有些要谈判若干年，说明沟通的必要和难度。

三、战略联盟的类型

1. 纵向战略战略。纵向战略是指构成某一价值链的上下游企业为了向顾客提供完整的价值而进行的联盟，这种联盟可以更好地适应现今迅速变化的市场需求。

2. 横向联盟战略。横向联盟是指经营相同或类似产品和服务的企业为了获取规模经济效益而进行的联盟，这种联盟可以更加充分地挖掘各个企业的生产能力和管理能力。

3. 行业联盟战略。行业联盟是指处于同一行业内部的企业为了赢得本行业更大的发展空间和机遇而进行的联盟，这种联盟有利于确立和提高本行业在行业竞争中的优势地位。

4. 地区联盟战略。地区联盟是指位于同一地区的各类企业为了获得发展的有利的地区商业环境而进行的联盟。这种联盟可以吸引其他地区流动性的社会购买力，促进本地区经济繁荣，从而带动本地区企业的发展。

5. 技术联盟战略。技术联盟是指技术相同或相近的企业为了提高技术水平，确保技术竞争优势而进行的联盟。这种联盟有利于技术创新，保持企业的技术领先地位。除此之外，还存在着风险规避联盟战略、优势互补联盟战略等，这些都是竞争中不同联盟企业群体得以形成的战略基础。

四、战略联盟的主要优势

结盟竞争之所以能成为当今世界各国、各类企业特别是跨国公司增强竞争力的一种潮流，主要有以下优势：(1) 有别于扬长避短，实现优势互补。(2) 有利于克服进入他国市场的壁垒。如20世纪80年代中期，摩托罗拉在进军日本移动电话市场时，受到日本市场多种正式及非正式的贸易壁垒阻拦，为此，摩托罗拉改变竞争战略，与日本东芝公司结盟制造微处理器，并由东芝提供市场营销帮助，最终使其产品获准进入日本的移动通讯市场。(3) 有利于遏制不良竞争者进入本行业市场。(4) 有利于降低投资风险。

五、战略联盟的培育

要发挥战略联盟的优势，必须从以下几个方面着手：

1. 选择共同管理的合作模式。当企业机密外泄的风险不大时，战略联盟企业应尽量选择共同管理，真正达到共同设计、共同开发、相互学习的目的。

2. 投入最佳的管理人员。参与联盟计划的企业管理人员一定要具备最佳的能力与心态，与合作伙伴形成良性互动。

3. 建立高效运行机制。参与战略联盟看不见的好处之一就是它能够检验原有组织的有效性，因此，企业应该让组织内部更多的人去接受挑战。如果联盟企业所带来的经验对公司的成长推进作用明显，企业就应借助战略联盟，有效地帮助公司培养尽可能多的人才。

4. 不断改善联盟目标。结盟的目的在于扩充实力，增强生存能力，应该不断完善企业的目标。

第七节　企业新市场赢利策划

开拓新市场，占领新市场是一个全局性、战略性问题。新市场蕴藏着巨大的商业机会，是利润丰厚的宝库。

一、企业新市场的含义和特征

（一）新市场的含义

一般说来，新市场是相对于已有的、传统的市场而言的，是企业新的目标市场。在具体的营销操作中，由于对新市场理解的角度不同，人们对其有种种不同的表述，有代表性意见是：(1) 新市场是企业尚未进入或产品尚未开发，并具有需求潜力的市场；(2) 新市场是对老市场的革命，是代表着全新市场要素的新技术市场、新产品市场、新劳务市场、新区域市场等新市场形态的总称；(3) 新市场是具有广阔的发展前景和旺盛生命力的新兴市场，例如电脑软件市场、数字化家电市场、老年保健市场等。新市场的含义可以是：企业尚未进入的、符合资源优化配置规律的，在技术、产品方面具有明显成长优势的新兴市场。

（二）新市场应具备的基本特征

新市场应该具备的主要特征是：(1) 新市场应是潜在市场，是有潜在需求、有开发前景的市场；(2) 新市场应是空隙市场，即市场竞争不充分，可以取得较大市场份额的不饱和市场；(3) 新市场应是新兴市场，即具有新技术、新材料、新设计、新工艺，成为新的经济增长点的新产品市场。

应当指出的是，市场本身是个动态的概念。永恒的新市场是没有的。今日的新市场可能是明天的老市场，市场的诱惑力就在于不断激发人们开发新市场。

二、新市场赢利策划实现途径

在某种意义上说，新市场开拓就是以新市场为预期，而在若干方面的一系列创新。因此，新市场开拓的主要内容包括市场观念创新、市场技术创新、市场组织创新、目标顾客创新和市场网络创新。

（一）市场观念创新

市场观念创新是指市场开拓者思想意识的革命性变化，以指导新市场的无限延伸。市场观念创新首先要科学认识市场，分析市场环境。市场环境是企业从事市场营销活动不可控制的因素，但它却制约着企业的生存与发展。同时，市场环境是动态变化的，这种变化一方面能够给企业带来新的市场机会，也可能会给企业带来新的市场风险或威胁，分析市场环境，就能够使企业及时地、准确地捕捉市场机会，有效地规避市场风险。此外，市场环境又是可以创造的，企业通过恰当地运用大市场营销策略，就可以为自己的生存和发展营造出一个有利的内外部环境，在市场竞争中立于不败之地。

（二）市场技术创新

市场技术创新以开拓新市场为宗旨，用技术杠杆，通过提高竞争程度、企业规模及垄断力量，推出全新产品。

市场技术创新的主要工作是：(1) 提高科技含量在经济中的比重；(2) 开发节约劳动的技术创新、节约资本的技术创新和高新技术的技术创新；(3) 重点开辟高附加值、高技术含量的新产品；(4) 超前开发绿色技术（绿色技术是指在恢复因人类的生产和社会活动而遭到破坏的自然环境的技术）；(5) 认真做好新技术扩散（扩散是指一项创新在最初的商业化之后的继续利用）；(6) 运用激励机制，吸引高质量的技术创新人员。

（三）市场组织创新

市场组织创新是指适应新市场开拓需要，优化配置人力资源，以灵活多变的组织体系，高效率地开辟新市场。

（四）目标顾客创新

目标顾客创新是指瞄准新市场目标顾客的潜在需求，用新产品、新劳务创造顾客，以扩大市场空间。

创造市场，从本质上讲就是创造顾客。目标顾客创新的主要工作是：(1) 科学预测目标顾客的潜在需求；(2) 通过信息沟通，让顾客接受新市场开拓的设想；(3) 提高质量、服务、价值的满意度，吸引、留住目标顾客；(4) 实施定制营销（按照顾客意愿设计、制造产品），让顾客从纯粹的消费者变为有限的“生产者”。

（五）市场网络创新

市场网络创新是指立足于新市场开拓，强化分销渠道运行机制的改造，使其适应市场空间不断拓展的需要。市场网络创新的目的是保证企业的产品或服务高效率地进入渠道，并通过渠道转移到消费者手中，从而实现企业的营销目标。

（六）内部营销创新

内部营销创新是指在开拓新市场的目标制约下，激发企业成员营销热情，用新思维、新形象、新创造开拓新市场。市场营销实践表明，企业内部营销的好坏将直接影响企业外部营销的效果。内部营销创新是极其重要的一环。

内部营销的主要目的是激励企业员工士气，寻求一个和谐奋进的内部环境。其主要工作要点是：（1）整合企业内部文化氛围，使群体价值观趋于共识，形成企业内部的整体价值观；（2）企业必须聚集人才、重视人才，创造最佳的人事环境；（3）企业要对生产经营过程以外的员工生活的各个方面给予积极的关心，使他们有安全感、舒畅感、归属感。

策划训练

策划读点：默克市场领先的秘诀

致力于内部开发的策略，是默克一直领先于业内其他公司的秘诀。而其竞争对手则往往从刚刚成立不久的生物技术公司购买研究成果或者与相关专家组织订立合作合同。默克仅将其5%的研发经费用于购买外部科研成果上，而其竞争对手在这上面的花费甚至会达到其研发经费的80%。将盈利放在第二位是默克公司的经营理念。作风严谨、富有教养的乔治·默克并不是盲目追求道德圆满的狂热分子。他只是认为，企业存在的目的是做一些有益的事情，并将之做得尽善尽美。他解释道："如果我们能够记住这些的话，企业就永远不会缺少利润。我们将此记得越牢，我们的利润就会越大。"①

创意风暴：三双眼睛的世界

（一）创意实例

联邦快递公司为其瞬间的服务效率设计了一则广告。广告的独特之处在于画面上有三双眼睛，第一双眼睛是睁着的，说明快递出门；第二双眼睛是闭着的，说明闭目养神；第三双眼睛又是睁着的，则说明快速送抵。联邦公司的宣传口号是"联邦快递，使命必达"，说明它的快速效率是非常可靠、快捷的。只要你拨通免费的服务热线或点击 www. fede. com，便可享受环球快递的服务。广告的创意非常新颖，并且在三双眼睛下面标有：（1）快递出门；（2）闭目养神；（3）快速送抵。这其实是表明：这三双眼睛不是属于三个人的，而是属于同一个人的，是该人在一瞬间眨眼的过程，只是将这个过程制作成了静态的效果。这是其广告的成功之处。利用这一眨眼的过程，来突出联邦快递公司速递服务的宗旨，即"一眨眼就能送到"。广告设计很好地利用了通常我们所说的"眼睛是心灵的窗户"的比喻。②

---

① 世界品牌研究室主编：《世界品牌100强——品牌制造》，中国电影出版社2004年版，第221~222页。

② 周立公、聂永有：《中外广告精品赏析》，中国财政经济出版社2002年版，第234页。

（二）创意提升

头脑风暴 1：点评人们在“眼睛”上的创意。

头脑风暴 2：描述人们为表现“快”而进行的创意。

策划样本：凯迪拉克设计师的智慧才智

（一）样本展示

凯迪拉克汽车选用的著名的花冠盾形徽章象征着其在汽车行业中的领导地位。该标志亦是凯迪拉克家族曾为皇家贵族的象征，同时表现了底特律城创始人祖先的勇气和荣誉。花冠徽章取自凯迪拉克所用的徽章。早期的徽章设计是 merlettes 向左倾斜，一个由郁金香花蕾组成的花环从两侧向上延伸，在顶部的皇冠处汇合。1916—1918 年，凯迪拉克车标是原来注册商标上的郁金香花蕾和一个镶有九颗明珠的皇冠。皇冠上的明珠后来变成七颗，被设计在盾牌上。这个设计 1925 年以前一直在使用。1933 年，为了更完美地与凯迪拉克流水般的车型相结合，设计者让车标长出长长的翅膀。战后的凯迪拉克启用新的车标，该计包括基本的“V”字及花冠设计。1947 年的车标首次将“V”字与花冠结合在一起。从 1956 年的车型开始，凯迪拉克车标逐渐变长、变低和变宽。到 1960 年的凯迪拉克车型，车标达到最宽。21 世纪后，凯迪拉克进行了一系列大刀阔斧的创新，其中包括重新设计凯迪拉克花冠盾牌的车标。新设计的车标含有大胆而轮廓鲜明的棱角，反映了凯迪拉克未来的设计理念。新的花冠保留了现有的颜色组合——金黄与纯黑相映，象征智慧与财富；红色，象征行动果敢；银白色，代表着纯洁、仁慈、美德与富足；蓝色，代表着骑士般侠义的精神。

（二）模拟与创新

1. 对凯迪拉克标志进行模拟与创新；
2. 对凯迪拉克设计理念进行模拟与创新；
3. 对凯迪拉克颜色组合进行模拟与创新。

策划方法训练：黄金分割法

黄金分割是一种数学上的比例关系，也叫黄金分割法则，是中外造型艺术中最容易给人美感的一种构图规则。分割的方法是把一条线段分成两部分，全长跟其中较长的那一部分之比，等于这一部分跟余下部分的比。即 A：B：B：（A—B）。这一部分约等于全长的 0.618。也称“中外比”，或“0.618 法”。后来，人们就把在长度为全长的约 0.618 处进行分割，叫做黄金分割点。黄金分割具有严格的比例性、艺术性、和谐性，蕴藏着丰富的美学价值。不仅体现在绘画、雕塑、音乐、建筑等艺术领域，而且在管理、工程设计等方面也具有不可忽视的作用。

训练建议：应用该方法进行市场策划。

营销策划平台

企业资料概要	策划项目
燕京啤酒1980年建厂，1993年组建集团，是国务院重点支持的520家大型企业之一。集团本着“以情做人、以诚做事、以信经商”企业经营理念，走内涵式扩大生产道路，使企业不断发展壮大；坚持依靠科技进步，促进企业发展，建立国家级科研中心，引入尖端人才，依靠科技抢占先机；积极进入市场，率先建立完善的市场网络体系，连年被评为全国500家最佳经济效益工业企业、中国行业百强企业。高品质的燕京啤酒先后荣获“第31届布鲁塞尔国际金奖”、“首届全国轻工业博览会金奖”、“全国行业质量评比优质产品奖”，并获“全国啤酒质量检测A级产品”、“全国用户满意产品”、“中国名牌产品”等多项荣誉称号。燕京啤酒被指定为“人民大会堂国宴特供酒”、中国国际航空公司等四家航空公司配餐用酒。1997年燕京牌商标被国家工商总局认定为“驰名商标”，2004年通过中国绿色食品发展中心审核，符合绿色食品A级标准。	理念策划 形象策划 产品策划 广告策划 促销策划 其他策划

第五章 DIWUZHANG

产品营销策划

迪斯尼的产品策略

迪斯尼在产品开发和生产上，有自己一套独特的产品策略。(1) 新产品策略。迪斯尼产品开发的策略是：在不断开发新型产品的同时对已有产品进行深化、扩展、赋予新的精神。创新产品满足顾客需要，是新产品开发的原动力。1945 年 1 月，沃尔特辞去制片厂总经理一职，经过长时期的精心策划，制作了一个乐园的精制模型。为了使乐园变为现实，他带着模型到纽约寻求合作，在投资人的支持下，位于洛杉矶的迪斯尼乐园终于在 1955 年 7 月开园，并获得了极大的成功，主题公园的开发成为迪斯尼公司发展的重要支柱。(2) 改进产品。为争取老顾客，迪斯尼主题公园不断增添新设施。东京迪斯尼乐园自 1983 年开业后，1987 年增加了“雷电世界”，1989 年增设了“星际之旅”，1995 年添置了“米奇胜过滑雪”，使来乐园游玩的旅客中约 3/4 是回头客。(3) 高质量策略。迪斯尼公司摄制的《白雪公主》是有史以来卡通片中最长的，原计划成本 25 万美元，但沃尔特为追求真实感，又雇舞蹈演员穿上戏服拍成影片，再根据影片画出卡通底稿，使摄制成本一再攀高，最终耗资达 200 多万美元，几乎使他倾家荡产，被称为“迪斯尼蠢事”。但是《白雪公主》首次发行收入 800 多万美元，且获得了奥斯卡金像奖。[①]

第一节　产品策划概述

产品是一切生产经营活动的核心和物质载体，是“企业的生命”。人们普遍认为，产品代表了历史的进步，影响着社会的发展，体现了企业的价值，表达了人们的愿望，传承了人类的智慧。

一、产品策划

产品是人类策划的成果。产品即是提供给市场以引起人们注意、获得、使用或消费，从而满足某种欲望或需要的某种东西。例如，联想计算机、海尔洗衣机、音乐会、海边度假、

① 摘编自世界品牌研究室主编：《世界品牌 100 强——品牌制造》，中国电影出版社 2004 年版，第 61 页。

心理咨询、美容美发等这些都是产品。产品的核心是策划。营销人员首先必须找出将要满足消费者需要的核心利益，然后设计出实际产品和找到扩大产品外延的方法，并能关注和把握满足这一产品需求的未来发展变化，以便不断创造出满足消费者要求的一系列利益组合。

二、产品策划的任务

1. 选择市场需求，开发新产品。
2. 进行产品细分，确定目标顾客。
3. 突出产品卖点，明晰消费者或者用户的核心利益。

三、产品策划工作重点

1. 产品差异化营销。差异化营销，是指生产企业同时生产两种或两种以上的不同产品，其目的是向消费者提供具有不同特色、式样、品质和规格的多种产品，使消费者有充分的自由选择权，如冰箱厂家生产不同颜色、不同外形、不同容积、不同规格的产品，以供顾客选择。

2. 大力开发现代产品的外在形态。产品的营销策划必须使外在形态多样化。比如，人们开发出了轿车、卡车、旅行车、大型巴士等汽车形态与种类，并且赋予不同的外在形式以不同的功能。

3. 培育消费者期望商品。期望商品是指消费者购买商品时希望和默认的一组属性和条件，比如，一种型号的轿车是“高级的”的还是“普通型”的，是“运动型”的还是“绅士型”的，都应该在设计中体现出来。这些属性是每一个购买轿车的顾客所期望的。任何商品都必须具备这样一些基本属性，顾客期望得到它们，任何一个商品的提供者如果制造的产品连顾客期望的基本属性都不具备，产品就缺乏了上市的基本条件。

4. 创造产品的附加利益。附加产品能帮助消费者在购买和使用商品时获得更多的便利感、安全感、荣誉感等。比如，汽车制造商在出售汽车的同时，还把维修网络建立到消费者最容易接近的地方，汽车的购买者就会有便利感和安全感；如果厂商把自己的汽车塑造成为名牌，购买者在获得一辆汽车的同时，还会获得一份荣誉。附加商品是产品差别化和竞争的主要内容。

5. 重点设计潜在产品服务。潜在产品服务是指产品最终可能会实现的全部附加部分和所转换部分。如果说期望产品和附加产品主要是让顾客满意的话，潜在产品则通过额外的优惠和好处，使顾客产生一种出乎意料的惊喜。

第二节　产品策划因素分析

一、产品整体概念分析

（一）产品整体概念

产品整体概念是指提供给市场用于满足人们某种需求和欲望的产品或服务，包括产品、服务、设计、思想等。策划人员只有明晰产品整体概念，才能科学地进行产品策划。

（二）产品的基本层次

1. 核心产品。为顾客提供的最基本的效用或利益，也就是顾客通过购买产品而获得的某种用途或功能即产品的使用价值。它是产品的基本功能，是消费者需求的中心内容。

2. 形式产品。指产品的实体和外观，是扩大化了的核心产品。它大体包括五方面的特征：产品的品质、款式、特性、品牌和包装。形式产品的概念不仅适用于有形的产品，也同样适用于劳务或服务产品。形式产品向人们展示的是核心产品的外部特征，核心产品的实现依赖于形式产品。

3. 延伸产品是指顾客购买产品时所得到的附加利益。通常包括维修服务、培训服务、融资服务、送货、安装以及各种保证、承诺等能够吸引顾客的一切安排，即产品的各种附加利益的总和。

（三）产品整体概念分析作用

1. 全方位了解产品开发的目标、方向。

2. 科学利用、整合产品资源。

3. 充分开发产品价值。

二、产品形象分析

产品形象是产品价值与使用价值在社会公众中基本评价，包括产品质量、性能、用途、商标等所构成的产品品格。

1. 产品形象的延伸性分析。产品形象一旦形成，就会在某种程度上脱离产品的具体特点，表现为产品的文化性与社会性。

2. 产品形象的传播性分析。社会公众对产品的印象，还会自觉或不自觉地产生“倍增效应”。

3. 产品形象的塑造性分析。产品形象是可以培育的。现代企业正逐渐将竞争的重点从质量、价格、性能等硬指标的追求，转向软的综合指标——产品形象的追求。而成功的策划活动是塑造产品形象的有力手段。

三、产品物质特点分析

分析产品的物质特点，有助于把握消费者对所策划产品的技术性、物质性发展趋势，以达到引起注意、刺激欲望、导致购买的目的。

1. 用料分析。一是分析产品原材料的性质、产地、类型、特点以及与其他原材料的比较优势；二是分析产品原材料与人类健康与安全的有关规定；三是分析产品原材料与消费者的爱好、要求和流行风尚。

2. 用途性能。一是分析产品的目标市场与目标顾客；二是分析产品的性能类别与技术含量、技术指标；三是分析产品性能的比较优势。

3. 产品外观。主要分析产品的外形特色、规格、款式等。包括：（1）色彩。分析色彩的地区差异与民族差异、色彩的流行趋势、色彩的使用方法与技巧。（2）规格。分析产品规格的市场差异；分析产品规格的演变规律；分析产品规格的市场创新。（3）款式。分析消费者对产品款式的需求特点；分析产品款式的流行特点；分析产品款式广告效果。（4）产品配套。分析产品体系与产品配套的关系；分析产品的主从关系、替代关系等演变；

分析产品配套使用与消费者生活方式的关系。（5）产品工艺与技术。分析产品生产使用的加工设备；分析产品生产的工艺流程；分析消费者对于生产技术的主要态度，等等。

四、产品识别标志分析

产品的识别标志，是产品名称、外貌特点、个性特征的总称。营销策划分析应特别重视的识别标志有商标、标志、口号等。

1. 商标。商标是商品的标志，它既是区别不同生产者和经营者所生产的商品的特殊标志，又是区别同一种商品的不同质量和特点的专用记号。商标有多种形式：有文字商标，包括中文字形变化与外文字母变化；有图案商标，即将人物、器物、动物、植物或自然环境加以简化，并进行艺术创造后形成的图案；有符号商标，即由各种几何图案组成；还有组合商标，由文字、图案和符号相互配合运用组成。营销策划对商标的分析应着重抓住如下问题：商标的独创性与商标的价值性；商标与企业、产品的关联性；商标的艺术性，是否美观大方、构思新颖、造型独特、有吸引力，便于市场促销；商标的传播性与简洁性。

2. 产品（或服务）标志。标志作为一种世界性的语言和文明的象征，展示了新的价值。营销策划中，一是分析产品标志与企业标志联系；二是分析产品标志表达方式与技巧；三是分析名牌标志塑造的成功经验。

3. 口号。用口号来代表产品，是从早年叫卖形式中继承下来的营销方法。在营销策划中，分析产品口号主要包括：第一，口号语言的科学与简练；第二，口号语言的市场化与号召力；如“幸福礼饼”的口号“一口接一口，幸福在口中，幸福在心头”，一语双关，使人产生美好的印象；第三，语言要高度概括；第四，口号要让人喜闻乐见。如红灯牌收录机策划口号是“红灯闪亮，如意吉祥”，既符合中国老百姓的传统习惯，又满足了消费者的购买心理。

第三节　产品的工业设计

在现代工业生产领域，将任何批量产品的设计予以实施都涉及一系列科学技术问题。诸如，材料的成形、材质的表面处理、产品内部结构关系、色彩处理、模具设计、制模方法和周期、生产流水线设计乃至设计管理等。

一、工业设计概述

（一）工业设计的含义

工业设计有广义的和狭义的两种含义。广义的理解主要包括：（1）工业产品设计；（2）视觉传递设计；（3）作业环境设计。狭义的理解则仅限于以工业产品为主要研究内容的系统性设计，主要包括产品的形态、色彩、人机关系等方面。

国际工业设计协会（International Council of Societies Industrial design，ICSD）曾给工业设计学科作过如下的定义：“就批量生产的工业品而言，凭借训练、技术知识、经验及视觉感受赋予材料、构造、结构、形态、色彩、表面加工以及装饰以新的品质与资格。从经济角度来看，工业设计是科学与应用、技术与生活、企业与市场、生产与消费之间的桥梁，是促进经济增长的工具。”

（二）工业设计作用

1. 可以促进产品功能的优化；

2. 可以提高产品式样的新颖性；

3. 可以增强产品的审美价值。

二、新产品工业设计的原则

新产品的生命力取决于工业设计的创造力。

1. 创新原则。新产品作为一种成果，是具有新颖本质的创造性思维的产物，离开了创造性思维的创新活动，就无法产生新产品。

2. 人体工程学原则。进行产品设计时，要考虑到人体的结构，以及人的感觉、知觉和运动特性等，使产品在供给消费者使用时灵活方便、强度适宜，能保持心率、血压等生理状态的正常，减少疲劳，避免因人的机体负荷过重而引起厌烦心理和紧张心理。

3. 形式美原则。即实际设计产品的形状、颜色、包装等方面要强调美学特征。产品的功能、结构和形式之美是紧密相关的，形式美直接影响使用者的视觉、感觉和情绪，影响产品的使用效果，具有招徕价值，能刺激购买、激发消费，提高产品的竞争力。

三、工业设计的类型

由于产品的品种繁多，其本身又经历生命周期（开创、成长、成熟、衰亡）不同情况与规律，工业设计具有不同的侧重点，并产生不同的类别。如果从产品的结构角度去分类，主要有：

1. 无内部结构类设计。包括各种器皿、包装容器、家具、皮鞋、箱包、服装、首饰等产品。这类产品侧重点在设计上，常以式样新颖、多样取胜。但随着材料质地的提高，材料研究、表面处理和成形工艺诸方面都需要严密的科学研究。我国的皮鞋与服装设计，若不注意改进制革工艺，研究解决轻、软、透、牢等问题，将很难在国际竞争中取得优势。

2. 简单结构类设计。包括伞、电子钟表、保温瓶、自行车及小家电等产品。此类也侧重于设计，但同时依赖于材料、材质处理和制造工艺。我国所谓的“自行车王国”是量的王国，并非质的王国，大多数人骑的都属于低档车。

3. 复杂结构类设计。包括电冰箱、空调、彩电、音响、汽车、通讯设备、电脑、医疗设备及机床等生产设备。此类产品设计重在科学技术含量。这类产品特别重视功能的日趋优化，每改进一次，都需要一定的时间（但随着科技的发展，需要的时间越来越短）。设计是在其不断改进后的配合，即在结构相对稳定时期发挥作用。如轿车车型1～2年就可改进一次，现代通讯设备更是日新月异。

第四节　新产品营销策划

从市场营销角度看，只要整体中任何一部分有创新和变革的产品以及向市场提供的企业过去未生产的产品都可以称为新产品。新产品的“新”是相对而言的，相对于一定的时间、地点和企业而言。此外，新产品的“新”，不仅是生产者、销售者认可，更重要的是消费者认可和接受的“新”属性、“新”功能、“新”用途、“新”特点等。

一、新产品构思策划

新产品构思是对某一新产品开发的设想。

1. 全新产品，指应用新原理、新结构、新技术、新材料制成的属于真正创新的产品或新问世的产品。这种产品对企业和市场来说都是崭新的，成本高，风险大。

2. 换代新产品，指在原有产品的基础上，部分采用新技术、新材料、新结构制成，在性能上有显著提高的产品。如黑白电视机发展到彩色电视机和高清晰度彩色电视机。

3. 改进新产品，指采用各种改进技术，对原有产品的品质、特点、花色、款式以及包装等作一定改变与更新的产品。改进后的产品或性能更加良好，或结构更加合理，或精度更加提高，或特征更加突出，或功能更加齐全。

4. 企业新产品，从企业的角度来说，企业向市场提供较原来已提供的有根本不同的产品，称之为企业的新产品。如企业通过技术引进掌握了国外的制造技术，从而自己制造的产品就是企业新产品。

一个成功的新产品，首先来自于一个既有创见，又符合市场需求的构思。新产品构思要有针对性地广泛地搜集信息，敏锐地抓住每一个稍纵即逝的灵感。产品构思的来源主要是：（1）消费者和用户；（2）经销商；（3）科研部门和大专院校；（4）国内外科技情报资料；（5）国外的样品；（6）本企业的职工；（7）竞争对手的产品。

二、新产品筛选策划

对广泛搜集到的各种新产品构思，企业要根据自身的资源条件和发展目标进行筛选，在筛选中，既要避免漏选掉有潜在价值的构思，又要避免误选市场前景不佳的构思。企业应制定新产品构思评定表，就技术水平和设计的独特性、质量、市场规模、经济效益、竞争能力和资源利用状况等项目逐一进行评审。

三、新产品概念的策划与测试

（一）新产品概念策划

1. 新产品概念的目标市场策划。新产品概念开发是开展技术创新活动，特别是自主创新活动、生成自主知识产权的基础性工作。

2. 新产品概念的时尚性策划。充分注意消费者独立、自由、追求时尚以及独特的产品品位。

3. 新产品概念的赢利性策划。主要是分析、确定赢利性产品和非赢利性产品的方法。

4. 新产品概念的战略性策划。新产品研发与上市必须建立起战略思维。新产品战略思维包括技术系统思维、产品营销思维、生产制造思维、商业模式选择思维等。

（二）新产品概念的测试

1. 产品概念清晰性测试。

2. 新产品的特点可接受性测试。

3. 新产品用途的实现性测试。

4. 新产品功能的可操作性测试。

5. 新产品价值提升途径测试。

四、新产品可行性分析

对某一拟定开发的新产品方案从技术、经济、所处的生产条件、市场环境、销售、成本和利润等方面进行全面的调研和科学的分析、比较、评价，最后作出是否开发的决定。

1. 选择开发机会。在对资源和市场进行预测的基础上，分析最有利的开发机会，选择和提供一个可以进行新产品开发的项目。

2. 初步可行性研究。对新产品的关键性问题作进一步专题研究，作出是否开发的初步决定。

3. 详细可行性研究。在占有足够情报资料的基础上，运用科学的方法和手段，对开发项目进行系统分析、计算和论证，为项目决策提供确切、全面的依据和结论性意见。

五、产品生命周期规律分析

产品生命周期规律说明，产品是永远处于变化中的。企业应坚持“经营一代，储备一代，研发一代，构思一代”的营销战略，不断进行新产品开发。

1. 投入期。即介绍期、引入期、诞生期，一般是指新产品试制成功到市场试销的阶段。

2. 成长期。是指新产品试销成功后，转入成批生产和产品销路打开并迅速上升阶段。

3. 成熟期。是指产品进入大批量生产，产品需求已渐趋饱和，市场竞争最激烈的阶段。成熟期的后期，市场需求达到饱和，销售增长率趋近于零，甚至出现下降苗头。

4. 衰退期。是指产品市场寿命已逐渐老化，产品逐渐被淘汰的阶段。产品生命周期过程的划分并不是非常严格的。现实经济生活中，并非所有产品都符合这种理论形态，有的产品可能因为市场预测失误，刚一上市因不受消费者欢迎而夭折，即投入期就是衰退期；有些产品经过成熟期后，会再次进入迅速增长期而没有衰退期。

六、新产品价值分析

1. 新产品使用价值分析。产品的使用价值是指能够满足人们某种需要的物品效用。但是，新产品的使用价值不仅仅是产品的一般用途，而是消费者物质与精神的全部满足。所以，产品使用价值分析应该使营销具有挑战性，并主要考虑以下问题：产品的感官效用；各种用途和用法；使用成绩；用户的社会构成；用户对于商品的赞扬；使用中的方便和乐趣；使用过程中的品质、保险及维修；包装方面的特点等。这样，诸如“电视图像清晰”、“钟表走时准确”、“冰箱保鲜”等内容绝不可能成为购买某一特定商品的理由。营销策划在这方面下再多的工夫也往往是无效的营销。

2. 新产品社会价值分析。主要是对产品社会属性方面的正确了解与探讨。比如，高科技产品对人类社会的作用（基因工程、人体器官再造）；物质产品的社会功能（电脑对于人的世界观影响）；精神产品的导向作用等问题。这是产品对生产关系和社会关系的影响力，也就是以产品为媒介而反映出社会上产品的使用者、生产者之间的关系。正是通过产品的生产与交换，才使得整个社会实现稳定和发展。

3. 新产品宣传价值分析。主要是对新产品的科学认识与社会评价。比如，数字化产品、绿色产品等的深入宣传，促进了人们对新科学、新技术、新包装、新用途的了解，使人们由产品看到整个社会和人类进步的缩影。

4. 新产品竞争价值分析。新产品的竞争价值是产品的市场份额、品牌影响与经济利润的综合反映。具体体现在生产者之间在产品价值形成与实现过程争取最有利的生产和销售条件所进行的争夺。一个新的、适用的产品就体现出生产者与其他生产者在争取利益方面的竞争，也正是这种不断的竞争才促进了产品的进步。例如，美国饮料市场竞争激烈，而持续了近百年之久的可口可乐与百事可乐两大著名可乐饮料之间的竞争尤为激烈。其结果是产品的升级换代。

七、新产品开发管理设计

（一）程序管理

企业开发新产品的程序是：设想（构思）、筛选、产品概念形成市场分析，产品试制开发、试销、投放市场。其中最重要的程序是：

1. 策划（构思）。包括：

（1）品质分析。包括多维分析、功能分析、效益分析、用途分析、检查表、品质扩展、模拟产品试验、系统分析、独特性能分析、等级设计、弱点分析等。构思的依据是新的设想可以通过分析已有的产品获得。

（2）需求分析。包括综合列表法、问题分析、缺口分析、市场细分化、相关品牌归类等。构思的注意力集中在需求上，可以通过研究长期使用某类产品的企业或个人获得启示。

（3）关联分析。包括两维矩阵、形态学矩阵、强制关联、类推、自由联想等。主要构思事物之间新的联系，而不是常规联系。

（4）发展趋势分析。包括自由遐想、起因趋向、趋势预测法、趋势区域、热门产品分析。

（5）群体创造力。包括头脑风暴法、多学科小组法、集思广益法、德尔菲法、思考箱、集体笔记本法等。主要构思怎样激发群体创造力。

2. 组织设计。

（1）组织结构设计原则。包括集权和分权相结合的原则；精干、节约、高效的原则；沟通和协调的原则；责权利相结合原则；专业化分工与协作原则。

（2）部门化结构设计。部门化结构是普遍应用的市场组织形式。在这种组织安排中，每个部门（根据产品、市场分割和地理位置划分）自己就有所有的职能部门，如会计部、研究开发部、市场部等。总部主要扮演资源分配者的角色。这种结构可以充分利用本地的知识和经验，它灵活地适应快速变化的环境。部门结构给其经理们逐步灌输以最终产品为主导的综合集中点、责任感和负责性。此外，与独立的公司不同，事业部可以使用整个公司的资源和经验。然而，当公司越来越复杂时，各部门可能不会从整个企业的角度考虑问题。

(3) 矩阵组织设计。矩阵组织是纵向职能结构和横向部门结构的结合。它往往产生于先是某些临时的、与产品相关的任务小组，进而成立品牌经理的部门结构。这是种双重授权的组织设计。雇员有两个上司，职能部门主管和产品（或项目）经理。职能部门往往是“基地”。它的优点在于：它综合了职能型组织的稳定性和部门结构的灵活性。它也是利用组织内部相互依赖性的一种方法。超越狭义的职能界限，它促进跨部门的一体化初不同想法的“异花受精”。因此，矩阵组织适用于快速变化，不确定和复杂的环境。

(4)“虚拟组织”设计。用市场上签订合约来代替组织内的纵、横向一体化。纵向承包关系包括研究开发、设计、原材料供应、生产、包装、分销、广告和促销。

(二) 新产品战略设计

1. 设计产品开发方向。产品开发方向随企业产品结构的不同而不同。在企业生产为单一产品时，产品开发方向主要是克服和同行企业之间的技术差距；在企业生产为多品种时，主要是开发和现有产品有关联性的产品，保证经营资源的充分利用。

2. 设计产品开发途径。(1) 独立研制：针对现有产品的状况和存在的问题，研制出独具特色的产品。(2) 技术引进：有计划、有重点、有步骤地引进国外新技术、产品。但技术引进工作要结合国情和企业的能力和特点，注重经济实效，做好消化、吸收工作，把学习与创新结合起来。

3. 产品功能选择。正确进行产品功能选择，保证用户获得适宜的功能，是产品开发获得成功的关键。功能选择的具体内容有：(1) 多功能或少功能的选择；(2) 功能水平的选择：同类产品因功能水平不同可以分为高、中、低三档；(3) 功能储备的选择：某些耐用产品在功能设计上除了用户当前需要和正常需要之外，还要考虑适应用户今后需要和特殊需要。

(三) 新产品要素管理

根据国外有关公司主管人员比较一致的看法，新产品的开发必须进行要素管理。这些要素包括：

1. 产品的范围：根据公司的性质、生产能力和长远目标，决定生产哪些产品；

2. 消费者的习惯：根据消费者对商品的使用习惯和购买动机，考虑所生产的产品是否符合消费者的需要；

3. 产品的评价：考虑产品在消费市场上的信誉，评价其吸引力的大小；

4. 产品的构思：考虑产品的功能和效用有无新的构思和设想，需进行哪些革新和创造；

5. 产品的特点：考虑产品在众多的竞争者中能够独树一帜，产品应具备何种特征和品格；

6. 产品的外观：考虑何种产品外观最能赢得消费者的喜爱；

7. 生产的时机：考虑产品何时投入生产，何时进入市场，生产多少数量最为有利；

8. 生产流程：考虑生产这种产品所需的设备、原材料及工艺流程；

9. 产品成本：计算产品成本、核定价格及利润，以利于竞争和占领市场；

10. 产品的情报：设计和生产该种产品需要哪些技术资料、市场信息及其他有关新产品开发信息。

八、新产品推广策划

1. 时机策略。新产品推广需要抓住市场机遇。不同的时间，产生不同的市场机遇。20世纪八、九十年代，是中国家电新产品推广的大好时机。

2. 地理策略。亦即区域策略，包括：区域市场的分析与规划；构建区域市场竞争优势的策略；区域市场分支机构、绩效与流程管理；区域市场的渠道与网点布局、开拓与管理；区域市场品牌传播与市场推广策划；区域团队的组织、激励与监督。

3. 目标顾客策略。随着市场的不断成熟，消费者的购买越来越理性化，如何将消费者不断吸引过来，进而成为自己的忠实顾客，这就要对目标市场进行细分，找准自己的细分市场，并对细分市场进行潜移默化的教育与沟通。

第五节　产品组合策划

产品组合即企业生产或经营的全部产品线、产品项目的有机组合方式。企业在调整和优化产品组合时，要依据不同情况，把握好以下要点，可选择各种各样策划方案，以提高产品竞争力。

一、产品组合扩大的策划

扩大产品组合包括拓展产品组合的宽度和加强产品组合的深度。前者是在原产品组合中增加一个或几个产品大类，扩大经营范围；后者是在原有产品大类内增加新的产品项目。它们包括：(1) 全部产品线组合扩大的策划；(2) 全部产品项目扩大的策划；(3) 企业产品组合扩大赢利战略策划。

二、缩减产品组合的策划

在市场繁荣阶段，较长、较宽的产品组合会为企业带来较多的赢利机会，但在市场不景气或原料、能源供应紧张条件下，企业有时需要缩减产品组合。这是因为从产品组合中剔除那些获利很小甚至亏损的产品大类或产品项目，使企业可集中力量发展获利多的产品大类和产品项目。它们包括：(1) 全部产品线缩减的策划；(2) 全部产品项目缩减的策划；(3) 企业产品组合缩减赢利战略策划。

三、产品延伸策划

1. 产品向下延伸策划。向下延伸指企业原来生产高档产品，后来决定增加低档产品。需要进行的策划主要是：(1) 针对高档产品的销售增长缓慢将产品大类向下延伸的策划；(2) 企业的高档产品受到竞争者的挑战需要用低档产品市场的方式来反击竞争者的策划；(3) 企业已经建立高质量的品牌形象成功后再向下延伸的策划。

2. 向上延伸策划。包括：(1) 高档产品畅销，销售增长较快，利润率较高时的产品策划；(2) 企业估计高档产品市场上的竞争者较弱，易于击败竞争对手时的产品策划；(3) 企业想使自己成为品种齐全的生产者的产品策划。

3. 双向延伸策划。双向延伸，即原定位于中档产品市场的企业掌握了市场优势以后，决定向产品大类的上下两个方向延伸，一方面增加高档产品，另一方面增加低档产品，扩大市场阵地。[①]

四、高档产品组合策划

高档产品组合指在同一产品线内增加生产高档次、高价格的产品项目，以提高企业现有产品的声望。

1. 高档产品的市场销售形势看好，利润率高时的策划；

2. 高档产品市场上竞争者实力较弱，可以取而代之时的策划；

3. 企业的实力增加，希望发展高中低档各类产品时的策划。

五、低档产品组合策划

低档产品组合指在同一产品线内增加生产中低档次，低廉价次的产品项目，以利用高档名牌产品的声誉，吸引因经济条件所限购买不起高档产品，但又羡慕和向往高档品牌的顾客。

策划训练

策划读点：耐克寻找更佳的产品运作方案

在生产环节上，从20世纪70年代以后，耐克便把制造环节外包给很多亚洲国家。外包使耐克获得了廉价的劳动力，并从供应商那里得到大量折扣。这种叫做“虚拟生产”的运作模式，实质上就是直接用外部力量，整合外部资源的一种策略。它可以选择市场上最好的制鞋厂家作为供应商，按照耐克总部的设计和要求生产耐克运动鞋。并可以根据市场环境和公司的商业战略需要转换生产基地。研究开发和技术革新上，到70年代末，耐克公司有将近100名研究人员，其中许多人具有生物、化学、实验生物学、工程技术、工业设计学、化学和多种相关领导的学位。这雄厚的研究力量开发出140余种不同式样的产品，其中不少产品是市场最新颖和工艺最先进的。这些样式是根据不同脚型、体重、跑速、训练计划、性别和不同技术水平设计的。借助“飞人鞋”和其他创新的动力，耐克开始突飞猛进。1986年，耐克的销售额突破10亿美元，1990年成为世界体育用品制造业的龙头老大，1994年销售额达到40亿美元。耐克公司这些年中单从销售乔丹服装鞋帽上便赢利26亿美元。乔丹也成为拥有个人运动鞋品牌的第一人。许多人认为，耐克和乔丹的结合，是现代商业和现代体育最完美的婚姻。没有谁可以比乔丹更能代表耐克，也没有谁可以比耐克更能表现乔丹，他们的合作堪称体坛的经典。[②]

---

① 庄贵军：《企业营销策划》，清华大学出版社2005年版，第165～166页。

② 摘编自盛敏、元明顺、刘艳玲：《市场营销学案例》，清华大学出版社2005年版，第212页。

创意风暴：可口可乐的“7X 商品”

（一）创意实例

第二次世界大战给可口可乐公司带来了腾飞机遇。1941 年 12 月 7 日，日本偷袭珍珠港，美国参战。见此形势，可口可乐公司总裁伍德瑞夫立刻宣布：“无论美兵所到何处，可口可乐公司将会在当地以每杯五美分的价格供应可口可乐。”可口可乐由此声名大振。

可口可乐的配方除了持有人家族之外无人知晓，可口可乐公司也严密防止自己的员工偷窃配方。至今，可口可乐虽然有了不少竞争对手（如百事可乐，中国的健力宝、王老吉、红牛等），但依然是世界上最畅销的碳酸饮料。事实上，可口可乐的主要配料是公开的，包括糖、碳酸水、焦糖、磷酸、咖啡因、“失效”的古柯叶等，其核心技术是在可口可乐中占不到 1% 的神秘配料——“7X 商品”。“X”的信息被保存在亚特兰大一家银行的保险柜里，据传它由三种关键成分组成，这三种成分分别由公司的三个高级职员掌握，三人的身份绝对保密。有多少商业间谍也曾想获得它的秘密，但全部无功而返，也造就了可口可乐世界保护最成功的三种商业秘密之首的美名！

（二）创意提升

头脑风暴 1：可口可乐为什么能够成为美国文化的代表？

头脑风暴 2：可口可乐有秘密配方——“7X 商品”吗？

策划样本：产品特色表现战略

（一）样本展示

“超薄机身的诱惑”——这是海尔超薄型滚筒洗衣机广告，诉求重点是“超薄机身，节省占地面积”。该广告采用产品特色表现战略，对公司产品超薄型洗衣机展开了宣传攻势。在广告中，它充分强调了该产品容量不变，而所占空间却省 1/3。这种产品特色对于居民住房狭小，家用电器要求精小、实用这一需求来说，具有很强的吸引力。针对这一特点，广告从画面和语言上充分展示了产品的优势。首先，从画面上看，广告以一巨型千分尺度量的独特镜头激起了读者的注意、激发了读者的好奇心，作了一个好的开头。其次，广告语以“超薄一小步，科技一大步”为标题，简短的 10 个字，表明公司产品质量精益求精、科技不断创新的精神。同时，在标题的后面，说明了“超薄”这一概念是根据市场意向问卷调查的结果而设计的。86% 的消费者提出：滚筒洗衣机应该减小占地面积。广告上面“海尔洗衣机，为您设计”的口号更有针对性，充分展示了海尔公司处处为顾客考虑、热诚为顾客服务的企业精神，增添了消费者对海尔的亲切感和信任感。这种情感式的广告诉求给海尔公司的发展带来了积极影响。第三，在表现形式上采用了对比广告方法，它在画面上画出了普通洗衣机与海尔洗衣机的比较图，并以红色箭头标出“节省 1/3 空间”，这一数字的提出有很大诱惑力，为家居狭小的消费者带来了方便和实惠。①

（二）模拟与创新

1. 对产品特色表现战略的模拟与创新；2. 对“为您设计”的营销理念的模拟与创新。

① 周立公、聂永有：《中外广告精品赏析》，中国财政经济出版社 2002 年版，第 181 页。

策划方法训练：想象联想方法

想象的方法有很多，常用的有以下几种：（1）拟人法。运用拟人手法，把物拟作人，赋予人的思想感情，人的性格、情趣，使无生命的物具有人的灵性和活力。（2）夸张法。不拘泥于事物的常规形态，运用夸张手法，合理放大或缩小策划对象的细部，使事物更鲜明丰满。(3) 比喻法。依照人或事物之间在性质和形态上的相似性，在由此及彼联想的基础上，借对相似事物进行生动具体的想象，尽情展示策划对象的"形"与"神"，使对象的内容更为丰富充实。(4) 梦幻法。根据主题的需要，以社会或个人的理想、愿望为依据，通过梦幻的方式，在一定条件下虚拟出美妙的虚幻境界，用来寄托自己或他人的向往与憧憬、追求与志向，从而提升、开阔作品所反映的生活境界和精神境界。(5) 推测法。依据策划对象的现实表现，按照事物的发展规律，进行合理的推测，想象可能或应该出现的变化。想象可能是天马行空的，有时突发地产生一种灵感。联想是有具体对象的，从彼事物联想到他事物。我们从家用电器的发展，可以清晰地了解到想象与联想的巨大意义。从无线电广播到有线电视，从双桶洗衣机到单桶洗衣机，一步又一步地从低级向高级发展。

训练建议：应用该方法进行市场策划。

营销策划平台

企业资料概要	策划项目
1867 年，雀巢公司创始人，一位居住在瑞士的化学家亨利·内斯特尔雀巢先生，用他研制的一种将牛奶与麦粉科学地混制而成的婴儿奶麦粉，成功地挽救了一位因母乳不足而营养不良的婴儿的生命。从此，开创了雀巢公司的百年历程。"Nestle"的意思是"小小鸟巢"，这个温馨的鸟巢作为雀巢公司的标志，深受消费者熟悉和喜爱，它代表着雀巢公司的理念：关爱、安全、自然、营养。作为全球最大的食品公司，雀巢秉承一贯的理念和原则，以人为本，以质量为重，为世界各国的消费者提供优质食品，带来美好生活。雀巢公司年销售额达到 477 亿美元以上，其中约 95% 来自食品的销售，因此雀巢可谓是世界上最大的食品制造商，也是最大的跨国公司之一。公司以生产巧克力棒和速溶咖啡闻名遐迩，目前拥有适合当地市场与文化的丰富的产品系列。目前，雀巢在五大洲的 60 多个国家中共建有 400 多家工厂，所有产品的生产和销售由总部领导下的约 200 多个部门完成。雀巢销售额的 98% 来自国外，因而被称为"最国际化的跨国集团"。	理念策划 形象策划 产品策划 广告策划 促销策划 其他策划

第六章 DILIUZHANG

品牌营销策划

我国第一个获得世博会大奖的服装类产品品牌

"鸿翔"牌时装品牌是由我国近代著名时装设计制作大师、中国第一家女子时装公司的创始人金鸿翔一手创立的。20世纪30年代初，"鸿翔"牌女子时装荣获美国芝加哥世界博览会大奖，成为我国第一个获得世博会大奖的服装类产品品牌，其最成功的原因就是富有创意的策划。金鸿翔非常注重时装的设计，能将社会上流行的最新款式女装及时引入自己的店铺内。他经常带着相机到大世界、外滩等闹市区仔细观察时髦女士春夏秋冬四季衣着变化，拍摄有关新奇时装，作为设计的基础资料。同时，他根据自己丰富的想象进行再创新，设计出顾客满意的时装。另外，他还送弟弟到洋人设计师处学习，并用重金聘请犹太人设计师来店主持时装设计，力求设计新颖、美观漂亮、颜色调和。当时，国内一些知名演员、上层名人、富家子弟等均争相定制"鸿翔"牌各式时装。同时，人们还注意到，他自己设计制作的时装有意在衣服的主要部位附上一块事先用绸缎制作好的、较为美观的"鸿翔时装"文字贴面。这是当时其他裁缝铺老板绝对没有想到的经营诀窍，也是金鸿翔早期在时装上使用、并宣传产品品牌的一个创新做法。通过短短几年的努力，到了20世纪20年代初，由他一手创立的"鸿翔"牌女式时装已在上海乃至周边地区的服装界小有名气；到20年代中期，"鸿翔"牌时装已在上海服装行业撑起半边天。1928年，他又决定将由父母为他取的"毛囡"名字也对外改称"鸿翔"，与店名相一致。之后，他在注册使用服装商标时，也是取名为"鸿翔"牌。①

第一节　品牌策划概述

品牌是企业一项重要的战略资产，品牌策划具有营销战略策划和竞争战略策划的性质。在消费者崇尚品牌的时代，品牌一方面能为企业带来巨大的经济效益；另一方面，也是企业经济实力的象征。品牌营销策划的目标是追求"产品力"、"销售力"、"形象力"的统一。

① 左旭初：《著名企业家与名牌商标》，上海社会科学院出版社2008年版，第25~26页。

一、品牌策划的任务

1. 完成品牌作为集合概念的策划。品牌传统的、最一般的含义就是指产品的牌子。品牌是用以辨别不同企业、不同产品的文字、图形或文字、图形的有机结合，包括品牌名称、品牌标志和商标。所有的品牌名称、品牌标志和商标都是品牌或品牌的一部分。

2. 完成品牌作为审美风格的策划。品牌名称与品牌标志可以产生听觉效果与视觉效果的。“可口可乐”（饮料）、“柯达”（胶卷）、“太阳神”（营养口服液）、“联想”（电脑）等品牌名称就好听、好记。“太阳神”品牌中的黑色三角形顶起红色圆形，“太阳神”三个汉字及英语字母“APOLLO”的特殊造型，给人以强烈的个性化、标准化以及美与和谐的感觉。

3. 完成品牌作为知识产权的策划。品牌产品的商标受法律保护，任何他人未经商标注册人许可，皆不得仿效和使用。同时，名牌产品拥有法律赋予的无形资产，需要通过策划完善保护措施，提升品牌价值。

4. 完成品牌作为竞争工具的策划。品牌是企业最重要的竞争工具，品牌策划的核心任务就是强化这一竞争工具。

二、品牌策划指导思想

1. 树立稳定、持久的品牌差异性功能。品牌的首要功能是建立产品差异，即在众多竞争者中使自己的产品成为独一无二的。品牌通过向消费者或用户提供一组特定的利益和服务，并通过申请法律保护（即成为商标），建立起持久性的差异化特性。

2. 提升品牌标志的识别效果，增强消费者的品牌忠诚。品牌以简单、扼要、清晰的方式，告诉了消费者或用户产品的生产者和产品的特点，给消费者或用户提供了一个识别产品和判断产品质量的根据，从而大大简化了消费者或用户选择商品的过程。由于能够帮助消费者或用户识别产品，所以从企业的角度看，它又是产品促销的一个很有效的工具。

3. 塑造品牌质量文化，提高品牌的质量竞争力。品牌既代表着某一生产或经营者，也代表着这一生产或经营者产品或服务的一般质量。在现实生活中，大多数人买名牌，就是买产品和服务质量保证。

4. 规范市场行为，提高品牌所有者权益的意识。一旦发现仿冒产品，企业可以依法追究，这就保护了品牌拥有者的利益。消费者也可以利用产品的品牌来保护自己的权益，一旦发生产品质量问题，消费者有据可查，通过品牌来追查有关厂家或销售者的责任。

三、品牌策划工作目标

1. 确立品牌的区别性。

2. 确立品牌的标志性。

3. 确立品牌的寓意性。

4. 确立品牌的易记性。

四、品牌标志策划要求

1. 简洁明了、新奇独特的品牌是产品的标记，必须具有显著特征。

2. 表现产品的特征。品牌设计策划要能表现产品的特征，给消费者以意会、机智或趣味的心理享受。

3. 形象生动，美观大方。品牌既是产品的标记，又是产品形象及企业形象的代表物。

4. 功能第一，传播方便。品牌的主要作用不是美化产品，而是传达特定的产品或企业信息。①

五、建立品牌体系

1. 企业品牌。企业品牌是企业名称的品牌化，如“大众”、“通用”、“一汽”和“东风”等都是企业品牌。

2. 产品线品牌。许多企业都有着丰富的产品线，不同的产品线往往有着不同的定位，需要通过产品线品牌对不同的产品加以区隔。如凯迪拉克既是企业品牌，也是产品线品牌，它代表的是高档汽车产品的产品线，旗下有帝威、赛威、凯帝、康克、爱都、元首等诸多产品品牌。

3. 产品品牌。产品品牌往往是产品线品牌的副品牌，以不同的产品品牌针对不同的细分市场。在汽车行业，有一种车型对应就要有一种产品品牌。诸如雪佛兰产品线品牌下有卡玛洛、骑士、羚羊、开拓者、捷运等十几个产品品牌。

4. 技术品牌。技术品牌主要是指产品核心技术的品牌。如底盘、发动机，这些核心技术决定着汽车的品质与性能。汽车厂商通过把这些核心技术进行品牌化，或者引进品牌化的技术等途径，可以增强汽车品牌的竞争力。

5. 服务品牌。服务品牌是把汽车厂商服务体系品牌化，增强销售服务质量，以此提升汽车产品市场竞争力。

6. 个人品牌。个人品牌主要是指汽车厂商的企业家品牌及核心员工品牌。②

第二节 品牌培育策划

一、品牌培育意识

品牌培育的主要内容包括：

1. 品牌塑造。世界著名市场战略家杰克特罗特在分析未来市场品牌的意义时指出：“有两类竞争者是成功的，一类是强有力的品牌、大的品牌。这类公司能够在全世界范围内谋求利益；另一类是专门化的或定位很好的品牌。这是一些小的竞争者。”品牌塑造是中国经济发展基础性工作。

2. 品牌生产。根据市场认可度，集中推出不同产业、不同区域的“拳头”产品，建立统一的品牌生产加工质量标准，全面提升企业产品档次和市场竞争力。

3. 品牌经营。品牌经营是指将品牌视为独立的资源和资本，并以此为主导，来关联、

① 庄贵军：《企业营销策划》，清华大学出版社 2005 年版，第 194 ~ 195 页。

② 贾吕荣：《汽车品牌·推广战》，机械工业出版社 2007 年版，第 4 页。

带动、组合其他资源和资本，从而取得最大经济效益和社会效益的一种经营活动和经营行为。它包括两个递进的过程：品牌创造和品牌运作。

4. 品牌质量保证。它主要是进行品牌质量定位。依据企业目标市场及消费者购买意向，确定品牌质量的位置。可供选择的策略包括：（1）提高品牌质量定位。在研究与开发领域不断增加投入，在原有基础上进一步改进产品质量，以取得更高的投资回报和市场份额。例如，宝洁公司，其品牌已具备较高质量，再配合提高产品质量的战略，精益求精，使得该公司在多个市场保持和占有领先地位。（2）保持品牌质量定位。品牌的初始质量水平经过时间的考验仍然可以适应目前及可预测的未来市场的需要，企业可保持品牌原有的质量水平，基本不作改变。（3）逐渐降低品牌质量定位。企业之所以采用降低品牌质量的政策通常是由于以下原因：该品牌的产品已进入其生命周期的衰退阶段，淘汰已成定局，这是降低品牌质量的时机；该品牌的产品价格下跌或原材料等价格上涨，改用廉价的替代品降低了质量水平；因贪图利润，企业偷工减料或掺杂使假，影响了品牌质量。后两种情况会败坏品牌的声誉，损害企业的长远利益。

二、品牌命名策划

品牌命名策划是品牌培育的起点。

1. 依据产品效用进行策划。依据产品的主要性能、功能或作用命名，使消费者望名知义，迅速理解产品效用，便于联想和记忆。如“飘柔”、“海飞丝”（洗发香波），“冷酸灵”、“美加净”（牙膏），“前列康”、“爱心保”（药品）等。

2. 依据地名及名胜古迹策划。这种品牌能直接显示产品的产地和地方特色，如“长城”、“黄山”、“青岛”、“黄鹤楼”等。地名没有特色，就不宜用做品牌命名的题材。

3. 依据老字号策划。以老字号为品牌，可以扩大企业影响，提高企业声誉。

4. 依据神话、传说与传奇故事策划。例如嫦娥奔月、木兰从军、八仙过海、牛郎织女、孙悟空闹天宫等，从中提炼出品牌名称，很容易使人联想到某段历史或传统，激发消费者的兴趣。

5. 依据数字策划，即用阿拉伯数字命名品牌。有两种情况：一是数字本身没有什么特殊意义，只是简单易记，容易上口，如英国的555卷烟，我国的555电池、666高压锅、505神功元气袋；另一种情况是利用数字的发音暗示，如某企业的品牌命名为168，正是广东话“一路发”的谐音，能迎合某种消费心理。

6. 依据外文译名策划，即用某种外文的中文译称命名品牌，如精工手表、美能达相机等。可以意译，也可以音译，或两者结合。

三、科学进行品牌定位

品牌定位就是企业在充分考虑消费者与竞争者的基础上，确定选择细分市场的一种品牌行为。品牌定位就是突出品牌个性，制造品牌独特的差异化优势。

1. 市场定位。市场定位即为品牌在市场中找个最恰当的位置。

2. 功能定位。功能定位即明确品牌产品的主要用途，这个用途直接关系到目标客户群体定位。比如奥迪定位为商务公务用车，奇瑞QQ定位为私人用车。

3. 价值定位。价值定位即明确产品物质价值与精神价值，该产品能够为消费者带来什么样的生活方式。

4. 品牌利益定位。品牌利益定位是突出品牌及其代表的产品能够给消费者带来的好处和利益。广州宝洁有限公司的“飘柔”、“潘婷”、“海飞丝”三种品牌均定位于品牌利益，突出“秀发、营养、去屑、止痒”等好处，有效地促进了产品的销售。

四、品牌培育法则

1. 扩张法则。过度扩张导致市场占有率下降；品牌的力量与其产品种类成反比。

2. 凝聚法则。比如，“儿童超市”，全部精力集中在玩具上，并用“玩具反斗城”作为卖点，效果特别好。

3. 宣传法则。康柏，第一家做笔记本电脑的企业；肯德基，第一家速食炸鸡连锁店；《时代》，第一份新闻性周刊……以上这些品牌全都在建立的过程中扩大了宣传量。

4. 广告法则。品牌广告必须强调品牌的领导地位。

5. 名称专属法则。20 世纪 70 年代，联邦快递在货运服务业中一直是一个很不起眼的角色，它的老板灵光一闪，决定集中焦点只做隔夜送达。今天，“联邦快递”成了隔夜送达的代称。

6. 姊妹法则。《时代》（TIME）是全世界最大的杂志集团，集团内有数本深具影响力的杂志，但却各有独立的面貌，如《时代》（TIME）、《财富》（FORTUNE），等等。品牌的力量源自独立、鲜明的个性。

7. 形状法则。商标是产品一种视觉的象征，“耐克”这个名字让它的“尖钩”商标有意义。简练的象征才能建立一个被消费者认定的形象。

8. 颜色法则。长时间使用同一种颜色，会使品牌深深烙印在消费者的心里。“柯达”是黄色的，“富士”就是绿色，两者平分秋色。

9. 国界法则。品牌成长最好的方法就是用单一的品牌进军全世界。

10. 一致法则。建立品牌要在长时间里保持一贯性，才能把它的效果发挥到极致。市场可能改变，但品牌不能改变。

11. 变动法则。变动法则是品牌建立法则中最具分量的例外。当你的品牌相当无力或在消费者心目中根本不存在时，可以进行变动。1958 年，“英特尔”为了全力经营由他们开发出来的产品——微处理器，毅然退出随机存取记忆体芯片的生产行列，“英特尔”让它的名号变成全球最知名的微处理器品牌。

12. 产品保证法则。所谓产品保证，就是你对你的品牌表现提出的担保。如果你的产品保证做得恰到好处，日后潜在顾客多半不会怀疑你对你的品牌所提的说法。

13. 品质法则。产品品质高低与其在市场上的成功率并不成正比。想建立一个强有力的品牌，就必须在人们心目中建立一个强有力的品质认知。建立品质认知最好的方法就是遵循品牌建立法则，凝聚经营焦点，同时选择一个好的名称。

五、自有品牌策划

（一）商业自有品牌的含义

商业自有品牌是商业企业在搜集、整理、分析消费者对某类商品的需求特征的基础上，提出产品在功能、价格、造型等方面的开发设计要求，进一步选择适当的生产企业进行产品的生产，尔后商业企业利用自己的商标品牌把产品推向市场。

（二）商业自有品牌策划

1. 自有品牌商品的品牌定位。自有品牌必须是技术含量不高的大众消费品，是人们日常生活中经常能够用得到的商品，不需要特别的专业知识就能够识别其真假、好坏，如衣服、食品、饮料等。

2. 自有品牌商品的价格定位。自有品牌必须有价格上的优势。由于商品的单位价格较低，消费者的购买风险较小，比较容易接受新品牌，并且可以在购买新品牌不满意时换用其他品牌。自有品牌商品以单位价格较低的食品和服装为主，还包括一些家庭用品和文具。

3. 自有品牌商品的经营定位。自有品牌商品适合于购买频率高的商品。由于消费者购买该种商品的频率高，商品的忠诚度低，有可能背离原有品牌，适用新品牌的产品。同时，商品的购买频率高能够保证企业大规模生产，取得规模经济效益，降低商品的经营成本。

第三节　品牌价值策划

品牌价值来源于品牌资产，分为顾客对品牌的认知、顾客对品牌的忠诚度、顾客对产品质量的感知、顾客对品牌产品在使用或消费过程中产生的附加联系、品牌资产的其他专有权（如专利、商标、营销渠道中的分销成员之间的关系）等。

一、品牌价值的含义

1. 品牌价值的概念。品牌价值是品牌的经济价值、社会价值与形象价值的总称。关于品牌价值的内涵，学术界有不同的理解，其主要的观点有：（1）品牌价值的基础是产品或服务的质量；（2）品牌价值的基础是品牌为消费者提供的附加利益；（3）品牌价值是一种超越生产、商品、所有有形资产以外的价值，是生产经营者垫付在品牌方面的本钱；（4）品牌价值是品牌竞争力的直接表现等等。

2. 品牌资产。品牌资产的概念于 20 世纪 80 年代由广告公司最早使用。目前，对于品牌资产的定义分为三种流派：财务的观点（代表资产净值或股东权益）；基于品牌成长的观点（代表企业产品的市场竞争力）；消费者的观点（代表商品的价值与附加价值）。

3. 品牌权力。所谓品牌权力，就是品牌的法律权力与市场权力的有机统一。品牌价值或名牌资产的实质是品牌权力。品牌权力的大小决定了品牌价值的大小，品牌权力的变化引起品牌价值的变动。企业的品牌的成长过程或名牌资产增值的过程，实质上就是取得与发展品牌权力的过程。

二、品牌价值要素分析

（一）品牌价值的表现

1. 商品价值增值。一件只需五六美元的白色运动衫，印上米老鼠的图案，就可以卖到 18 美元；耐克鞋的材料、生产和运输等费用不超过 40 美元，但却可以卖到 120 美元，甚至更高。

2. 品牌使用权的转让费。新奇士（Sunkist）公司由于准许苏打水、糖果和维生素等不同种类的产品使用自己的品牌，获得了1030万美元的品牌使用费。

3. 在企业发生购并时，通过资产溢价来体现。比如，耐比斯科食品公司工厂设备、专利权和所有硬件设备加起来总共值20亿美元，但它却以40亿美元的高价完成购并，这另外的20亿美元就是品牌价值的体现。

4. 顾客对品牌的忠诚以及由此带来的对市场的稳固占有。

5. 有利于拓展该品牌产品的领域，扩大产品特许经营权的范围。麦当劳的品牌就已扩大到了炸薯条、主题公园和摄影制版上。

（二）品牌价值要素

品牌价值是由市场占有率、品牌的超值创利能力、品牌的发展潜力等因素决定的。品牌的成本价值是指对品牌的各种货币形态和非货币形态的投入所形成的价值。

从企业方面看，一个品牌从命名、设计、申请注册商标到成为知名度较高的品牌，需要大量的投入。美国美孚石油公司为更换“埃索”石油商标，聚集了语言学、社会学、心理学、统计学方面的专家，耗时5年，调查了55个国家的语言，设计了一万多个商标图案，共花费1.2亿美元，才确定“埃索克”作为新商标。

企业为了提高品牌产品的质量，也需投入大量有效的财力、人力和智力。为了战胜竞争对手，争取顾客，企业在开辟市场，扩大市场份额，开展广告宣传与促销，进行营销渠道建设与管理，进行形象设计、包装设计、开展销后服务等方面，也需投入大量资金和劳动。企业所有这些在市场营销活动中的有效劳动，都是品牌成本价值的来源。

（三）品牌关系价值

品牌关系价值是指建立、保持并发展某一品牌与顾客的长期关系的投入和由此给顾客与企业所带来的利益所体现的价值。建立、保持并发展某一品牌与顾客的长期关系，可以使企业获得以下利益：

1. 能保持市场的长期稳定，减少未来市场的经营风险。

2. 抵御竞争者的攻击，减轻竞争压力。

3. 降低营销费用。随着生产的发展和产品的日益丰富，市场资源越来越稀缺，市场开发费用越来越高，而保持与顾客的长期关系有利于留住老顾客，保持老顾客比吸引新顾客的营销费用低得多。据有关资料介绍，发展1位新顾客需要5倍于保持1位老顾客的成本。

（四）品牌权力价值

品牌权力价值是通过品牌权力的行使和利用而获得的利益所体现的价值。品牌权力价值的典型表现是商标专用权的有偿转让，其转让费便是品牌权力价值的具体体现。品牌权力价值除来自于品牌所有者从品牌权力的行使和利用中得到的利益外，还来自消费者从中得到的好处。

三、品牌价值创造技巧

1. 通过品牌的文化力去赢得市场。品牌文化力就是结晶在品牌中的经营观、价值观、审美观等观念形态以及经营行为的总和。

2. 强化品牌价值组合。品牌价值组合包括品牌名称组合、品牌形象组合、品牌集中组合和品牌质量组合。

3. 利用资产重组扩展品牌。

4. 减少品牌产品的多元化。

5. 提高品牌忠诚度。品牌忠诚度是指消费者对某一品牌情有独钟，形成偏好并长期购买这一品牌商品的行为。根据顾客忠诚度的形成过程，可以划分为认知性忠诚、情感性忠诚、意向性忠诚、行为性忠诚。

四、强势品牌设计

（一）强势品牌的意义

强势品牌是指在市场上有广泛的美誉度且具有成长性的著名品牌，主要包括：（1）百年老字号的品牌；（2）全球市场认可的品牌；（3）某行业或者产业代表性的品牌。

强势品牌在市场上的主要意义是：经过市场竞争的大风大浪，积累了丰富的正反两方面的经验、教训；培育了大量的忠诚顾客，是观察消费潮流的窗口；有比较理想的品牌价值，是企业重要的利润源泉。

（二）强势品牌的品牌特色

世界上许多强势品牌如万宝路（MARLBORO）、富豪汽车（VOLVO）、可口可乐的共同特点就是：多年来从来没有改变过它们的品牌特色。

强势品牌的设计目标是创造一个有效而持续的品牌认同。具体的操作守则是：品牌要逐渐传达较具时代感、新鲜感的形象。品牌设计的每次改变应在一个不可感知的“域”内，超过“域”值，就会为外界所注意。这些演变的方面包括符号、名称、标语、新产品。所有这些方面的更新都要以不超出“域”为限，这就可以把认同不断延伸，持续。

第四节　品牌形象策划

一、品牌形象的含义

品牌形象是客户及社会对品牌的综合感知、评价及联想。

1. 品牌属性形象。即品牌名称、品牌标志、品牌识别等要素给予消费者的感知、评价与联想。这是一种自然属性，是企业赋予品牌的，如企业给品牌命名，确定品牌理念识别、视觉识别、行为识别。

2. 品牌市场形象。即客户及竞争对手对品牌的感知、评价与联想，包括品质形象、营销形象、服务形象等。

3. 品牌的社会形象。即各种社会力量（如政府机构、行业协会、媒体、专家、竞争对手等）对品牌的综合感知、评价与联想。

二、品牌形象策划内容

1. 品牌名称策划。品牌名称是品牌中能用语言称呼的部分。如“可口可乐”、“IBM”、“奥迪”等。它的主要功能是产生听觉效果。品牌名称策划的标准包括：

（1）个性标准。只有突出品牌个性、别树一帜、新颖不俗的名字，才能更有利于扩大和提高品牌的知名度。

（2）国际化标准。其一是品牌设计要符合产品行销国的法律，各国的商标法对什么样的商标能够注册都有明确的规定；其二是合乎当地的文化、风俗、习惯。

（3）可呼性标准。所谓可呼性，就是品牌可以用语言来称呼的性质。目前品牌种类中，最具有可呼性的是文字商标。

（4）易识别性标准。是指一个品牌容易被人分辨、被人记忆、在极短时间内过目不忘的性质，符合设计原理，通常就易识别。

（5）美观性标准。符合人们的审美要求。

（6）文化性标准。体现出设计中的精神意蕴，具有文化内涵。

2. 品牌视觉策划。涵盖标志设计、商标设计、VI 设计、包装设计、画册设计等平面设计，商业空间展示设计，网页多媒体设计各个领域。其中，主要是品牌视觉标志，这是品牌用以激发视觉感知的一种识别体系，给消费者以更具体、更可感的形象记忆，帮助消费者更好地识别记忆品牌。

3. 品牌文化策划。品牌文化的核心是文化内涵，即品牌所凝练的价值观念、生活态度、审美情趣、个性修养、时尚品位、情感诉求等精神象征。品牌文化的策划通过创造产品的物质效用与品牌精神高度统一的完美境界，能超越时空的限制，带给消费者更多的高层次的满足、心灵的慰藉和精神的寄托，在消费者心灵深处形成潜在的文化认同和情感眷恋。在消费者心目中，他们所钟情的品牌作为一种商品的标志，除了代表商品的质量、性能及独特的市场定位以外，更代表他们自己的价值观、个性、品位、格调、生活方式和消费模式；他们所购买的产品也不只是一个简单的物品，而是一种与众不同的体验和特定的表现自我、实现自我价值的道具；他们认牌购买某种商品也不是单纯的购买行为，而是对品牌所能够带来的文化价值的心理利益的追逐和个人情感的释放。

三、品牌形象策略

一般而言，品牌形象策略主要有定势策略、强化策略和迁移策略。

1. 定势策略是指通过现有品牌形象特色和未来市场变化趋势，尤其是消费者需求，不断确定与完善品牌形象的策略。这种策略灵活性较强，一般适合新创企业确定品牌形象。

2. 强化策略，是指不断丰富完善现有品牌形象，以强化其在消费者中的印象。

3. 迁移策略是指企业通过一系列活动，逐渐改变原有品牌形象而转移到新的品牌形象上。

四、品牌形象传播

品牌形象是消费者对品牌的认知和评价，因此，只有通过销售或宣传活动将其传达给消费者才具有意义。一方面，企业要通过电视、报纸、杂志等媒介有意识地向公众介绍品牌形象；另一方面要做好公共关系工作，尽快形成品牌的良好形象。

五、品牌形象设计

品牌形象设计包括对产品的设计、服务设计、商标设计、价格设计、包装设计等多个方面，是品牌形象实施的重点。品牌形象设计是一个系统工程，需要专业人士进行操作。企业可以选择由企业内部设计人员实施或者委托专业的CI公司实施，或者二者共同协作完成。目前，我国的大多数企业习惯于把品牌形象的设计工作委托给专业的CI设计专家。

第五节 品牌策略策划

一、品牌策略概述

品牌策略是企业对其产品使用品牌的策略。主要包括：

1. 个别品牌策略，即对不同产品分别使用不同的品牌。该策略的优点是不会因某种产品不好而影响整个企业的声誉；不足的是需花费大量宣传费用推出各个品牌。产品质量相差较大的企业适用于这一策略。

2. 统一品牌策略，即对所有的产品都统一使用一个品牌。其优点是有利于节省宣传费用，以老带新：不足的是若有某种产品质量不好，则会影响整个企业产品的声誉。质量相接近的各种产品适用于这一品牌策略。

3. 大类品牌策略，即对各类产品分别使用不同的品牌。

4. 一品多牌策略，即对一种产品使用多个品牌。这一策略的优点是能满足消费者的不同爱好，便于选购，扩大销售总量；不足的是增加包装费用和宣传费用。

二、多元化品牌策略

多元化品牌策略是以企业的核心机构或者是拳头产品的品牌作为整个企业的名称，并以它为基础，不断发展出其他独立的机构、品牌。其核心问题就是以企业的优秀产品为龙头，推出系列化的产品组合，以最大限度地获取市场利润。这种策略既有利于新上市的产品能够借助企业已有的良好形象进入市场，又可以强化各企业经营上的灵活性和可塑性。

三、一元化品牌策略

该策略又被称为家族品牌策略，其策划要点就是企业所有的子公司、产品都采用同一个品牌名称。

在这种品牌策略中，由于企业对产品组合中全部的产品项目均采用同一个品牌名称或标记，具有结构单一、识别性强的特点，而且有利于强化员工对企业的忠诚度，增强企业的凝聚力。

四、大品牌小品牌策略

这种策略的实质就是企业名称和商品个别品牌名称同时连用的策略。在实际操作上，就是把企业的名称冠于各个子公司、商品名称之前，而企业的各个子公司、商品又都拥有自己的独立名称。该策略要求对企业的产品在采用个别品牌名称的时候，标上企业名称或标识，因而具有较强的识别性，市场细分明确。在实际操作中，它可以降低营销企业对每个品牌的市场促销努力和费用，有利于企业借助原有的良好形象对新的品牌进行促销。此外，它还能够有效防止在市场营销活动中某种品牌出现问题后，对其他产品可能产生的不利影响，这对市场形象好、知名度高的企业极其有利。

五、品牌延伸策划

（一）品牌延伸的含义和要素

1. 品牌延伸的含义。品牌延伸也可以称为“品牌拓展”、“品牌开发”和“品牌多元化”，是在原有品牌的基础上，设计、策划新的品牌产品或者新的产品品牌。品牌延伸的目的是提高产品竞争力，扩大企业知名度，获得比较多的市场份额。比如，由于科学地进行品牌延伸，娃哈哈品牌的各种产品广泛热销，娃哈哈果奶和娃哈哈纯净水长居市场占有率前列。

2. 品牌延伸成功的要素：（1）正确的品牌定位。（2）科学地进行品牌宣传。娃哈哈以“我的眼里只有你”的感性诉求方式推出娃哈哈纯净水，给许多人以年轻和快乐的联想，取得意外的成功。（3）科学地进行品牌产品开发。娃哈哈公司最初推出的果奶成为儿童饮品的“王牌”；以后生产的其他产品又发展成为“优质健康食品”的代名词。

（二）品牌延伸策划技巧

1. 抓住消费者心理。品牌延伸也必须以消费者为中心。抓住消费者心理是品牌延伸的关键。比如“乐百氏”最初是以一句“今天你喝了没有”的广告诉求占领了儿童果奶、酸奶一席之地；之后又以“27 层净化”理性诉求拓展了纯净水市场。

2. 进行多元化经营。

3. 创造品牌文化。例如，北京同仁堂把自己生产的药提升到“仁”的高度：“同气同声福民济世，仁心仁术医国医人”，把经商和济世医人结合在一起，鲜明地体现了我国文化传统中的道德价值。

4. 提升品牌服务。品牌延伸是以品牌服务作为支撑的。

（三）品牌延伸的操作方法

1. 纵向延伸是指同类产品的延伸。企业推出某一主导产品成功后，再利用该品牌推出经过改进更新的品种，如新的包装、新的成分、新的口味、新的式样等。纵向延伸既可以采取创新方式，也可以采取仿制方式，还可以采取更新包装的方式。企业所进行的新产品开发活动绝大多数属于纵向延伸。

2. 横向延伸是指不同种类产品的延伸。比如，海尔品牌从冰箱延伸到洗衣机、空调、彩电、吸尘器等产品；娃哈哈品牌从果奶延伸到纯净水、八宝粥、红豆沙、绿豆沙、可乐等产品。

（四）品牌延伸的时机选择

品牌延伸应具备两个前提：（1）被用来延伸的品牌已具有较高的品牌资产，即该品牌在市场上的知名度、美誉度和忠诚度都较高；（2）消费者会把对该产品的信任转移到新产品上，从而建立对新产品的信心而接纳。

（五）延伸产品的相关性

品牌延伸必须注意的是：延伸的产品在性质、档次和目标市场上应大致相似，或具有一定的相关性。品牌形象是与主导产品形象联结在一起的，要把品牌形象延伸到其他产品上去，必须保持被延伸产品与主导产品形象的一致性。洗衣机和电冰箱的共同特征都是家用电器，所以，海尔洗衣机被人认为与海尔冰箱一样值得信赖。

第六节　品牌战略策划

一、品牌战略概述

（一）品牌战略的含义

品牌战略是公司将品牌作为核心竞争力，以获取差别利润与价值的企业经营战略。品牌战略的本质就是创造差异化的竞争战略，它是企业在日趋激烈的竞争环境中，面临产品、技术与服务日趋同质化的趋势下，谋求以品牌创造差异化的战略抉择。

（二）品牌战略的本质

战略的本质是塑造企业的核心竞争力，从而确保企业的长远发展。而品牌则符合核心竞争力的六大特征是：（1）具有不可替代性（品牌是一种消费者认知，是一种心理感觉，这种认知和感觉不能被轻易模仿）；（2）具有使企业持续赢利的能力（品牌通过本身的附加值持续获取额外利润）；（3）处于企业各种能力中的核心地位（对快速消费品等行业而言，品牌可处于各经营要素中的核心地位）；（4）企业长期所积累，具有持续性和非偶然性特点（品牌具有明显的积累性、持续性）；（5）具有延展力（多数品牌可进行适当延伸）；（6）具有构建竞争壁垒的能力（品牌作为消费者心理认知，由认知所搭建的品牌壁垒相对强大）。

二、品牌战略策划指导思想

1. 品牌战略是以消费者为中心的战略。品牌是市场竞争的产物。通过激烈的市场竞争，企业不仅培育了消费者的品牌意识，而且在消费群中建立起了品牌信誉，从而在市场上形成了“品牌定律”：品牌产品畅销；人们挑选商品时，特别关心商品的品牌。

2. 品牌战略是提高市场份额的战略。品牌既是巩固老市场的武器，又是开辟新市场的先导。品牌产品不仅在国内市场上处于领先地位，而且在世界市场也立于不败之地。比如美国的“可口可乐”、“麦当劳”，日本的“东芝”、“日立”、“三菱”，德国的“西门子”，韩国的“LG”等公司的产品，有些已经畅销世界近一个世纪，其市场份额是同类产品不可比拟的。

3. 品牌战略是创造企业形象的战略。品牌是经过企业严密策划、精心培育并且在市场上千锤百炼而形成的，它是企业形象的象征。从传统产品“狗不理”、“杏花村”、“杜康”、“茅台”，到现代产品“联想”、“万科”、“娃哈哈”、“海尔”等，所代表的不仅仅是一个孤立的产品，而是生机勃勃的企业形象。

三、名牌战略设计

1. 名牌产品的条件。一般认为，国家级名牌产品应该具备的基本条件是：（1）产品质量在国内同类产品中处于领先地位，并达到国际同类产品的先进水平，产品已获得国家产品质量奖励。（2）产品适应市场需求，具备高知名度、高技术占有率，企业生产能力达到经济规模。年销售额、经济效益居同行业领先水平并连续保持5年以上。（3）企业具有先进可靠的先进技术条件和技术装备，有很强的开发能力。（4）市场评价好，销售服务体系健全，消费者（用户）满意。（5）近3年在国家、行业主管部门及省一级产品质量监督抽查中质量合格，出口无退货、索赔等质量事故。

2．世界名牌的特征。北京名牌资产评估事务所提出，世界名牌的主要特征是：（1）庞大的消费者群体。名牌大都是消费者欢迎的产品，有固定的目标顾客。因而常常有较大的、甚至是超常的市场占有份额。（2）较高的市场价格。人们一般都认可“高质高价”的定价策略，使名牌具有超常的创利能力。（3）较强的出口能力。名牌产品本身是跨国经营的通行证，在世界市场知名度高，往往是出口商品的利润大户。（4）安全的法律保障。名牌商标具有广泛的法律效力和不断的市场支持。（5）牢固的文化底蕴。名牌产品具有较强的超越地理和文化边界的能力。

3．名牌战略是以创立名牌、发展名牌为先导，有效地安排现有资源，全力做好产品的市场定位、产品的质量控制和产品的市场推广。（1）质量意识一定要和名牌意识结合，名牌意识要成为质量意识的主导部分。比如，海尔集团创牌之初，自己查出26台不合格电冰箱，总经理张瑞敏在厂内举办了废品展览会，当众砸烂了这批不合格的产品，并在会上说：“谁砸牌子，我就砸谁的饭碗。”（2）名牌战略要与科学管理相结合。（3）名牌战略要与永续经营战略相结合。名牌产品必须有出众的市场表现——高的市场占有率、高的知名度、高的信誉度、高的收益率。（4）名牌战略要与资本经营相结合。

第七节　品牌传播策划

品牌形成的过程是消费者对该品牌的逐渐认识过程，亦即传播推广的过程。好的品牌传播策划是提高品牌的知名度、美誉度不可或缺的营销手段。

一、品牌传播概述

（一）品牌传播

企业在对品牌特征进行定位后，通过各种媒介将品牌特征传播给目标受众，并接受其认知和检验。若目标受众不接受这些品牌特征，则必须对品牌进行重新定位，进行品牌修正，然后再进行品牌的推广和传播；若目标受众接受和认可该品牌特征，则按照既定的品牌定位进行持续的品牌传播，进行品牌资产的积淀和形成。

（二）品牌传播要素

1. 品牌特征。品牌特征是词语、形象、思想观念和相关事物组成的框架，这个框架由消费者对品牌的总的感觉组成。

2. 媒介传播。品牌的传播推广是品牌塑造的关键环节，体现了很高的科学性和艺术性。品牌的媒介传播推广方式包括大众传播媒体广告、公共关系、促销、直销、赞助活动、包装和软新闻等，这些传播方式各有各的特点，企业应根据自身的具体情况来加以选择应用。

3. 消费者认知。在消费者认知的阶段，品牌的信息特征要经受消费者的检验，企业原来的品牌特征信息可能得到消费者的认可，也有可能被消费者拒绝；同时消费者也可能对品牌产生新的特征信息。企业应当根据消费者的品牌认知，采取相应的措施。

4. 品牌资产。品牌资产包括品牌知名度、品牌忠诚度、认知质量和品牌联想。

二、传播媒介选择

（一）媒介影响选择

1. 媒介影响力。

2. 媒介功能。

3. 媒介关系。

4. 媒介价格。

5. 媒介时间。

（二）媒体选择标准

1. 产品的性质。不同性质的产品应选择不同的媒介作宣传。例如，具有广泛需求的日用消费品可选择报纸、电视、广播等媒介做广告。视觉、色彩对心理影响较大的产品，电视广告效果最佳；而技术复杂，广告中必须包含大量技术资料的产品，以印刷媒体为宜。

2. 产品的销售范围。媒介宣传的范围应与产品销售的范围一致，因此需考虑选择适当的媒体，将有关信息有效地传递到企业的目标市场。如企业的产品只限于一个或几个地区使用，应选择地方性媒体广告；行销全国的产品，宜选择全国性的媒体广告。

3. 消费者接触媒介的习惯。不同的媒介，消费者接触的习惯不相同；不同层次的消费者，经常接触和喜爱的媒介也有差别。因此，应针对目标顾客接触媒体的习惯去选择广告媒介，以保证广告信息的接收效率。

4. 媒介的影响力和效果。各种广告媒体对消费者的影响力是不相同的，广告媒介的影响力主要决定于其发行量（报纸、杂志）、听众数（广播）、观众数（电视）。广告媒介的广告效果则取决于媒介的声誉高低。各种广告媒介对于可能的消费者所产生的影响，各有其适宜的方面，企业在选择广告媒介时，应从其传播的影响力和效果上权衡利弊，择其适宜者而用之。

5. 广告媒介的费用。广告媒介不同，所需广告费用也不相同，差异很大。一般而言，广告覆盖面和影响力越大的媒体，其广告费用越高。

三、品牌诉求策划

（一）品牌诉求

品牌诉求是对品牌价值的倡导和表达，它依靠有效的传播手段对品牌进行深度的解说，以期获得消费者的共鸣和认可。

（二）品牌诉求的类型

品牌诉求包含两大类型：一种是理性诉求；一种是感性诉求。采取感性化诉求策略的品牌通常处于同质化程度较高的竞争环境，产品本身的差异化通常很难带来竞争优势，因此很多品牌着眼于依靠独特的个性或文化进行品牌推广。如果在张扬品牌文化或个性时，能够使顾客感动，无疑是有效的传播手段。而理性诉求定位于诉求对象的认知，真实、准确地传达企业、产品和服务的功能性利益，为诉求对象提供分析判断的信息，促使消费者经过思考，理智地作出判断。理性诉求可以作正面说服，传达产品、服务的优势和购买产品、接受服务的利益，也可以作负面表现，说明或者展现不购买的影响。

（三）品牌诉求的思考内容

1. 企业品牌的一贯精神是什么？这是品牌诉求的基本参照。

2. 某一产品品牌的目标市场需求、研发目的是什么？必须明确某一产品品牌立足的目标市场以及市场特征。

3. 通过何种方式可以将品牌的理念、倡导的生活方式与价值观有效地传播给目标受众？

4. 品牌诉求最终要做到品牌理念的一致性、诉求的有效性，能够清晰地传达品牌精神，又能够最大限度地引起目标受众的注意，这是品牌诉求的基本出发点。

（四）品牌诉求基本要求

1. 突出品牌的核心价值及品牌的精神内涵。

2. 选择有效的传播渠道。

3. 传播的方式要多样化，突出与消费者的互动关系，做到与消费者的深度沟通。①

四、品牌代言人

（一）品牌代言人的意义

品牌代言人一般是指受企业委托，为企业宣传产品品牌的社会公众，有歌星、影星、体育明星、社会名流和其他特殊人群。成功的品牌代言人是产品打开市场的一个关键因素。如欧米茄的品质与辛迪·克劳馥的美丽交相辉映；张惠妹的热情将可口可乐的宣传意识发挥得淋漓尽致；敦富城的青春与百事可乐的蓝色激情也风靡了一大批消费者。

（二）品牌代言人的设计技巧

1. 注重“名人效应”。利用名人效应是品牌宣传的一条定律。古今中外，没有例外。比如，“万家乐”花重金聘请香港明星汪明荃拍广告片。汪明荃以“我用过很多热水器，万家乐是最好的”这一广告词，有效地提高了万家乐在国内的知名度和市场份额。

2. 注重大投入、大制作。企业为了塑造品牌，大都是花重金聘请产品代言人，广告制作也是大手笔。

3. 注重使用新人。“洁莱雅”的广告代言人，短短几年里就先后有胡慧中、陈红和范晓萱。据介绍，如果今后洁莱雅公司推新品，公司还聘请新的明星。

4. 注重发挥明星的优势。“洁莱雅”请范晓萱作为广告代言人，其广告主题曲是大家熟悉的范晓萱的歌曲“健康歌”。整个广告清新、健康，与洗面奶产品特征非常吻合。

（三）聘请品牌代言人应注意的问题

1. 明星档次要与品牌档次一致。一个著名的国际品牌请了一个国内二流的明星拍广告，这对于其产品品牌的提升只会起到相反作用。

2. 明星形象与品牌形象不能反差太大。

3. 明星应该是你的目标消费者所喜欢的人。

4. 不要使用“花心”明星。他今天说这个好，明天说那个好，企业形象过于模糊。

5. 不要使用“过时”明星。“旧”明星会在消费者心目中留下与时代不合拍的感觉，除非你的产品有怀旧色彩。

---

① 郑方华：《营销策划技能案例训练手册》，机械工业出版社 2006 年版，第 231 ~ 232 页。

第八节　品牌管理策划

品牌管理是贯穿企业全部活动的长期任务，需要科学的持续性与稳定性。在空间上，要不断开拓市场，提高市场占有率；在经营上，要注重谋求经济效益，提高品牌的价值效应；在社会形象上，企业应积极参与公益活动，不断提高品牌的社会声望。

一、品牌化策划

品牌化策划的目的就是决定是否使用品牌。一般来说，在下列情况下，企业常常会考虑不用品牌：(1) 同质性产品。品种、规格相同，产品不会因为生产者不同而出现差别。(2) 人们不习惯认牌购买的产品。如白糖、食盐、一些农副产品、原材料和零部件等。(3) 生产简单、无一定技术标准的产品，如土纸、小农具等。(4) 临时性或一次性商品。(5) 人们已经习惯于某个经销商的品牌，乐于在此处购买包装简单、无品牌的商品。

二、品牌使用者策划

1. 使用制造商品牌。生产者使用自己的品牌，虽然要为此花费一定的费用，但可以获得品牌带来的全部利益。在我国，青岛啤酒就与多家企业联营共同使用其品牌，使联营企业的产品借助著名品牌的声誉，迅速打开销路。所以，自己无力创立著名品牌的生产者，乐意使用别人的制造商品牌。大多数中间商也喜欢经销使用制造商品牌的产品。

2. 使用中间商品牌。

3. 混合使用品牌。(1) 生产者部分产品使用自己的品牌，部分批量卖给经销商，使用经销商品牌。这样，既能保持本企业品牌的特色，又能扩大销路。(2) 为了进入新市场，企业先使用经销商品牌，取得一定市场地位后，再改用自己的制造商品牌。(3) 两种品牌并用。即一种制造商品牌与一种中间商品牌或另一种制造商品牌同时用于一种产品，以兼收两种品牌单独使用的优点，或说明某些不同特点。

三、品牌反购并策划

在企业实施名牌战略的过程中，随着规模化与多元化的发展，企业会采用购并的方式来加速规模的扩大，因而也有被购并的可能性。企业必须密切注意这一点。因为一旦被购并，则极有可能原来的品牌就要被“打入冷宫”，以前的努力就付之东流。在反购并策略中，按手段特点的不同，可分为法律策略、管理策略与股票交易策略。

法律策略主要是借助于法律、法规及有关公约来保护自己的反购并策略，例如借助于《反垄断法》、《反托拉斯法》、《股票发行与交易管理暂行条例》、《证券交易法》等。股票交易策略主要是借助于股票交易来实施反购并的策略，如帕克曼式防御、死亡换股、财产锁定等策略。在这里主要涉及管理策略方面的内容。

管理策略的基本做法是：对现有的管理政策、管理制度作适当调整，以增加收购或兼并方的难度。增加难度的措施又可分为正面强化措施使其无能力购并以及负面弱化措施以减少购并方对本企业的注意力与信心，从创名牌与发展名牌的角度看，弱化措施极有可能影响到企业形象，从而会影响今后的发展，因而除非在不得已的情况下，应尽量使用正面强化策略。①

四、品牌管理策划技巧

1. 差异定位技巧。要根据产品的不同进行不同的品牌定位。

2. 组合定位技巧。即在品牌延伸与促销技巧结合的基础上进行品牌定位，目的是把已获成功的较高档次品牌用在新开发的较低档次的同类产品身上，以期用较低价格招徕顾客，这种做法常用于耐用消费品。比如某个企业以高档名表的品牌推出较大众化的手表，既满足了一般消费者对名牌的渴望心理，又进一步烘托了高档名表的身价。

3. 品牌分布策划。品牌定位应该是建立在对品牌科学了解的基础上。一般认为，品牌分布有如下特点：（1）全球流行类型。例如可乐（可口可乐、百事可乐）、彩色胶卷（柯达和富士）、电脑（IBM）和手机（摩托罗拉）。（2）区域流行类型。例如某些品牌的电冰箱、热水器、方便面与巧克力等产品，只是在一定的区域流行。（3）民族流行类型。例如某些品牌的电视机、洗衣粉、时装与牙膏等产品，只是在一定的民族国家流行。（4）特殊流行类型。比如某些品牌的食品、服饰、白酒等产品，是受到各种各样条件限制的。

4. 特许经营策划。特许经营是特许者将自己所拥有的整套知识产权，如商标、产品、专利和经营模式等以特许经营合作的形式授予被特许者使用。企业经营中的品牌运营、无形资产、经营模式等属于资本运营的高级阶段，而特许经营所运作的依据正是将自己的整套知识产权，包括商标、产品、专利和经营模式作为资本而进行的一种合约操作方式。许多世界名牌商品是靠“特许经营”方式推向中国市场的。比如“欧米茄”手表、“锐步”鞋、“麦当劳”与“肯德基”快餐。

五、品牌营销诊断

品牌营销诊断是品牌发展策略中的必要环节。它以科学的调研与评析方法了解品牌的现状，深刻洞察并描述品牌存在的SWOT（品牌的优势、机遇、挑战）及问题，品牌营销诊断主要包括品牌检验和品牌探测两个方面。

品牌营销诊断的基本要求是：（1）找寻本品牌在消费者心中识别性的驱动元素；（2）寻找寻本品牌在消费者心中引燃的情感元素；（3）了解本品牌引发的记忆和联想；（4）明确品牌在消费者的生命里到底扮演什么角色；（5）明确品牌定位是否需要改变，要怎么改变。

策划训练

策划读点：宝洁公司的多品牌营销策略

宝洁公司的经营特点是种类多，从香皂、牙膏、漱口水、洗发精、护发素、柔软剂、洗涤剂，到咖啡、橙汁、烘焙油、蛋糕粉、土豆片，再到卫生纸、化妆纸、卫生棉、感冒药、

① 庄贵军：《企业营销策划》，清华大学出版社2005年版，第185～193页。

胃药，横跨了清洁用品、食品、纸制品、药品等多种产品。其中，许多产品大多是一种产品多个牌子。以洗衣粉为例，该公司推出的牌子就有“汰渍”、“洗好”、“欧喜朵”、“波特”、“世纪”等近十种品牌。在中国市场上，香皂用的是“舒服佳”，牙膏用的是“佳洁士”，卫生巾用的是“护舒宝”，仅洗发精就有“飘柔”、“潘婷”、“海飞丝”三种品牌。宝洁公司经营的多种品牌策略不是把一种产品简单地贴上几种商标，而是追求同类产品不同品牌之间的差异，包括功能、包装、宣传等诸方面，从而形成每个品牌的鲜明个性。这样，每个品牌都有自己的发展空间，市场就不会重叠。以洗衣粉为例，宝洁公司设计了九种品牌的洗衣粉——“汰渍”（Tide）、“奇尔”（Cheer）、“格尼”（Gain）、“达诗”（Dash）、“波德”（Bold）、“卓夫特”（Dreft）、“象牙雪”（1vory Snow）、“奥克多”（Oxyd01）和“时代”（Era）。他们认为，不同的顾客希望从产品中获得不同的利益组合。有些人认为，洗涤和漂洗能力最重要；有些人认为使织物柔软最重要；还有人希望洗衣粉具有气味芬芳、碱性温和的特征。于是宝洁公司就针对洗衣粉的九个细分市场，设计了九种不同的品牌。宝洁公司就像一个技艺高超的厨师，把洗衣粉这一看似简单的产品，加以不同的佐料，烹调出多种可口的大菜，不但从功能、价格上加以区别，还从心理上加以划分，赋予不同品牌以独特的个性。通过这种多品牌策略，宝洁公司已获得了美国巨大的洗涤剂市场空间，目前市场份额已达到55%，这是单个品牌所无法达到的。[①]

创意风暴：用色彩组合出独特的品牌标识

（一）创意实例

麦当劳品牌之所以演绎为最具有价值的品牌之一，一个重要原因是它用色彩组合出了一个独特的品牌标识。（1）推出金色拱门和大 M 标志。1952 年，麦当劳兄弟为了开展特许经营业务，决定请建筑师梅斯顿进行设计，在凤凰城开设一家标准店。对于梅斯顿的设计，麦当劳兄弟认为缺乏起伏变化，就在画稿上画了两个大拱门，但遭到梅斯顿的激烈反对。他告诉麦当劳兄弟，如果非要拱门不可，就另请高明吧。麦当劳兄弟在权衡之后，既尊重了梅斯顿，又坚持了自己的意见，在梅斯顿建设标准店的时候不设拱门，待完工之后，又请了霓虹灯公司安装上了双向拱门，这不但使建筑看上去生动、富有变化，而且成为麦当劳店面的象征。（2）用麦当劳叔叔欢迎八方来客。麦当劳门口的麦当劳叔叔是麦当劳快餐店的主体标志，它为传播麦当劳品牌作出了巨大的贡献。今天，麦当劳叔叔已成为可与圣诞老人媲美的公众形象，深受孩子们喜爱。

（二）创意提升

头脑风暴 1：金色拱门和大 M 标志对麦当劳品牌价值产生了怎样的作用？

头脑风暴 2：麦当劳叔叔的创意是怎样激发的？

策划样本：“模块”式家具设计法

（一）样本展示

宜家（IKEA）的研发体制非常独特，能够把低成本与高效率结为一体。IKEA 发明了“模块”式家具设计方法，这样不仅使设计的成本得以降低，而且产品的成本也能得到降

---

① 郑方华：《营销策划技能案例训练手册》，机械工业出版社 2006 年版，第 248～253 页。

低。IKEA 的设计理念是“同样价格的产品，谁的设计成本更低”，因而设计师在设计中竞争焦点常常集中在是否少用一个螺钉或能否更经济地利用一根铁棍上，这样不仅能有降低成本的好处，往往会产生杰出的创意。可能 IKEA 是唯一能深刻理解“简单即美”的企业，他用“简单”来降低顾客让度成本，用“美”来提高顾客让渡价值。①

（二）模拟与创新

“简单即美”设计理念的模拟与创新。

策划方法训练：借风驶船法

可口可乐的瓶子在工业设计界上被誉为最高杰作之一，而生产这种瓶子的凯普曼·鲁特制瓶厂所用的方法，便是“借风驶船法”。当年凯普曼·鲁特公司在女性的裙子上得到启发，制造了像少女跳旋转舞时形状的瓶子。它像一个舞蹈少女的抽象雕塑，居然使得可口可乐的销路爆炸性地提高了。

训练建议：应用该方法进行市场策划。

营销策划平台

企业资料概要	策划项目
博士伦是一家全球性的眼睛保健公司，致力于通过创新的科技与技术，让消费者看得更清楚、眼睛更健康。公司成立于 1853 年，目前年度营业额近 20 亿美元，在全球 35 个国家聘有约 1.2 万名员工，产品行销全球 100 多个国家，其全球总部设在美国纽约州罗彻斯特市。博士伦产品可分为三大系列：视力保健、眼科手术和眼科用药。博士伦的使命包括：（1）看得更好：我们提供的产品可以改善他们的视力。（2）形象更好：我们的产品使佩戴者的仪容更加出色。（3）感觉更好：博士伦的著名品牌和优质产品给消费者自信心和满足感。	理念策划 形象策划 产品策划 广告策划 促销策划 其他策划

① 世界品牌研究室主编：《世界品牌 100 强——品牌制造》，中国电影出版社 2004 年版，第 91 页。

第七章 DIQIZHANG

价格营销策划

迪斯尼的价格策略

迪斯尼的定价策略即是因产品种类、销售时间和地点等因素的不同，而实行差别定价或地区性定价及价格调整等。(1) 个别定价到组合定价。1955 年，洛杉矶迪斯尼乐园门票定价为：成人 1 美元，儿童 50 美分。据 1957 年底公司对入园游客的分析，平均每人花 1.7 美元在除门票外的游乐设施上。后来，由于竞争加剧，为吸引游客，公司决定用组合定价，低票价销售。1986 年迪斯尼公园单日成人票价 23 美元；1992 年开放的巴黎迪斯尼乐园全价约合 42.45 美元。1991 年，仅迪斯尼主题公园及游览地销售额就达 28.65 亿美元，占公司总销售额的 40%；(2) 一致调价到灵活调价。由于乐园的门票价格偏低，1984 年迪斯尼公司把乐园票价提高了 82%，1985～1987 年间又提价 45%；1986 年仅提价收入就占公司增收的 4.55 亿美元中的 59%；在 1.58 亿美元的盈利总额中占 94%，由于涨价，公司利润大增。但公司不可能长期用此法来增加利润，因此，公司制定了一个长期的价格调整政策——票价的增幅略高于通货膨胀率，这样就形成了迪斯尼公司价格的合理性和灵活性。①

第一节　价格策划概述

价格是价值的表现形式。价格策划的任务是将产品价值与价格统一起来，制定出既能吸引消费者，又可以确保企业利润实现的销售价格。

一、价格策划的含义

价格策划是一个以消费者需求的经济价值为基础，综合考虑各种影响因素，确定价格目标、方法和策略，制定和调整产品价格的过程。价格策划是营销策划的关键。随着同质化竞争程度的加剧和消费者需求的不断变化，产业和市场的逐渐成熟，理性的价格策划在市场搏击要素中的地位日益凸现。对于价格策划的熟练运作，需要掌握定价目标、定价方法、影响价格的因素、价格变动的合理时机和价格组合等等。

① 世界品牌研究室主编，《世界品牌 100 强——品牌制造》，中国电影出版社 2004 年版，第 62～63 页。

二、营销价格目标设计

营销价格目标设计是依据科学性、艺术性与灵活性的原则，为了促进销售，获取利润，使价格灵敏反应市场变化的营销管理活动。其思想出发点是：

1. 营销价格的确定，以成本费用为基础，以消费需求为前提，以竞争价格为参照，力求体现企业价格与市场价格的和谐与统一。

2. 营销价格是宏观经济与微观经济活动的“晴雨表”，需要充分利用价格信息，反复进行可行性测试，并综合社会公众的要求，达到社会目标与企业目标一致。

3. 企业定价目标必须服从于企业营销总目标，并与其他营销目标相协调。不同时期，企业的定价目标也不同。

三、营销价格目标类型

营销价格目标是多元的。主要包括如下方面：

1. 追求利润最大化。利润最大化是指企业在一定时期内可能获得的利润总额达到最理想的水平。这是企业营销中最基本的目标，当然也是价格策略的主要目标。利润最大化以良好的市场环境为前提，并要充分考虑各方面的条件和情况，如市场竞争情况，产品实际水平，企业生产成本，产品潜在能力，产品销售渠道等。事实上，企业不可能期望其产品在整个生命周期内都保持利润最大化，这个目标是企业的长远目标，应将长远利益与当前利益相结合，制定合理的价格。应当指出追求利润最大化的定价目标不意味着企业要制订最高单价，而取决于合理价格所推动的销售规模与市场份额。

2. 扩大市场占有率。市场占有率是指企业产品在市场全部同类产品销售中所占的比重。市场占有率的高低，一方面显示了企业的实力，另一方面也与企业预期目标利润率有关。较高的市场占有率带来较高的预期利润率。为了扩大市场份额有时需要牺牲产品销售价格，从而可能会导致资金利润率下降，但随着市场份额的扩大，势必提高企业的资金利润率，并进一步促进市场占有率的增长。

3. 实现预期的投资回收率。要有产出必然要有投入。企业开发、生产、销售产品都需要大量投资。投资能否回收、回收期限的长短，是衡量投资成败的标志之一，也是衡量营销成败的标志之一。企业进行价格决策时，应充分考虑投资回收率。价格的高低取决于企业确定的投资回收率的大小，反过来，价格水平又会影响企业投资的回收情况。因此，企业需根据自身情况实现产品价格与投资回收的有机结合。

4. 完善市场竞争实力。价格竞争是市场竞争的主要手段。表现为以价格为竞争武器，利用价格竞争排挤竞争者。在低价格的冲击下，有些企业由于承受不了由于价格带来的亏损而被迫退出竞争，或者另辟路径，开拓新的市场。可见，在激烈的价格竞争中，提高企业自身的实力是至关重要的。

5. 稳定产品价格，维护企业形象。企业产品价格如果频繁变动，就会对企业形象、产品声誉产生负面影响。因此，为了保持现有的经营地位、市场占有率及企业的盈利水平，企业一般以稳定价格为定价目标。而在某行业中举足轻重的大企业更希望稳定价格，尽量避免发生两败俱伤的价格战。

四、价格策划重点注意的问题

1. 价格战的利害关系。中国市场经常会遇到各种各样的产品价格大战，其结果可能对消费者是有利的，但对厂商可能是灾难性的。竞争削价的结果可能导致一个有效率的零利润结局。也就是说价格等于边际成本。

2. 企业价格赢利目标。分析企业主营业务，了解全行业赢利状况，需要确定每季度赢利目标，分解到每月的赢利目标。

3. 产品需求测定。消费者对商品往往有自身的价值观念，这种价值观念实际上是消费者对商品质量、用途、款式以及服务质量的评估。当一个消费者看到某种商品，它便根据对这个商品的印象，自我评估它的价格。企业需要通过广告宣传或者其他传播途径，把商品介绍给消费者，使消费者对商品的质量、用途、款式、格调以及原材料等有一个初步的印象。然后通过市场调查，了解掌握消费者对商品价值的理解，以此作为定价标准。

4. 产品成本测算。这是一项复杂的系统工程。可采用目标成本法。该方法是一种全过程、全方位、全人员的成本管理方法。全过程是指从产品生产到售后服务的一切活动，包括供应商、制造商、分销商在内的各个环节；全方位是指从生产过程管理到后勤保障、质量控制、企业战略、员工培训、财务监督等企业内部各职能部门各方面的工作以及企业竞争环境的评估、内外部价值链、供应链管理、知识管理等；全人员是指从高层经理人员到中层管理人员、基层服务人员、一线生产员工。目标成本法考察作业的效率、人员的业绩、产品的成本，弄清楚每一项资源的来龙去脉，每一项作业对整体目标的贡献。目标成本法则保证供应链成员企业的产品以特定的功能、成本及质量生产，然后以特定的价格销售，并获得令人满意的利润。

第二节　价格策略策划

一、价格策略概述

价格策略是企业通过对顾客需求的估量和成本分析，选择一种能吸引顾客、实现市场营销目的的价格手段。它包括了基本价格、价格的折扣与折让、付款方式等。

价格策略是市场竞争最重要的手段，因为价格的高低，直接关系到产品能否为消费者接受，关系到市场占有率的大小，需求量的变化和利润的多少。

二、定价策略策划

1. 新产品导入定价。新产品定价策略主要有撇脂定价策略、渗透定价策略和满意定价策略。其中，撇脂定价策略属于高价格策略；渗透定价策略属于低价格策略，即用比较低的价格吸引消费者；满意定价策略属于一种中间价格策略。这种定价策略由于能使生产者和消费者都比较满意而得名。有时又称“君子价格”或“温和价格”。

2. 心理定价策略。是运用心理学的原理，依据不同类型的消费者在购买商品时的不同心理要求来制定价格。包括整数定价策略、尾数定价策略、习惯性定价策略（按顾客的心理认定情况来定价）等。

3. 产品组合定价策略。包括产品大类定价策略、任选品定价策略、连带产品定价策略和副产品定价策略四类。

三、价格变动策略策划

1. 主动调低价格。原因：生产能力过剩、成本降低、保持或扩大市场份额、需求弹性大、经济形势影响。方式：直接调低价格、增加额外费用支出、馈赠物品、改进产品性能、增加折扣比例。

2. 主动调高价格。原因：成本上涨、产品供不应求、通货膨胀、改进产品、维持竞争能力的需要增加。方式：公开真实成本、提高产品质量和产品含量、附送赠品或优惠。

四、价格促销策划

价格促销即指企业或者机构利用价格的手段对目标顾客进行宣传、说服，激发其购买欲望并且促使顾客采取购买行为的沟通活动。一般价格促销有这样几种类型：

1. 单独对某类商品进行大幅度降价，鼓励求廉消费者的购买。

2. 拉开与某类商品价格差距，以显示其独特性。

3. 不同区域间的价格差，刺激当地的购买，并且借此造市，扩大该类商品的影响力与知名度。

五、服务价格策略策划

服务价格策略指企业依靠价格水平和一些作为竞争手段的特殊价格来争取市场份额。如果企业提供的产品或服务对顾客来说是一种更为经济的选择，那么企业就掌握了一种特殊的竞争优势。在许多情况下，这是一种有吸引力的战略选择。但这种战略不宜长期使用，实行低价并不有助于同顾客建立牢固的关系。只有当企业能够长期保持低成本时，低价战略才是有利可图的。否则，它就成为一个危险的“陷阱”。尽管如此，价格（包括适时的优惠价）战略作为服务营销总体战略的一部分而使用还是有效和可靠的。为此，企业在制定服务价格战略时，需要考虑价格水平、折扣、折让和佣金、付款方式和信用等因素。

第三节 定价方法策划

一、定价方法含义

定价方法是企业为了在目标市场实现定价目标，给产品制定基本价格和浮动范围所用的方法。在选择定价方法时，企业要考虑产品成本、市场需求和竞争形势，研究价格怎样适应这些因素，但在实际定价中，企业往往只能侧重于考虑某一类因素，选择某种定价方法，并通过一定的定价政策对计算结果进行修订。

二、基本定价方法

1. 成本加成定价法。该方法是一种按照成本确定价格的定价方法。其特点是单位成本加上固定百分比的利润。由于强调以成本为中心，忽视价格的需求弹性，不易获得最大利润。应考虑需求弹性和其他因素的变化而作必要的调整。

2. 目标收益定价法。亦即是一种以成本为中心的定价方法。主要根据企业的总成本和预计的销量，确定一个目标收益率，再核算价格。该方法的一个主要缺陷，就是企业根据估计的预期销量倒过来推算价格，而价格却又是影响销量的一个因素。

3. 认知价值定价法。该方法较多地考虑了需求情况，它根据顾客所认知的产品价值，也就是买主对产品值多少价钱的感觉，而不是卖主的成本定价。

4. 随行就市定价法。

三、价格折扣方法

价格折扣是指生产经营者按照产品或服务的原定价格，少收购买者部分货款，以让利于购买者的价格行为。主要方式包括：

1. 现金折扣方法。该方法是给当场付清货款的购买者提供的一种优惠，以鼓励顾客提早付款。采用这种方法，企业可以及时收回货款，加速资金周转。

2. 数量折扣方法。为了鼓励大批量购买，企业按照购买者一次或一定时期多次购买的数量，分别给予不同价格优惠。有累计折扣和非累计折扣两种形式。

3. 季节折扣方法。该方法是对在产品销售淡季购买产品的顾客所给予的价格优惠。季节折扣有利于企业保持均衡生产和降低流通费用。

4. 功能折扣方法。这是专门针对中间商的折扣，是为了鼓励中间商承担额外的渠道功能（如促销）所进行的价格优惠。

5. 旧货折让方法。该方法是指顾客购买产品时如能提供同类或同品牌的旧产品，则旧货的折价可以抵入所购买产品的价格。这种价格折扣方式常用于耐用消费品的销售。

6. 促销折让方法。这是专门针对中间商的折让，指中间商为企业的产品从事广告、陈列、人员推销等活动时，企业为中间商提供部分额外的免费产品或现金。

四、价格创新方法

价格创新方法泛指企业依据产品销售实际情况灵活进行产品定价的方法。

1. 同一价格方法。全部商品按照一个价格销售。如有的小商店开设1元钱商品专柜、2元钱商品专柜，而一些大商店则开设了10元、50元、100元商品专柜。

2. 价格分割方法。价格分割是一种心理策略。卖方定价时，采用这种技巧，能造成买方心理上的价格便宜感。有两种形式：（1）较小的单位报价。例如，茶叶每公斤10元报成每50克0.5元，大米每吨1000元报成每千克1元等等。（2）用较小单位商品的价格进行比较。例如，“每天少抽一支烟，每日就可订一份报纸”、“使用这种电冰箱平均每天0.2元电费，只够吃一根冰棍”！

3. 特高价方法。独一无二的产品才能卖出独一无二的价格。特高价法即在新商品开始投放市场时，把价格定得大大高于成本，使企业在短期内能获得大量盈利，以后再根据市场形势的变化来调整价格。

4. 安全价格方法。安全定价通常是由成本加正常利润构成的。例如，一条牛仔裤的成本是80元，根据服装行业的一般利润水平，期待每条牛仔裤能获20元的利润，那么，这条牛仔裤的安全价格为100元。

5. 非整数方法。这种把商品零售价格定成带有零头结尾的非整数的做法，销售专家们称之为"非整数价格"。这是一种极能激发消费者购买欲望的价格。这种策略的出发点是认为消费者在心理上总是存在零头价格比整数价格低的感觉。

6. 整数方法。美国的一位汽车制造商曾公开宣称，要为世界上最富有的人制造一种大型高级豪华轿车，这种车有6个轮子，长度相当于两辆卡迪拉克高级轿车，车内有酒吧间和洗澡间，价格定为100万美元。高档豪华的商品的购买者，一般都有显示其身份、地位、富有、大度的心理诉求，100万美元的豪华轿车，正迎合了购买者的这种心理。

7. 弧形数字法。据国外市场调查发现，在生意兴隆的商场和超级市场中商品定价时所用的数字，按其使用的频率排序，先后依次是5、8、0、3、6、9、2、4、7、1。究其根源是顾客消费心理的作用。带有弧形线条的数字，如5、8、0、3、6等似乎不带有刺激感，易为顾客接受；而不带有弧形线条的数字，如1、7、4等比较而言就不大受欢迎。所以，在商场和超级市场商品销售价格中，8、5等数字最常出现，而1、4、7则出现次数少得多。

策划训练

策划读点：夏奈尔的价格策略

只给富人设计的高级时装的品牌定位使夏奈尔从推出的第一套服装起，价格就十分昂贵，具体采用以下三种定价方法：（1）高质量高价格定价法。优质的面料、精细的做工、注重细节。穿着感觉舒适、独特，使得许多名媛淑女愿意以数千美元一套的高价添购夏奈尔新装；（2）成本导向定价法。用80多种成分的配方人工合成的"夏奈尔5号"香水，其售价据说是全世界最昂贵的香水；（3）声望定价法。从夏奈尔品牌创立至今，公司一直沿用的是手工量体、手工缝制，只为上流社会妇女、模特儿、电影明星们服务，每一款服装只有几件甚至一件，因此，价格昂贵。①

策划样本：必胜客为何"必胜"

（一）样本展示

屋顶作为餐厅外观显著标志的必胜客，如今已是全球最大的比萨专卖连锁企业。成为一种超值服务套餐，已被国际上一些大的跨国公司所推崇。（1）欢乐美食。这里的消费群以年轻一族为主，时尚的、流行的元素为必胜客铺上了欢乐的背景。（2）欢乐环境。为突出欢乐气氛，必胜客餐厅都增加了抽象派西式壁画、壁炉状的出饼台、随处可见的厨房小玩具等，还为就餐的年轻人和儿童量身定制了许多游戏项目。比如在比萨上桌之前的"沙拉吧"，拓展思维，"装配"出一份新鲜美味、多得冒尖的沙拉大餐等。（3）欢乐服务。在客

① 世界品牌研究室主编，《世界品牌100强——品牌制造》，中国电影出版社2004年版，第214页。

人被服务员领到餐台前坐下后，服务员并不在顾客左右。这就是“必胜客”的距离式服务，有距离是为了在客人的感受上造成无距离。服务生的“眼力”很好，当客人有所需求时，他们会从客人的眼神、表情或动作中读出客人的期待，适时提供服务。

（二）模拟与创新

1. 必胜客“超值服务套餐”的模拟与创新；2. 必胜客“欢乐美食”的模拟与创新；3. 必胜客“欢乐环境”的模拟与创新；4. 必胜客“欢乐服务”的模拟与创新。

策划方法训练：综合类比方法

这是依据营销管理活动的复杂性，从宏观、中观、微观的结合上对策划客体的全方位比较、思考。如汽车安全性测试就是综合类比法的一个典型。因为汽车是由人开动的，在高速以及寒冷、高温、冰面、沙地等等条件下，汽车的性能、驾驶员的安全都是一个未知数。在以前的一段时间，各个公司是雇试车员来试验汽车性能，伤亡事件常常发生。后来采用“模拟人”也在高温、低温、高压、高速度的极限情况之下进行测试，同时记下汽车的数据，作为汽车安全的数值范围，使试车过程中的伤亡减少到零。采用综合类比方法，既保护了人的生命，又为新器材和提高汽车的性能提供了实验的机会。

训练建议：分析该方法在世界市场的应用情况；应用该方法进行市场策划。

营销策划平台

企业资料概要	策划项目
肯德基源于美国，是世界著名的炸鸡快餐连锁企业，在全球拥有10000多家餐厅。截至2007年11月底，肯德基在中国大陆200多个城市已经拥有2000余家餐厅。严格统一的管理，清洁优雅的用餐环境，令肯德基在数以亿计的顾客心里留下了美好的印象。肯德基成功的秘诀之一是：永远向充满朝气、勇于挑战自己的年轻人敞开大门，并注重对员工的培训，鼓励员工和肯德基共同成长。香辣鸡翅、原味鸡块、鸡腿汉堡……美味、香酥、可口的炸鸡让人回味不尽，百吃不厌。1930年的时候，Sanders用11种香料调味品配出遍及世界的肯德基。随着肯德基的不断壮大和发展，目前这些配方都是通过计算机进行调配，而这价值百万美元的11种调料配方目前也放在路易维尔安全的地方。	理念策划 形象策划 产品策划 价格策划 广告策划 促销策划 其他策划

第八章 DIBAZHANG

促 销 策 划

《北京青年报》促销策划

《北京青年报》的促销策划主要包括以下方面：(1) 自办发行创建生活全方位服务。早在1996年，《北京青年报》就在全国比较早地推出了自办发行，于是在北京街头，人们经常可以看到戴着小红帽的年轻人，用自行车驮着当天的《北京青年报》。目前，《北京青年报》社创立的“小红帽”公司早已是赫赫有名的报刊发行公司。(2) 进驻香港地铁创造发行的新天地。2002年4月27日，《北京青年报》进入位于香港地铁沿线的连锁“地利店”零售，成为内地唯一一份打进香港地铁售卖的报纸。(3) 与《北京广播电视报》搭车提升发行量。在发行上，《北京青年报》还一度推出了新的花样：在周一免费送《北京广播电视报》。这样，增加了其内在的价值，对零购者的吸引力也增强了，会吸引一些不稳状态的读者购买《北京青年报》。(4) 2003年9月4日，首推“网上订报”进入e时代。(5) 自动售报机送进大商场扩张零售。(6) 海外印发扩大知名度。2002年6月2日，《北京青年报》负责世界杯期间韩国发行工作的30名“小红帽”发行员启程。并举行了“《北京青年报》、《东亚日报》联合印发中国球迷拉拉队唯一指定的中文报纸”的印发启程仪式。此次在韩国分印，是《北京青年报》53年历史上第一次海外印刷发行，也是中国传媒少见的做法。(7) 赠品促销给你更多欢乐的理由。《北京青年报》为2004年度的全年订户推出了两大类10种赠品。口号就是“给你更多欢乐的理由”。(8) 广告宣传提升品牌。2003年，电视的黄金时段经常播出《北京青年报》的广告。①

第一节　促销策划概述

促销策划的意义是构思科学、规范、富有生命力的促销模式与技巧。

一、促销概述

（一）促销的含义与特征

促销是指企业或机构向目标顾客传递本企业产品或服务的信息，进行宣传、说服，激发

① 潦寒编著：《文化营销》，江西人民出版社2004年版，第77～78页。

顾客的购买欲望并促使顾客采取购买行为的各种形式的沟通活动。

1. 促销的对象是目标顾客。现代企业促销活动具有很强的针对性和计划性，它不是面对一般的顾客泛泛宣传推广，而是要针对一定目标顾客的要求和爱好特点开展有效的沟通活动。

2. 促销的主要任务是传递信息。现代信息沟通可分为两种类型：一类是单向传递，由一方发出信息，另一方接收信息；一类是双向沟通，双方都既是信息的发出者，又是信息的接收者。现代促销活动，是这两类信息沟通的复合过程。

3. 促销的目的是引起消费者的注意与兴趣，激发其购买欲望，促成其购买行为。

4. 促销的手段是宣传与说服，即宣传产品或服务知识，说服消费者购买。

（二）促销的内容

促销的实质是一种信息传播、沟通行为，是针对消费者对信息的心理需求，采用适当的信息沟通手段而进行的整体营销、沟通活动。它的核心内容是：什么人、向谁说什么、用什么方式说、通过什么途径说、达到什么目的。

二、促销活动的功能

一般说来，促销活动有以下四大功能：

1. 提供信息，传递情报的功能。这是促销的基本功能。通过提供信息和传递情报，从而达到与公众和利益团体的沟通，引起顾客或潜在顾客的注意。

2. 培育情感，形成联盟的功能。促销的成败取决于是否建立起新型的利益共同体，消费者往往特别关注现实的物质利益与精神利益。

3. 激发顾客需求的功能。有效的促销活动能最大限度地诱导和激发可行的现实或潜在的需求，从而使市场需求向有利于企业产品销售的方向发展。

4. 拓展市场的功能。促销使得更多的顾客或用户了解、熟悉和信任本企业的产品，从而为企业拓展市场打下坚实的基础。

三、促销策划的目的

促销策划是以产品宣传、信息传递、营业推广等为工作对象的市场设计活动。其基本目的包括以下方面：

1. 激发消费者的购买欲望，诱导消费者的购买行为，扩大产品的销售。

2. 培育市场，引导消费，促进市场的繁荣与进步。

3. 完善产品促销手段，提高市场促销技能。

四、促销工具选择

选择促销工具组合，要综合考虑产品性质、产品生命周期、消费者购买准备阶段等多种因素，并和企业自身特点相结合。确定广告、公共宣传、销售促进、人员推销、直接营销几种工具在整体促销活动中的重要性、优先次序、资金分配等，作为下一步进行各项具体的活动策划的前提。

第二节　产品促销模式策划

一、传统促销模式

传统促销模式主要有：人员推销、广告、营业推广和公共关系等多种形式。人员促销是指推销员直接推销；广告、营业推广、公共关系等属于非人员促销。

1. 人员促销模式。人员促销是一种通过与顾客的人际接触来推动销售的促销方式。它具有直接联系、机动灵活、现场洽谈、反馈及时、选择性强等特点。

2. 广告模式。广告是企业用付费方式，通过一定的媒体，运用印刷、书写、画面或口头宣传等手段，向顾客介绍和推销产品或服务的一种形式。

3. 营业推广模式。美国市场营销学会将营业推广定义为：人员推销、广告宣传以外的，用以增进消费者购买和交易效益的那些促销活动，诸如陈列、展览会、展示会等不规则的、非周期性发生的销售努力。通过营业推广，企业向顾客提供特殊的优惠条件，引发顾客的兴趣和注意，影响顾客购买决策，强烈刺激购买行为的发生，以期在短期内达成交易。营业推广具有可信性强、引人注目、不会引起戒备的特点，具有强烈的召唤效应、刺激效应和诱导效应，短期效果较明显。

4. 公共关系模式。这种方式是指企业为获得公众信赖加深顾客印象，树立企业形象而用非付费方式进行的一系列促销活动。如赞助和支持各项公益活动，注重新闻宣传，听取和处理公众意见，与有关各方建立广泛的联系，积极参加各种社会活动等。公共关系促销策略的特点在于它较广告具有更高的可信性，能够解除购买者的防卫心理，同时可以创造新闻价值，有利于提高企业知名度，最终导致顾客购买行为的发生。

二、新兴促销模式

1. 网络促销模式。所谓网络营销，就是以互联网为传播手段，通过对市场反复的营销传播，达到满足消费者对信息、产品及服务的需求和厂家诉愿的过程。其基本前提是借助于计算机网络，通过电脑通讯和数字化交互媒体的功能，来实现营销活动。一般说来，网络促销策略的出发点是利用网络的特征实现与顾客的沟通。这种沟通方式不是传统促销中“推”的形式而是“拉”的形式，不是传统的“强势”营销而是“软”营销。它具体由企业在网络上开设自己的主页，且在主页上开设“虚拟商店”，用来陈列宣传其产品，顾客则可以足不出户通过国际互联网进入其中，从浏览、挑选、下订单到支付货款，并由网上商店将商品送货上门。网络促销具有不受时空限制、双向交流、反馈迅速、成本低廉、多媒体传播方式等特点。

2. 业态促销模式。业态促销模式是利用新兴购物场所吸引顾客、实现销售的营销管理样式。在市场竞争的条件下，购物场所是否符合消费者的购买行为，直接影响并且决定促销的效果。

第一，处于增长期的促销业态。主要包括单品店、工厂商店、生活题材馆、无店铺销售、郊外大型专门店、产地直销、电子购物、巨型购物中心。

第二，处于成熟期的促销业态。主要是大型百货商店、邮购商店、折扣商店、超级市场、便利店、购物中心、仓储式商场等。

第三，处于衰落期的促销业态。主要是小百货店、旧式百货店、粮油店、副食店、杂货店等。

三、战略联盟促销模式

所谓联盟，是指两个或两个以上的企业间或者特定事业和职能部门间，为实现某种共同的目标，通过公司协议或联合组织等方式而结成的一种网络式的联合体。战略联盟是企业为了战略目的而达成的长期合作安排。它既包括从事类似活动的公司之间的横向联盟，也包括从事互补性活动的纵向联盟。

第一，联盟的运行模式。可以采取先模仿后独创、先技术后科学、先低科技后高科技的运行模式，逐步建立起一种以大企业为主力军，以国内外市场为导向，以利益为纽带，以获得"首创者利润"为原动力的产品开发促销体系。

第二，联盟的组织模式。这种组织结构形式可分为纵向联盟和横向联盟。纵向联盟是宝塔式的垂直结构。塔顶是一个大的主导企业，中间是若干大小不等的企业、供销商、主要客户、塔底是许多类似车间的小工厂。纵向联盟通过产品链将相关企业连接在一起、共同进行产品开发与促销。

第三，联盟的促销模式。主要包括：(1) 合资开发促销联盟。许多公司在同其他公司建立伙伴关系时都采用合资企业的方式进行开发、生产与促销。合资开发销售联盟是一个具有自身地位和管理结构的全新实体。联盟一般都喜欢 50∶50 的股权式合资；(2) 功能协议式开发促销联盟。两个或两个以上公司在一个或几个具体领域里从事研究开发与销售，双方没有股权参与；(3) 交叉持股开发促销联盟。合伙人相互购买对方一部分股权组成开发联盟；(4) 宽框架协议式开发促销联盟。这种联盟开始时只有意向性的合作纲要，然后再在合作过程中补充产品、技术或某个具体领域的开发促销合作。

第三节 促销组织策划

一、外部促销组织

外部促销组织是促销主体以外的促销代理组织，或能够部分完成促销活动任务的组织。大型企业在举行大规模或大范围内的促销活动时，通常会借助外部促销组织。

(一) 外部促销组织的职能

1. 促销调查。促销调查是促销活动的基础。促销调查的内容主要涉及内部调查和外部调查两个方面。

2. 促销策略设计。重点是对促销目标、促销创意、促销主题、促销方法、促销媒介、促销活动等方面的设计和计划，并提出可行的实施方案。

3. 促销物品制作。促销物品是促销活动成功的物质保证因素，包括促销活动用到的器材、道具、宣传品等，以及相关物品的质量、成本，以及制作效果等。

4. 促销活动实施。促销活动实施是成功达成促销目标的重要环节。一旦外部促销组织参与这个过程，就必须把握方案的具体性、明确性、时间与周期安排、人员调配、实施监督与控制等环节的落实问题。

5. 促销效果评价。外部促销组织一方面要针对促销方案本身进行评价，另一方面还要对促销效果进行事前的测试和事后的评估。

6. 促销管理咨询。促销管理咨询涉及如何使企业的促销管理机构更好地发挥作用，以及对促销活动各环节管理问题的诊断与咨询。

（二）外部促销组织的类型

外部促销组织主要可分为以下四种类型：

1. 市场调查类。这类组织的主要业务和优势在于进行市场调查，它们能为企业、社会组织及政府机构提供专项的信息调查服务，同时也开展诸如市场咨询、策划等服务。

2. 咨询策划类。这类组织的主要业务和优势在于咨询策划，它们主要为企业及各类社会机构提供营销、广告、公关、促销、产品开发、展销会、新闻发布等方面的项目咨询与策划，而市场调查工作则作为其基础性的工作来进行。

3. 设计制作类。这类组织的主要业务和优势是创意、设计制作，它们主要为企业及各类社会机构提供广告、促销品、宣传画册、展示用品，包装物品等的设计制作服务，同时也兼营一些其他相关业务。

4. 代理服务类。这类组织的主要业务和优势是进行全面的营销或促销代理服务，服务的方面涉及调查、策划、实施、效果测定等营销或促销活动的主要方面。

二、内部促销组织

内部促销组织是促销主体内部负责完成促销活动任务的职能部门或分支机构。一般而言，大中型企业或产业价值链中的下游企业建立内部促销组织是有必要的，这直接关系到企业的发展。

（一）内部促销组织的职能

内部促销组织的职能与外部促销组织基本上是一致的，它们必须经常性地进行销售跟踪与市场调查设计促销方案、直接介入或以自身为主完成促销方案的实施，以及评估促销效果等。此外，内部促销组织还具有制订年度促销计划与预算、促销事务管理等职能。其中，促销事务管理是内部促销组织的常规性工作，涉及促销业务的对外接洽、促销合作谈判，促销方案审查、促销实施监管、促销管理制度规范和促销资讯管理等。

不同的企业在发展阶段、主要任务、机构设置考虑上的不同，设立的承担促销职能的部门名称也各异。通常，企业内部的促销职能是由企划部（策划部）、广告部，市场部、销售部等部门承担的。企划部（策划部）的职能比较宽，任务也比较明确，广告部的业务内容实际上远远超出了广告的范畴，承担了促销的职能，有些企业由于设立策划部门的条件不够成熟，其促销职能由市场部或销售部来承担。

（二）内部促销组织的形式

在规模较小的公司，促销部门可采用直线领导的组织形式，形成一种纵向管理的关系，有利于促销经理直接向总经理报告有关业务情况。促销经理下设促销员，促销经理负责指导促销员的活动。

三、按照产品形式设立的促销组织

一般称之为“产品组织法”。这是指按产品或品牌的分类来设置推销组织内部的机构和层次，由专人负责某类或几类具体产品或品牌的推销的一种组织设置方法。按这种方法配备的推销业务负责人，一般称为产品经理或品牌经理。

四、按照市场细分类别设立的促销组织

一般称之为“顾客组织法”或者“市场管理法”。这是指按市场细分类别来设置推销组织内部的机构和层次，由专人负责某类或几类购买潜力最大的顾客及以他为核心的顾客群的推销。

五、助销组织

助销是指在商场内，助销人员通过引导、启发、刺激等手段来促使消费者产生购买商品的兴趣，作出购买决策，发生购买行为、协助柜台营业人员销售产品，增加盈利的促销手段。

助销不同于柜台营销。柜台营销有一定局限性，由于空间上的原因，顾客与营业人员产生了一定距离感，两者之间只是单纯的“买卖关系”——一手交钱，一手交货。助销则是消除这种“买卖关系”的有效手段，助销人员站在柜台外，面对琳琅满目的商品，与顾客“平起平坐”，直接接触，介绍产品，柜台人员则提供货品→开付收据→收款→交付货品，这样相辅相成，达到推销货品目的（柜台人员也应与助销人员“一唱一和”）助销也有异与其他促销手段，助销是针对商场内商品销售的，有其特定的针对性，是商业流通领域内的促销手段，它以商品陈列为背景，是直接与顾客接触的促销活动。

第四节　促销活动策划

企业许多促销目标，是需要通过促销活动来实现的。促销活动五花八门，如果达到比较好的促销效果必须进行科学的策划。

一、促销活动要素

1. 促销范围。促销范围的确定主要根据不同产品在不同销售区域的销售情况、企业的自身资源状况、企业经营目标和市场竞争状况来决定。

2. 促销时机。把握最适宜的促销时机，还能够收到事半功倍的效果。许多企业都善于利用重大节庆或社会活动、企业开业或周年庆典、新产品上市等有利时机开展各种促销活动，效果比较好。促销时机的选择应根据消费者需求和市场竞争的特点，结合整体市场营销战略来确定。

3. 激励规模。要使促销获得成功，最低限度的刺激物是必不可少的。较高的刺激程度会产生较高的销售反应，但超过一定限度时，其增加比率却是递减的。因此，企业在制订促销方案时必须决定使成本效益比达到最大的激励规模。

4. 参与条件。设定参与条件要注意两个问题。一是避免将优惠给予不可能成为产品固定使用者的人；二是防止因条件太苛刻，阻碍了大部分品牌忠实者或喜欢优惠活动的消费者参与。

5. 促销媒介。企业还必须决定使用何种促销媒介，以及如何向目标顾客传达促销方案。

6. 持续时间。确定促销活动的持续时间应综合考虑产品特点、消费者购买习惯、促销目标、企业经济实力、竞争策略及其他因素。

二、节日营销

节日营销就是指企业在节假日期间，利用消费者的节日消费心理，综合运用广告、公关、营业推广等营销工具，进行产品销售的促销活动。

在节假日促销上，营业推广策略往往唱着“重头戏”，而公关及广告则扮演着辅助性促销的作用。因为节点营销多为面向消费者的政策性促销，激励并直接拉动汽车产品销售。

1. 企业性节日。主要是企业新店开业、老店店庆，如汽车行业的3S店、4S店，以及自行策划的大型节日性活动，如汽车消费节、品牌文化节等。

2. 国家法定假日。主要是五一劳动节、十一国庆节、教师节等。

3. 民族传统节日。如端午节、中秋节、元宵节等。

4. 西方传统节日，如情人节、母亲节、圣诞节等。

我国目前节假日天数超过110天，几乎占到全年的1/3，而“十一”黄金周所体现的市场价值更是为企业所重视。①

三、促销活动管理

1. 利用重大节日前后的零售旺季以及促销活动，吸引更多的顾客光临市场。销售目标定为比上年同期增长。

2. 通过一系列促销活动建立并维系顾客忠诚，借以带动效仿者的光顾。

3. 巩固企业的领导者地位，同时提升其品牌形象。

4. 借用媒体的影响力对企业促销活动的宣传，从而产生有价值的新闻报道效果。

5. 在促销活动中，筹集一定资金捐赠给慈善事业，进一步提升企业的社会公益形象。

6. 注意现场展示。现场展示是根据企业CI标准，制定专柜、专卖店标准手册，从用材、标准色、字体等进行规范化，同时对样机摆放、POP、海报、不干胶、吊旗、立牌等统一规定摆放标准。

7. 发挥现场推广人员作用。聘请专职现场推广人员，并对他们从企业介绍、产品了解、导购技巧、导购人员的自我管理等方面全方位地进行培训，没有培训不允许上岗，考试不及格不允许上岗。

第五节 会展营销

会展是会议展览的简称，是一种促销活动。可以是展示会、交易会、展览会或论坛。会

① 贾吕荣编著：《汽车品牌·推广战》，机械工业出版社2007年版，第157页。

展作为一个系统，由三个基本元素组成，即会展的组织者、参展商和观众。会展已经成为一种经济，它以会展业为支撑点，通过举办各种形式的展览会、博览会及会议，传递信息，提供服务，创造商机，刺激需求，并利用其产业连带效应，带动相关产业（如运输业、电信业、广告业、印刷业、餐饮业、饭店业、旅游业、咨询业、礼仪服务业等）的发展。

一、会展经济

会展经济是通过举办大型会议和展览带动相关产业发展，促进财富增长的各种经济活动的总称。它是城市经济重要的组成部分，通过会展可以带动城市商贸、旅游、住宿、餐饮等多种产业的发展，创造更多的就业机会，带来远比它本身所得大得多的经济效益。它能对城市周边地区扩大其辐射力、影响力。会展经济本质上属服务贸易，它可通过有形方式促进城市无形资产的积累，推动城市经贸信息的生产和流通。

二、会展营销

会展营销是营销理论与方法在会展活动中的运用。企业通过参加会议和展览，可以及时、准确、低成本地获取各种有效的信息。然后根据这些信息，实施恰当的市场营销组合策略。同时，企业在展览会上通过产品尤其是新产品展示，可以诱导甚至创造消费者的需求。如 2000 年 11 月在德国纽伦堡国际会展中心举行的德国 IKK 国际空调展示会上，海尔空调展示了其新产品的环保、节能、个性化的特点，刺激了欧洲各国经销商的需求。在会展仅 3 天的时间里，海尔空调就成交 1 亿美元，成为展示会最大成交的单一产品。会展营销的操作规则包括：（1）加大广告宣传力度，使更多的参展商对展览会产生兴趣，以扩大潜在市场的规模；（2）通过严格控制成本和开展规模经营，降低展览会的报价，以增加有效市场购买者的数量；（3）对展览会进行适当调整，以降低对潜在购买者的资格要求；（4）制订更有竞争力的营销组合方案，力图在目标会展市场中占更大的份额。

三、会展营销策划

会展策划有两个角度，一个是展会组织者的角度，一个是参展企业或组织的角度。展会组织者要通过组织会展，获得经济利益，参展企业或组织要通过参展，推广产品、树立形象、沟通信息。会展是一个公共营销平台，兼备其他促销工具的功能：会展利用特定的媒体（展览会），将消息有针对性地发送给顾客与观众（广告）；通过各种方式刺激顾客的购买欲望，增强顾客购买的紧迫感（销售促进）；面对面向顾客推销和得到顾客的即时反应（人员推销）；展示公司形象，扩大企业影响（公共关系）。

四、会展策划的内容与程序

（一）选择会展项目的主要工作

1. 进行项目市场调查，根据市场需求选择会展项目。

2. 整合办展资源。办展资源包括资金、人力、物力、信息资源和社会资源。展会组织者要充分考虑各种资源，并设法整合这些资源。

3. 了解项目在国内外会展情况。

4. 选定展览举办的时间。原则上要避开国内外同类展览项目的举办时间，两者的举办时间至少要相隔3个月左右。

5. 创意命题。项目确定后，展览名称的命题要有创意，要抓住行业的亮点和市场的特点来命题。

（二）确定目标观众

展会需要专业观众，他们是主办者的目标观众，也是参展商的潜在客户。参展商参展的主要目的，是为了拓展产品的销路和市场。策划者应根据展览会的参展商和观众状况，确定"目标观众群体"。如果是重复举行的展会，则可以运用抽样调查、登记等方法建立相应的资料"数据库"，包括参观者的身份、行业、职位、参展商的规模、经营状况、行业地位等。有了这样的数据库，企业就可以缩小目标观众圈，将主要注意力聚焦于参展商与观众中掌握企业决策权的群体，提高展会的效力与效率。

（三）寻求支持单位

1. 提高展览会的档次、规格和权威性；

2. 扩大展览会的影响力，吸引媒体的关注，进行有效的新闻宣传；

3. 提高行业号召力，有利于组织目标客户参展和目标观众参观；

4. 代表行业的发展状况和趋势，有效地形成会展项目的品牌效应。

五、招展宣传及管理

1. 建立潜在客户名单。寻找潜在客户有多条途径，比如可以从过去参展的会员中寻找有相关服务与商品的厂商；留意那些常在媒体中刊登广告的厂商，它们有可能是潜在的客户；在网上或黄页上查找可能的参展商。将各条途径得来的潜在客户名单列出来，就是一份潜在客户名单。

2. 编制参展说明书。参展说明书是一个重要的宣传工具，会展组织者利用它来激发参展商的参展兴趣与愿望。参展商通过它可以了解展览的主旨、市场定位、展览的特色、展览时间、场地设计、服务情况等信息。

3. 招展宣传。招展宣传是面向参展商和参观者所做的宣传活动。招展宣传的方式有很多种，主要包括：（1）内部通告，即通过专业报刊、本部门或有关部门的内部刊物发消息，争取让潜在参展者知道项目及安排；（2）新闻报道，即通过大众媒介刊登新闻性质的消息，可以反复登载，也可以分段连续登载；（3）直接发函，即向潜在客户发邀请函、寄资料等；（4）刊登广告，即通过有影响的专业报刊刊登广告，一方面扩大影响，另一方面将有关信息传送到组织者不知道的潜在参展商；（5）会议，即召集有关媒体、商会、行业协会等开会，介绍展览会情况，通过他们将有关信息传达给潜在参展者。①

策划训练

策划读点：促销从生产车间开始

奔驰公司让顾客满意的目标从生产车间就已经开始实施。厂里在未成型的汽车上挂有一

① 庄贵军：《企业营销策划》，清华大学出版社2005年版，第316～317页。

块块的牌子，写着顾客的姓名、车辆型号、式样、色彩、规格和特殊要求等。据统计，奔驰车共有 3700 种型号。对于千差万别的要求，奔驰公司都能一一给予满足。奔驰车一般每行驶 7500 公里需要换机油一次，行驶 1.5 万公里需检修一次，这些服务都可以在当天完成。从急送零件到以电子计算机开展的咨询服务，奔驰公司的服务效率令顾客满意、放心。

策划样本：模特荣誉大本营

（一）样本展示

法国时尚电视台 FTV（Fashion TV）成立于 1997 年，是世界上第一个也是唯一一个覆盖全球的 24 小时播放的时尚频道。每年在世界各地举办的数以千计的时装发布会，都以能在法国时尚电视台播出为荣。FTV 的出现以及普及，把模特“形态美的理想典范”的理念进行进一步的灌输，来自各路的设计英雄纷纷在这个舞台上发出他们的声音，为美丽提供一个时间和空间无限延展的巨大舞台。出人意料却又在情理之中的是，FTV 电视台还进入了模特选举、酒吧、音乐和相关时尚产品领域。

（二）模拟与创新

1. 时尚电视媒体的定位策略模拟与创新；2. “时装发布会”运作模式的模拟与创新。

策划方法训练：诙谐幽默方法

幽默以轻松的方式给予人以真诚、友善和宽容。可以说，幽默就是一种力量，是一种单靠严肃方式而不能化解问题的特殊力量。幽默的文案，使人在轻松自然的心态中获取诉求信息。

训练建议：分析该方法在世界市场的应用情况；应用该方法进行市场策划。

营销策划平台

企业资料概要	策划项目
红蜻蜓集团位于浙江温州，创始于 1995 年，是一家集专业制鞋、皮具、服饰等多元投资的全国无区域性集团。目前拥有浙江红蜻蜓鞋业、上海捷路体育、广州惠利玛商业连锁、上海恒森企业、广州火辣辣鞋业等十几家全资子公司；拥有皮具、服装、儿童、国际四大事业部；拥有上海、重庆、广州、永嘉、温州五大生产基地，年产皮鞋上千万双；主品牌及子品牌销售终端数千家。红蜻蜓集团坚持“共有一片绿草地”的营销理念，不断提升产品质量，积极打造服务品牌，努力塑造良好形象，受到消费者和社会各界的一致好评，并获得了一系列殊荣：2001 年 7 月，全国制鞋标准化中心向红蜻蜓颁发了“中国鞋业质量龙头”奖牌；2002 年 2 月，“红蜻蜓”皮鞋被评为“中国七大真皮名鞋”；2002 年 9 月 1 日，“红蜻蜓”皮鞋荣获“中国名牌产品”称号；2004 年 2 月被评为“中国真皮鞋王”，2004 年 3 月被认定为中国驰名商标。2004、2005 年度，红蜻蜓连续入选中国最具价值品牌 500 强；并被评为中国最具影响力行业十佳品牌。	理念策划 形象策划 产品策划 广告策划 促销策划 其他策划

第九章 DIJIUZHANG

渠道营销策划

雅芳的分销通路

雅芳采用的分销通路是零层通路模式，通过挨家挨户地直销，也通过家庭聚会和办公室销售聚会来销售雅芳产品。由于它的创始人选择的这一策略，使其成为世界知名企业之一。雅芳的推销组织犹如一座金字塔，每个“雅芳小姐”（推销员）负责的地区以300个为限，“雅芳小姐”之上为“雅芳小姐”女性代理人，负责100~200名女性推销员的监督和训练。而女性代理人的顶头上司是地区经理，通常是由雅芳公司的男性职员担任，最高领导由雅芳公司的会长和董事长组成。为了调动“雅芳小姐”推销员的积极性，“雅芳小姐”可以从推销化妆品收入中得到40%的报酬。同时公司定期组织推销竞赛，成绩优异者可得到各种奖励。通过层层训练和监督，再加以吸引人的奖励方式，雅芳为自己培养出了一批又一批有经验的推销高手，获得了丰厚的利润。①

第一节 渠道营销策划概述

一条营销渠道包括某种产品的供、产、销过程中所有的企业和个人，如资源供应商、生产者、代理中间商、辅助商以及最后消费者或用户。渠道策划需要认真研究利益相关者的市场行为与市场态度。

一、渠道概述

营销渠道是指产品或服务转移所经过的路径。由参与产品或服务转移活动以使产品或服务便于使用或消费的所有组织构成。

营销渠道结构是指营销渠道中所有渠道成员所组成的体系，也被称为“营销渠道模式”。

营销渠道的功能是使产品从生产者转移到消费者的整个过程顺畅、高效，包括调研、促销、接洽、组配、谈判、物流、风险承担和融资。营销渠道的功能在营销渠道中表现为各种各样的流程，包括实体流、所有权流、促销流、洽谈流、资金流、风险流、订货流、付款流

① 世界品牌研究室主编：《世界品牌100强——品牌制造》，中国电影出版社2004年版，第99页。

及市场信息流。这些流程将组成营销渠道的各类组织机构贯穿联系起来。

二、渠道中介商主体

批发商：是指专门把商品或服务销售给一些特别用户的渠道中介商。

零售商：将商品或服务直接销售给最终消费者，它是营销渠道最后一个环节的主体。

实体分销：是指对原料和最终产品从原点向使用点转移，以满足顾客需要，并从中获利。

三、渠道目标策划

策划思路是：把企业的渠道建成一个什么样的渠道？是强调速度，尽快进入市场，又节约顾客的时间成本；还是体现便利性，大面积接触顾客，加大市场渗透力；还是突出选择，增加产品线中渠道的宽度。

四、渠道策划步骤

1. 明确营销渠道的目标。
2. 找出目前营销渠道的问题。
3. 提出创造性解决问题的对策方案。
4. 选择渠道方案。
5. 费用预估及评估。

五、渠道区位发展设计

渠道策划应该以渠道区位理论为依据。渠道区位理论不仅规定了渠道策划的核心问题——“第一是区位”，“第二是区位”，“第三还是区位”，还规定了渠道策划要认真研究区位的性质、区位的规模、区位的层次以及与区位相关的商圈理论等问题。

（一）区位设计就是渠道定位

渠道定位是选择适当的地址、适当的经营方式、适当的经营规模、适当的目标顾客的过程。比如，大型购物中心一般设立在城市经济中心；仓储商场一般设立在城市的边缘地带等。

（二）区位设计要确定渠道规模层次

在我国特大城市的市场渠道可以有五个层次：中心商业区；区域商业中心；综合及专业市场和特色街区；社区商业中心；远郊区县城镇商业中心。

（三）区位设计要科学运用“商圈理论”

“商圈”也称“购买圈”、“商势圈”，是指在一定经济区域内，以商场或商业区为中心，向周围扩展形成辐射力量，对顾客吸引所形成的一定范围或区域。商圈依据其在经济区域中的地位，可以区分为核心商圈、次级商圈和边缘商圈。

1. 核心商圈。包括一些大商场和以这些大型商场为核心的小型商场。核心商圈一般占据该经济区域顾客总数的60%~70%。

2. 次级商圈。指核心商圈外围的商业区。一般拥有着该经济区域20%左右的顾客。

3. 边缘商圈。是指次级商圈外围的商业区，其拥有顾客的比例低于次级商圈。在大多情况下，核心商圈、次级商圈和边缘商圈的客流量、营业额是依次递减的，其商品价格必然由高到低。

（四）商业区渠道设计

1. 商业中心区是顾客购物、逛街、休闲的理想场所，也是商店开业的最佳地点。这一地段的特征是：区位优势使得销售额相对较高，投资费用相对较大；竞争性强。此地段除了适应大型综合商店经营之外，较适合有特色的专营店发展。

2. 娱乐场所周围。该地段是娱乐、旅游地区，顾客消费需求主要集中在娱乐、休闲方面，食品、娱乐等方面的商店受欢迎。

3. 工厂、机关集中地区。该地段“上班族”集中，顾客光顾商店的目的主要是采购生活用品、办公用品；谈生意、进餐等。故该地段的经营特点是午间和晚间时间为营业高峰期，周末与节假日的生意清淡。

4. 教育文化区域。学生去商店的动机主要是购买、学习用品、书籍、生活必需品以及餐饮、聚会等，应针对学生的需要为其提供所需要的服务；另外，寒暑假期间是生意的淡季，这一点需要考虑到。

5. 住宅区。家用消费品需求大，为家庭生活提供服务各种类型的商店、服务公司受欢迎。

六、渠道设计的基本思想

（一）反传统的思想

渠道推陈出新的基石是“反传统”。百货商店就是破除传统家庭零售店的经营方式而出现的。1852 年在巴黎揭开帷幕的 BonMarche（巴黎的春天）商店是世界第一个百货店的雏形。根据定义，百货店是“在一个建筑物里，经营以日用品为主的所有商品零售业务；店堂开放，顾客可以自由进出，选择购买，柜台成交”的购物场所。由于百货店形态适应了 19 世纪垄断资本发展对零售业的要求，因此在短短二三十年时间便迅速传播到了欧美大陆。

（二）低成本的思想

一般说来，新兴渠道的核心竞争力是低成本。比如，仓储商场就是低成本的典型。它“以库为店、零批结合”，其建造成本相当低，基本不需要装修。所以它的批量销售价格大大低于零售商场的 10% ~15%，个别商品价格低 30%。

（三）大批量的思想

适应大工业、大市场的市场需要，批量销售是许多人爱好的营销方式。期货业、批发业、展览业就是这种思想的产物。比如贸易中心，主要是展示商品样品，客户先看样选购，进行现场交易或签订供货单，然后再在一定时期内交货，交易的数量都比较大。

（四）现代化的思想

新兴渠道一般都要顺应时代的潮流，突出时尚与创新。比如电子商务把现场交易或店铺交易变成通过电子网络进行交易，是渠道发展的方向。

第二节　渠道策略策划

一、渠道定位策略策划

渠道定位是拟定产品分销或分配的途径，即确定产品（服务）从生产者向消费者转移所经过的有形和无形的环节。渠道不仅仅只是产品的流通管道，更重要的是，产品在流通中会实现价值增值。营销渠道可以看做是又一条“产品线”，只是该“产品线”生产的不是产品本身，而是为产品如何销售提供服务。市场上的消费者千姿百态，需求变化无常。可以通过分析目标市场渠道服务产出需求水平，来确定目标市场渠道定位。在进行渠道细分、定位时，可以借助分析工具——渠道服务产出需求分析来进行具体分析。

二、渠道联合化策略策划

渠道有纵向联合和横向联合两种形式。纵向联合销售系统是指从制造商到批发商，再到零售商的纵向联合。其特点是在系统内部实行专业化管理，集中制订计划，并由一家大公司承担指挥作用。在这一联合中，打通了过去衔接流通渠道的不同中间环节，实现了从产品到最终销售的一体化运作，加强了计划程度，减少了不必要的摩擦，提高了营销效率。横向的联合营销网络也被称做平行的联合营销网络，一般是由两个或两个以上的同级企业（制造商之间或批发商之间）共同组成的联合体，这是一种在资金上互相支持、经营上彼此合作、风险共当、利益分享的联合营销的组织形式。

三、批发商成功策略

1. 专业化策略。在19世纪50年代就出现了专业化趋势。批发商可以把精力集中在他们想进入的一个小市场内，并成为这个市场区间的专家和对供货方和客户来说有价值的中间商；或者批发商也可以在一个公司内从几种专业化批发业务，其中每一种业务面向一个不同的市场。

2. 一体化策略。许多批发商已全部买下他们所服务的零售商——多数食品批发商都拥有一些超级市场——或者建立或购进制造业务。利用这种策略，批发商可以得到受其控制和为其经营的供货方和客户。但更重要的是，这种策略可使批发商把某些活动和工作（如运输和贮存等）转移给分配渠道的其他成员，并使这些成员能够更有效地开展这些活动和工作。

3. 服务项目多样化策略。增加服务项目成为当前批发业务的一个趋势。

四、渠道竞争策略策划

销售渠道的竞争形势包括四种不同类型的竞争：水平竞争、混合竞争、垂直竞争和垂直市场营销系统。（1）水平竞争是指同一类型的渠道成员之间的竞争。在密集分销情况下水平竞争最强，而在独家分销情况下最弱；（2）混合竞争是指同一渠道层次的不同类型的渠道成员之间的竞争，当制造商为了扩大总销售额而通过不同的渠道成员来销售其产品和服务时，会发生混合竞争。混合竞争还包括通过新的渠道形式来销售产品和服务。混合竞争的两种形式是多渠道分销和双重分销；（3）垂直竞争指处于不同的通路层次的不同通路成员之间的竞争。一些垂直竞争源自垂直一体化。在前向垂直一体化中，制造商购买或建立自己的零售通路。在后向垂直一体化中，零售商购买或发展批发业务，批发商购买或发展制造业务，或者零售商购买或发展制造业务。

第三节　分销渠道选择策划

一、营销渠道选择与决策

选择营销渠道的目的，就是要使产品在从生产领域到消费领域的转移过程中，走最短的流通路线，经最少的流通环节，花最少的流通费用，及时把商品输送到消费者手中。为此，企业有四种渠道策略可以选择，包括直接营销渠道策略、广泛营销渠道策略、选择营销渠道策略和单一营销渠道策略。

渠道成员选择的决策过程可以分为：（1）考虑企业的渠道目标和渠道策略；（2）渠道成员的寻找；（3）渠道成员的评价；（4）渠道成员的确定；（5）渠道任务的分配；（6）渠道成员的保持。

二、渠道模式选择原则

（一）畅通高效的原则

任何正确的渠道决策都应符合物畅其流、经济高效的要求。商品的流通时间、流通速度、流通费用是衡量分销效率的重要标志。畅通的分销渠道应以消费者需求为导向，将产品尽快、尽早地通过最短的路线，以尽可能优惠的价格送达消费者方便购买的地点。畅通高效的分销渠道模式，不仅要让消费者在适当的地点、时间以合理的价格买到满意的商品，而且应努力提高企业的分销效率，争取降低分销费用，以尽可能低的分销成本，获得最大的经济效益，赢得竞争的时间和价格优势。

（二）覆盖适度的原则

不能一味强调降低分销成本，这样可能导致销售量下降、市场覆盖率不足的后果。成本的降低应是规模效应和速度效应的结果。在分销渠道模式的选择中，也应避免扩张过度、分布范围过宽过广，以免造成沟通和服务的困难，导致无法控制和管理目标市场。

（三）稳定可控的原则

企业的分销渠道模式一经确定，便需花费相当大的人力、物力、财力去建立和巩固，整个过程往往是复杂而缓慢的。所以，企业一般轻易不会更换渠道成员，更不会随意转换渠道模式。只有保持渠道的相对稳定，才能进一步提高渠道的效益。畅通有序、覆盖适度是分销渠道稳固的基础。

（四）协调平衡的原则

企业在选择、管理分销渠道时，不能只追求自身的效益最大化而忽略其他渠道成员的局部利益，应合理分配各个成员间的利益。

渠道成员之间的合作、冲突、竞争的关系，要求渠道的领导者对此有一定的控制能力——统一、协调、有效地引导渠道成员充分合作，鼓励渠道成员之间有益的竞争，减少冲突发生的可能性，解决矛盾，确保总体目标的实现。

（五）发挥优势的原则

企业在选择分销渠道模式时为了争取在竞争中处于优势地位，要注意发挥自己各个方面的优势，将分销渠道模式的设计与企业的产品策略、价格策略、促销策略结合起来，增强营销组合的整体优势。

三、分销渠道功能选择

选择将产品送到顾客手中的最佳渠道是一项具有战略意义的决策。分销渠道的基本目的是实现产品从生产者向消费者或用户的转移。为了实现这一目的，它必须承担如下功能：

1. 调研，为促进交换的实现收集有关的市场信息。
2. 促销，具有促销实力，并且能够开发和传播具有说服力的促销信息。
3. 联系，寻找和发现潜在的购买者，并与之沟通。
4. 适应，根据购买者的要求最终完成商品，使之适应消费者的用途。
5. 谈判，为实现所有权的转移，通过交涉就价格等条件达成一致。
6. 物流，运输和保管商品的能力。
7. 资金融通，筹措资金以支付渠道运营费用。
8. 承担风险，承担渠道运营中的风险。

上述功能中，前五项是为了达成交易，后三项是为了促使已达成的交易得以最终实现。

四、分销渠道类型选择

分销渠道的类型是多种多样的。包括直接渠道与间接渠道、长渠道与短渠道、宽渠道与窄渠道等。下面主要介绍“密集分销”、“选择分销”和“独家分销”的选择要点。

1. 密集分销。所谓密集分销，是指生产企业尽可能使用众多的中间商来销售自己企业的产品。这是一种开放式的分销渠道类型。适合于日用消费品和标准化程度较高的工业用品。其目的是尽可能多地扩大销售网点，使广大消费者及时而方便地购买到本企业的产品。

2. 选择分销。所谓选择分销，是指生产企业按一定的标准选择中间商，在某一地区仅仅通过若干个经过挑选的、合乎生产企业要求的中间商来销售自己企业的产品。一般而言，选择分销适用于任何一种商品，但相对而言选择分销更适宜于消费品中的选购品和特殊品。

3. 独家分销。所谓独家分销，是指生产企业在某一地区只选择一家中间商推销自己企业的产品。这是一种专属性的分销渠道类型。比较适合于高价格且又需要加强销售与技术服务的消费品和工业用品。

五、中间商模式选择

（一）代理制营销模式

1. 代理制的意义与类型。“商务代理”是指代理人受厂商的委托，在一定的区域范围或者权限内，以厂商的名义行使经济行为的经营模式。代理制的核心是把流通领域与生产企业之间商品购销的买断关系改变为代理关系。

代理制的基本类型有：（1）总代理与分代理；（2）独家代理与多家代理；（3）单层代理与多层代理；（4）商务代理与服务代理等。

2. 代理商的地位。代理商是社会分工深入的产物，它的主要功能包括：（1）可以弥补企业营销管理的缺陷；（2）可以降低商品促销费用；（3）可以规避经营风险；（4）可以塑造企业形象。

（二）直销制模式

直销制要求目标产品的分销体系更具有目的性与互补性，更能体现企业营销策略；要求企业对市场推广及控制必须具有直接手段。在结构上直销制要求其直接控制的分销网络具有清晰的主线结构并逐步形成排他性与一致性，使分销渠道带有明显的企业特征。在组织上通常要有意回避实力过强的经销商，对单一成员的推广能力不做过高要求，而是培养分销渠道的整体推广能力。此外，对营销资源的需求很高。

六、批发网络选择

1. 专业批发公司。适合批发关系国计民生的，且能够起主导作用的大商品。国有专业批发公司，其技术力量和经济实力都比较雄厚。这种公司进行大量采购，然后批发给零售商业。

2. 分销商。它介于零售商和生产者之间。通过它的联系，将更多的零售商和个体经销商的需要集中起来，再向生产商和采购商采取行动。

3. 总经销、总代理。它在一个地区对某种产品进行总经销，拥有在这个地区的销售权，它与生产部门有密切的关系。现在我国有很多大零售商都取得了某种产品的代理权，成为零售行业某一产品的总经销、总代理。

4. 批发市场。它是批发的载体，通过物业商建设一个批发市场，然后招商，来进行批发交易活动。市场有大有小，交易规模也有大有小。有专业批发市场、综合批发市场、农副产品批发市场。如温州的纽扣市场、吴江的纺织品市场、北京的电器市场、义乌的小商品市场、武汉的汉正街都是这种市场。

第四节　特许经营策划

一、特许经营概述

特许经营是一种现代营销业态，以其新颖独特的经营机制显现出强大生命力。

（一）特许经营的含义

我国学者一般认为，特许经营就是得到某特许法人承认的、以特许商品与服务为投资项目或者手段的经营模式。国际特许经营协会对特许经营的解释是：特许经营是特许者与被特许者之间的一种契约关系。根据契约，特许者向被特许者提供一种独特的商业经营特许权，并给予人员训练、组织结构、经营管理、商品采购等方面的指导与帮助，被特许者向特许者支付相应的费用。

（二）特许经营的内涵

特许经营涉及市场营销、企业行为与经济法律等一系列领域。主要包括：（1）品牌管理。可以进行特许经营的对象只能是品牌产品与品牌服务，比如快餐业的麦当劳。（2）营销观念。（3）契约关系。特许经营是严格按照契约规定来进行经营活动。（4）知识产权。特许经营是在约定的期限内使用特许人的商标、产品或经营技术，以及接受特许人提供的信息和培训等。（5）投资行为。特许经营可以在食品、快餐、汽车、服务、教育培训等产业进行投资。

（三）特许经营的特点

1. 特许经营是市场业态富有生命力的一种营销模式。许多世界名牌商品是靠“特许经营”方式推向中国市场的，比如欧米茄手表、锐步鞋、麦当劳、肯德基快餐等。

2. 特许经营是在许多国家一个行之有效的营销理念，被特许者通过特许经营可充分利用现有成功企业的各种优势来迅速创建自己的事业。如同“复印机”一样，出售特许权的人在不投入或少投入的情况下即可获得经济利益。对于被特许者来说，即使没有任何产品、任何经验，但只要加入了特许网络，就可以获得商标、商号、产品、专利和专有技术以及经营模式的使用权。

3. 特许经营是一种特殊形态的知识经济实践。因为它不仅是一种营销手段，更是在许可方无需进行资金投入的情况下开发利用其知识资源的一种方式。

二、特许经营规则

特许经营经过百年的发展，形成了比较规范的运行规则：

1. 契约规则。特许权人与专营人之间是一种契约关系。双方的权利义务在合同条款中有明确的规定，且双方都是有独立法律经济地位的企业。

2. 双赢规则。特许权人与专营人之间应该是贸易伙伴关系，可以在市场获得共同的利益。

3. 合作规则。特许权人与专营人之间是一种比较紧密的联盟关系。特许经营是一种建立在紧密的和不断发展的合作关系基础上的产品、服务、技术营销网络。特许权人和其各自的专营人有权利，也有义务根据特许权的概念经营业务。

4. 依存规则。特许权人和专营人在知识产权与资金的享有、利用方面具有互助互补的共生关系。特许权人欲在短时间内将产品打入一个广阔的范围，则非有巨额销售资金而不能，且面临很大的风险；专营人往往没有足够的经营经验和较好的商业信誉，产品难以进入市场。特许权人在知识产权方面的优势使两者以此为基石，在统一的规则约束下结合起来。

5. 控制规则。特许权人与专营人处于统一的营销网络体系之中。这主要体现在特许权人对专营人所施加的控制上。这些控制措施保证专营人对消费者提供或出售的服务或产品达到一定的标准。

6. 权利规则。特许经营是建立在特许权人一整套知识产权之上的，专营人在给付直接或间接的经济报酬后，有权使用特许权人的商号、商标、服务标记、技术秘密、经营和技术手段、工作程序制度及其他知识产权之一种或全部，并在经营期内得到特许权人在商业和技术上的不断帮助。

7. 形象规则。特许经营对特许权人有特殊的要求。特许权人只能是具有良好企业信誉和产品声誉的制造商或供应商。特别在供应商提供的产品不是自己所生产的情况下，其企业形象（包括商标、商号、店徽等）显得尤为重要。这是特许体系得以启动和维系的基础条件。

三、特许经营策划要点

1. 特许营销的吸引力，主要是特许权人深入地了解市场，进行产品的细分，针对不同的客户需求，提供最佳的方案、最适合的商品及服务。

2. 特许经营基本点在于：推广品牌、树立形象、统一价格、杜绝假冒伪劣、保证售后服务，以有效保护消费者利益，满足消费者需求。

3. 特许经营需要对现有资源进行优化组合，解决企业销售网络的重组问题，减少流通环节，并进而促进企业生产、流通、融资、物流配送、信息控制等方面的现代化、知识化进程。

4. 特许经营的核心在于"特"。一是所经营产品，应该是独一无二的特色产品；二是特许经营权是垄断性质的，一般为期三年，允许开若干个连锁店，交一笔加盟费，每增加一间，有的还另外追加若干加盟费。除此之外，有些品牌订合同时还要求收取月销售额2%左右的佣金。

四、特许经营策略设计

（一）特许经营常用策略

1. "借梯上楼"策略。早在1996年，麦当劳快餐店的数量就突破了1.5万家，并成为世界十大名牌之一。其成功的原因是多方面的，其中最重要之点是"借梯上楼"。麦当劳公司把一整套的快餐服务技术及店面标准系统出售给想加盟麦当劳的人，加盟者向麦当劳支付首期使用费60万美元，并按月销售额的3.5%交付服务费以及8.5%交付许可费。

2. "分销网络"策略。从早期的胜家缝纫机公司，到后来众多的汽车制造商和饮料公司，一般都采取建立全国的分销网络的做法，推行特许经营。

3. "经营模式"策略。肯德基公司是这方面的代表。加盟者购买的不仅仅是商品的销售权和商标使用权，而是整个商业模式的经营权，特许者要对被特许者在企业创建和经营运作方面给予支持和指导。

4. "品牌加盟"策略。主要是利用"品牌效应"开展特许经营。1993年全聚德集团成立后，开始探索用特许经营的方式发展分店，随后上海华联、联华、东来顺、马兰拉面等企业都快速地发展了特许加盟店。

5. "低成本扩张"策略。特许经营对于特许者来说是一本万利的事，即一个本钱（模范店或模范产品、服务、品牌）一万次地被利用，利用一次，赚一次钱，扩大一次规模，实现低成本扩张。富士胶卷公司在中国有2200家特许专洗店，北京一地就有200家。一家店支持1万元，共投入2200万元，使市场占有率保持在45%。可口可乐、麦当劳、伊藤洋华堂等都是低成本扩张的受益者。

（二）特许经营策略实施

1. 做好充分的准备工作。特许者必须准备下列材料：促销手册、初步披露文件、申请表格、特许经营协议（其中阐明特许者与受许者之间的法律关系并规定双方的权利和义务）、操作手册（说明特许经营业务的日常运作，包括适于该特许经营系统的强制性及建议性规范、标准、程序、政策和方法）。

2. 选择独特的经营模式，且这个模式是经过验证的成功经营模式。其主要标准包括：（1）独特的销售体系；（2）独树一帜的形象；（3）公认的品牌或商标；（4）有条不紊的成长和网络开发；（5）能够提供必要的培训、建议和帮助；（6）能够监督和推行系统形象、标准、程序；（7）能进行有效的沟通；（8）能在完全信任的基础上建立平衡、协调的关系；强有力的职业道德管理等。

肯德基特许经营商必须具备的条件有：（1）应该是真正的食品行业或服务业经营者，并拥有一定实力；（2）被授权经营一家正在营运之中的肯德基餐厅，这家餐厅的进入费最少为800万元人民币（不包括不动产的购买）；（3）特许经营协议的首次期限至少为10年；（4）在一个特许经营店开始时，所有的加盟伙伴在每一个新店必须支付美金3.5万元的特许经营初始费。持续经营的费用包括占总销售额6%的特许经营权使用费和占5%的广告分摊费用。这些费用、费率在特许经营合同签订之后10年不变；（5）参加一个内容广泛的培训项目。

麦当劳特许经营的基本条件有：只要首期交付60万美元的特许权使用费，并按月缴纳销售额的3.5%的服务费、8.5%的许可费，即可使用麦当劳的一切成果。

第五节　连锁经营营销策划

连锁经营的实质是把现代化大工业、大生产的组织原则应用于商品流通领域，以达到提高协调运作能力和规模效益的目的。它不仅是大流通最具代表性的组织形式，而且还广泛地存在于制造业、饮食业、金融业及其他服务业。

一、连锁经营业态定位设计

1. 进行经营方式变革。连锁店是指经营同类商品、使用统一商号的若干门店，在同一总部的管理下，采取统一采购或授予特许权等方式，实现规模效益的经营组织形式。

2. 建立科学的现代经营基础。具体包括：经营理念、CIS企业识别系统、商品组合服务、经营管理。其中，经营理念是经营方式、经营构想的依据。连锁经营理念完全着眼于消费者，从消费者的立场出发，给消费者提供“舒适的环境”、“便捷的服务”、“衷心的关怀”、“流行的消费”等。

3. 连锁经营的核心企业是连锁总部（总店或本部）。且连锁总部并不直接产生业绩，它只是为连锁分店而存在的。连锁总部是经营管理决策和为各分店提供后勤服务的单位，它本着“统一”的原则，围绕着销售这一中心环节，制定商品策略、价格策略、采购制度、配送制度、作业标准、工作流程等一系列规范。在这些统一的规范中最重要的是统一采购、统一配送、统一核算。将采购配送与零售经营分开，同时又实行统一的核算与管理，相互促进、相互制约，这正是连锁经营能够做到物美价廉，具有较强竞争优势的关键。

4. 摆脱小生产经营方式的局限性。这是连锁经营的指导思想。主要表现为：集中化的管理。即总部统一制定政策，集中控制商流、物流、信息流；各连锁店经理只进行操作；标准化的质量。即总部对产品开发、服务程序、店名店貌、企业精神、技术管理、教育培训进行标准化的设计、策划；专业化的分工。即按集约化、专业化要求采购、销售、送货、仓储，商品陈列、财务、公共关系、经营决策等各个环节都由专家负责。

5. 以规模经济利益为纽带。连锁经营是规模效益型经营。其基点就是“以小胜大，以多胜大”，其本质就是规模，它用“连锁”这一网络将成百上千家经营企业统一起来，形成集团军，具有成本优势、价格优势。通过集中、统一进货，不仅能够降低经营成本，而且有利于增强对货源渠道进行选择的能力，通过统一管理，实行标准化、规范化，不仅节省了管理费用，促进管理水平的提高，而且各店铺可以共享商誉、先进的经营管理技术，扩大和增强其社会影响力，能使各店铺均以最少的资源投入而发挥出更大的效益。

6. 实施“组合经营”，减少商业投资风险。据了解由于竞争激烈，美国新开张的企业大约有50%在5年里相继倒闭，采取连锁经营的在相同的时间里仅倒闭5%。

7. 注重流通体系的现代化。连锁经营联合的、大批量的购买，保证了生产过程的连续性，促进生产技术提高；同时连锁经营强大的社会网络，促进商流、物流、信息流可在全球流通与配置。

8. 注意约束企业市场行为。要营造公平、公开、公正的竞争环境，制止假冒伪劣、哄抬物价等行为。

二、连锁经营的基本模式

目前，人们普遍将连锁经营划分为正规连锁、特许连锁、自由连锁三种经营模式。

1. 正规连锁经营（Regular Chain），也称“自营连锁”。由总部直接投资或者控股进行经营，拥有完全的所有权、经营权的连锁经营模式。它在同一资本的企业经营系统中，设立总部和分店，在统一的经营方针下开展商业活动，充分利用自我服务方式提高销售效率，从经营的商品中获取一定的利益，以达到批量销售低价格商品的目的。其特点是：可以统一调动资金，统一经营战略，统一管理人事、采购、计划、广告等业务，以及统一开发和运用整体性经营活动。以大规模的资本同金融界、生产部门打交道；依靠功能集中化，可为经营提供重要的经济优势。其最大的弊端在于缺乏效率，因为各零售点并无决策权，因而在面临新的问题时，其反应时效常有迟延。再者，由于全部听命于总部，因而比较难以因地制宜，根据实际情况调整商品的结构及售价。

2. 特许连锁经营（Franchise Chain），也称“合同连锁”。它是将企业开发的专有商品、服务和营业系统（包括商标、商号等企业资源以及经营技术、营业场所、营业渠道）的经营权，以营业合同的形式授予加盟店的连锁经营模式。“加盟店对自己的店铺拥有所有权，但经营权集中在总部，并按销售额或毛利的一定比例向总部缴纳费用”。特许连锁的核心是特许权的转让，总部是转让方，加盟店是接受方。他们的联盟关系是通过总部与加盟店一对一地签订特许合同而形成的。特许连锁的所有权是分散的，经营权是集中的，各加盟店对自己的店铺拥有所有权，经营权则高度集中于总部，各加盟店之间没有横向联系，只与总部保持纵向联系；加盟店在特定期间、特定的销售区域内享有使用总部的商标、商号、产品或经营技术，从事经营活动。加盟店必须遵守契约规定；加盟连锁各店的特许合同一经确定，连锁店总部收取权利金、分享连锁店部分利润，也分担其部分费用。加盟店对于总部授予的权利和服务，以某种形式支付报偿。这种经营模式自由度更大。泰国的正大集团、美国的麦当劳即采用这种方式在世界范围开设分店。

3. 自由连锁经营（Voluntary Chain），也称“自愿加盟经营”。它是连锁分店以独立法人的身份，自愿加入连锁体系，保留单个资本所有权的连锁经营模式。主要特点是：各个店铺不仅独立核算、自负盈亏、人事自主安排，而且在经营品种、经营方式、经营策略上有很大的自主权。因而，这种连锁可以用“加盟”二字来概括。中小企业为了与大企业资本抗衡而联合，一般采用这种形式；大型连锁集团为了加大店面的覆盖率，也大量采用这种方式。自由连锁经营的优点在于总部投资少、发展快，能迅速取得经营上的规模经济效益，各加盟店除契约规定之外，有很大的自主权，以适应地区性的竞争环境，满足地区性的顾客要求。各加盟店利益直接，既能民主管理，又能从统一活动中带来整体优势和效益。通过遍布各地的加盟店信息网络，提高总部的决策能力和对市场的应变能力，加强了各分店的市场竞争力。其不足之处，在于总部缺乏对各加盟店的约束力，组织也不稳定，强调的是自愿联合，合同没有约束力，来去自由，也无罚款条例，不少加盟企业把“加盟”作为一种学习的机会，以取得经营经验，有了能力后就退出连锁组织。

三、连锁经营企业形象策划

世界上著名的连锁企业都是通过统一的企业形象的识别系统来构筑市场营销优势的。其中包括美国的“肯德基”、英国的“马狮集团”、香港的“7—11”方便连锁店等。

1. 运用视觉设计，将企业经营理念与精神文化等特色予以视觉化、规范化、系统化。

2. 塑造鲜明、独特、诚实可信的企业形象，取得消费者和社会公众对企业的信赖与支持。

3. 统一企业形象识别系统。工作重点是：统一的店铺装潢设计；统一的店号、商标和服务标记；统一的商品类别、规格和包装；统一的服务程序和标准；统一的店堂布局和陈列；统一的广告促销、营业设施和设备等。

4. 强化连锁经营的整分结合、集中与分散相统一的“协同效应”，提高企业的知名度。

5. 研究消费者的“注意力”，在商品、服务、环境等企业形象方面培养忠诚顾客。

6. 创造“无差别服务”氛围，让消费者在同一店名的连锁系统里享受到同样的服务。

四、连锁经营策略设计

1. 产品策略设计。（1）以相对低廉的价格占领市场，但低价不等于低质；（2）选择优质知名品牌，形成“品牌效应”，比如沃尔玛在深圳的山姆会员店在商品上实行“限制商品品种，精选高品质品牌”策略；（3）注意市场与消费者需求变化，及时调整产品结构；（4）实行“单品管理”，加快商品流转。比如麦德龙主要商品的周转期一般仅为 2～3 天；（5）经营时尚商品，以创新赢得市场。

2..价格策略设计。（1）采用渗透战略，提倡平价消费，比如沃尔玛的口号是“天天平价，物超所值”；（2）注重消费者的视觉效应和心理效应，科学运用定价艺术；（3）实施心理价格策略，培育消费者群体；（4）开展价格战，用低值易耗、需求量大、周转快、购买频率高的商品，作为“武器”；（5）采取“差别价格战略”，比如会员价、促销价、优惠价等等。

3. 促销策略设计。（1）选择最合适的促销组合，强调促销效益；（2）有针对性地进行店堂内广告招贴、店内展示的促销宣传；（3）向目标顾客定期寄送商品目录和特价商品信息；（4）选择广告媒体，注重广告效果。比如沃尔玛每月只做一次报纸广告，而在店堂内却铺天盖地地布满色彩鲜艳、形状各异的商品招贴、特价提示、赠品介绍等。

4. 卖场布局设计。（1）科学陈列商品，使卖场呈现良好营销氛围；（2）安排好卖场布局，吸引消费者；（3）"以人为本"，尽可能满足消费者的多样化需求。

五、连锁经营管理设计

（一）实行管理创新

连锁经营管理创新包括：（1）管理观念创新。由以商品为主的管理转向以人为主的管理。精简机构，竞争上岗，优胜劣汰。（2）管理制度创新。按照市场运行的客观要求、市场竞争状况、企业状况，对企业内部的购销制度、存货制度、财务制度、人事制度、激励制度、约束制度、监督制度等进行改革。（3）管理物质技术手段的创新，要尽量加大管理的物质技术手段的投入，建立电子计算机信息管理系统，实行电脑网络化管理，提高管理的现代化水平。（4）管理过程的创新。要强化对管理全过程的监督、控制和调整，使各项管理制度得到贯彻执行，确保管理工作落实到位。

（二）严格价格管理

据美国学者研究，连锁经营最重要的因素就是降低商品价格，不是个别商品，而是所有商品低价。低价的基础是连锁独特的经营及管理方式。（1）通过大量采购，获得较低采购价，通过低加价率，获得大量销售和高周转速度，从而降低流通费用率；（2）以经营需求量大、购买频繁，需求价格弹性较充分的商品为主；（3）由于通常直接从制造商处采购，减少了中介环节，从而减少了由于预测的错误、存货较多及重复推销导致的浪费，更有效地连接了厂生产与消费；（4）零售商品价格管理权限归总部，门店无定价、调价及变价权，这是连锁经营的基本准则之一。从一些连锁企业正常定价经验分析来看，"价格上限"要求价格总体水平必须比其他零售店低2%～5%；"价格下限"是确保分店有8%～10%差率（加工商品及少量特价商品除外）。超越上述条件的商品定价均会影响到企业的竞争能力和经营效益，必须采取措施进行调整；或者重新选择进货渠道，降低进货成本；或者转向经营其他同类商品。

（三）加强连锁经营协调管理

加强协调管理具体包括：（1）激发分店主管的职责，调动方方面面的积极性。（2）强化进货业务的控制。应有专人负责进货业务，对货品的品种、数量、质量、价格等要及时进行"把关"。并以规模销售为依托，对进货渠道进行取舍，越过中间环节直接向厂家进货，逐步扩大"总经销"、"总代理"商品进货比重。（3）注重成本费用管理。如上海华联超市在强化节约观念的基础上，将降低物料消耗和费用开支等控制指标分解至各店、各部门加以考核，效果显著。

（四）规范配送中心管理

配送中心是连锁店的核心物流机构，承担着各门店全部商品的进货、库存、分货、加工、配送及运输等各项物资活动。中心的运转状况直接决定了连锁企业的规模与业绩。总部可利用计算机采集到的分店销售、商品库存、分店销购需求、分店存货上下限等信息随时自动决定分店营销方案，使配送中心变被动送货为主动配货，提高配送中心配货的准确性、针对性和工作效率。

（五）强化计算机系统管理

计算机管理系统应从连锁总店入手，首先保证连锁总部进、销、存、配、批、结算等正常业务的进行，同时逐步对分店的经营情况加以控制。要实现商品信息电子化，每一种商品都应有相应的属性说明、特征描述以及产品照片。

第六节　超级市场营销策划

超级市场产生于美国。1930 年 8 月，美国商人迈克尔·库伦（Michael Cullen）在美国纽约州的长岛开设了第一家超级市场，名为“金库伦联合商店”，是全世界第一家超级市场。我国的超级市场出现于 20 世纪 80 年代中期，90 年代开始获得较快发展。由于这种“开架售货、拿取自如、便利实惠”的自选购物方式实现了“一次性购物”、“一站式购齐”的购物理念，因而激发了消费者极大的购买欲望，吸引了越来越多的消费者。

一、超级市场业态定位设计

（一）超级市场的业态定位

超级市场是指采用顾客自我服务的方式，经营日常生活必需品，实行薄利多销，一次结算的零售业态。我国国家内贸局发布的《零售业态分类规范意见（试行）》中作了如下表述：超级市场是指采取自选销售方式，以销售食品、生鲜食品、副食品和生活用品为主，满足顾客每日生活需求的零售业态。

（二）超级市场设计的规则

1. 区位规则。选址在城乡结合部、住宅区、交通要道等。在我国，大型超市随着城市规划建设和居民迁移的方向建店，已成为一种发展趋势。而在发达国家，更多的是选择城乡结合部、住宅区、交通要道等地建店。

2. 卖场规则。商店营业面积大，采取“仓储式”陈列，即大通道，高货架，或大量堆放式。

3. 商品规则。注重商品结构的调整，严格控制销售商品的种类。

4. 价格规则。大型超市的经营理念为：低毛利、高周转。一般商品毛利率在 10% 左右，其销售的商品价格比一般零售店的便宜 10% ~30% 左右。

5. 经营规则。在商品采购、进货方面，除著名品牌商品和主力商品由各店向总部定时提出要货品种、数量，并经总部有关部门汇总后向厂家统一采购、进货、结算外，其他商品由各店根据销售情况，自主采购，独立核算。

6. 服务规则。采取自选销售方式，实行开架自选，出口处统一结算，节约了面对面销售的人力资源，也避免了销售人员与顾客的矛盾。

二、超级市场经营模式设计

（一）超级市场经营模式设计的依据

1. 商品构成以食品为主，兼营日用百货、服装、鞋袜及其他杂货。

2. 实行顾客自我服务。

3. 薄利多销，商品周转速度快（美国超市净利润占零售额的比例约为1%～2%）。

4. 根据超市的规模大小，配备必要的停车场。

（二）超级市场经营的基本模式

1. 日本模式。以伊藤洋华堂等为代表，为生鲜超级市场和百货公司的结合，主体是百货公司。

2. 美国模式。以沃尔玛购物广场和易初莲花购物中心为代表，是生鲜超级市场和百货商店的结合，而主体是超级市场。

3. 欧洲模式。以家乐福为代表，是生鲜超级市场和折扣店（非食品的廉价商店）的结合。

4. 中国模式。以上海农工商超级市场为代表，在家乐福模式基础上，加上传统批发商业的模式，即“看样开单，当场配提货”。

（三）超级市场经营模式选择

1. 在外资企业还没进入的城市开设大型超级市场，特别是超大型综合超级市场。

2. 在人口为100万左右的中型城市开设中等规模（4000～6000平方米）的大型综合超级市场；在人口为20万左右的小型城市开设小型规模（2500～4000平方米）的大型综合超级市场。

3. 在空间区域上应该采取与竞争对手的等距离（5公里以外）发展战略，以免造成恶性竞争。

4. 不断开辟新型超级市场。比如图书超级市场、房地产超级市场、银行超级市场、建筑材料超级市场等。

（四）主题超级市场的设计

1. 主题超级市场的意义。主题超级市场是指销售多个品类但集中在一个主题商品的超级市场。在确定主题超级市场时，需要遵循全面市场调查、客观分析商圈、中心突出鲜明的原则进行。

2. 主题超级市场的“三个中心”：（1）信息传递中心。顾客对商品信息的需求往往是量大而繁杂的，超市则要进行搜集、分析和整理，并快速传导到不同的生产商；生产商在按信息订单安排生产的同时，也将其产品的品种、规格、质量、价格等信息传导给消费者。（2）商品配送中心。当消费者和生产者的信息直接沟通以后，所面临的就是实物供给和需求如何实现的问题。（3）网上购物中心。网络技术的普及，导致“虚拟超市”、“网上超市”与家庭办公室（Home Office）结伴而生。

三、超级市场营销策略设计

（一）超级市场基本营销策略

1. “商圈”定位策略。“商圈”就是以定位的店铺为中心，来店顾客八成以上来自周边的地区；交通条件为徒步10～20分钟，开车5分钟左右，周边1.3公里；普通超级市场商圈内最低人口为3.5万人，大型超市为5万～7万人。日本的“7—11”便利店就是根据这种原则测算的。

2. 销售对象定位策略。一般超级市场，以城市居民的家庭为主要销售对象。主要顾客是家庭主妇。因而，经营范围的选择要有比较强的针对性。

3. 信息化管理策略。超级市场实行计算机信息网管理，从订货、物流、货物配送，到店铺中货物陈列、销售、结算，全部实现信息化。

（二）超级市场营销策略设计要点

1. 设计个性化购物环境。店铺门面的装饰、橱窗的布置要特别注意时尚性、艺术性、吸引性。

2. 处处体现“以消费者为中心”的思想。各种商品的摆设，要方便顾客易选、易购；顾客接待、货品包装、货款收取要高效率。其中商品有两种展示方法：（1）动态展示；（2）量感展示，在视觉上使顾客感到商品丰富。

3. 注意商品结构。超级市场对商品进行“A、B、C”管理方法。其中A类商品，实行重点控制，定时定量采购，经常检查库存，适时进行调整；B类商品，实行一般控制，进行大类管理；C类商品，实行简单控制，固定采购数量。

4. 实施“阳光采购”原则。所谓“阳光采购”，就是告别“暗箱操作”，把商品采购的各个环节按一定的制度和程序运行。（1）决策透明化。透明的核心是将“隐蔽的权力公开化，集中的权力分散化”。（2）信息公开化。商品采购信息来源内部公开化，充分利用内联外通的信息网络，“价比三家”，择优采购。（3）监控程序化。即审核采购计划、审核价格、审核票据、检查质量。（4）管理制度化。

5. 确定商品群特色。商品群是超级市场经营的主力商品。操作步骤是：（1）界定商品群，即将同类商品细分化，如礼品群、熟食群、火锅料理群、日用品群等。（2）将商品概念化。如“礼品商品群”可分为“父母生日礼品”、“儿童节日礼品”、“情人节日礼品”等。（3）创新商品群组合架构，如将水产按烹调方法结合，蒸、烤、煮、涮、生食归类销售。

6. 快速进行商品淘汰。通常有4种淘汰法：（1）排行榜淘汰法。在一定的时段内确定商品销售排行榜，最后5%～10%为淘汰对象。（2）销售量淘汰法。适用于单价低的商品，在一定的时段内（如3个月）测定出一个基数（如250个），未达标准销售量的即为淘汰品。（3）销售额淘汰法。适用于主力商品。在一定的时段内（如3个月）测定出商品标准销售额（如3000元），达不到标准销售额的即可淘汰。（4）质量淘汰法。凡被技术监督局及卫生部门等单位宣布为不合格的商品，列为当然的淘汰品。

7. 实行“薄利多销、以量制价”价格策略。从顾客的角度来考虑商品的价值，并让顾客了解商品的价值。

第七节　仓储式商场营销策划

仓储式商场又称“货仓式销售”，在我国简称为“仓储商场”，最早起源于西方。自20世纪60年代首家仓储商场在荷兰创建以来，如今已遍布欧洲、美洲和亚洲等地。我国的首家仓储商场是广州的“广客隆”，1993年8月开业。与此同时，国外大型仓储（量贩）超市，如德国麦德龙（Motro）、法国家乐福（CarreFour）、美国山姆会员店（Sam's Culb）、易初莲花（Lotus）、荷兰万客隆（Makro）等相继进入中国市场，促进了仓储式商场的巨大发展。

一、仓储商场业态定位策划

（一）仓储商场的业态定位

1. 仓储商场的业态性质。仓储式商场指以经营生活资料为主的，储销一体、低价销售、提供有限服务的零售业态（其中有的采取会员制形式，只为会员服务）。其一般采用仓库式的建筑，内部装饰简陋，服务有限，主要出售家用电器、体育用品、服装衣料、汽车用品、家庭用品、室内用品、文具以及食品等。每种商品都有价格标签，顾客选中商品，即在门口付清价款，自行取货，自行运走。

2. 仓储式商场的业态特征。（1）以廉价吸引顾客。一般比超市、百货店价格低5%～20%；（2）流通成本低。由于采用仓库式建筑，简陋的装修，以及批量供货，因而大大降低了流通成本；（3）一般选址在地价较低的城乡结合部位，一般为1万平方米左右，设有大型停车场；（4）采取自选式及会员制式购物方式，消费者凭会员卡入内购物。商店定期向会员寄送商品信息资料。仓储式商场规模由几千平方米至几万平方米不等，商品采用组合式仓库货架式陈列；（5）现付自运，拒绝赊销；（6）连锁化规模经营，集约化管理；（7）批量销售为主，厂家直接支持。

（二）仓储商场营销策划要点

1. 核心问题。“两低两高”，即低成本、低毛利率、高销量、高效率管理。

2. 突出“价格低廉”。这是仓储式销售的“生命线”。

3. 商场地点大多位于次商业区或城乡结合部，既避免了与实力雄厚的大商场的直接正面竞争，又顺应了居民向城市外围扩展的趋势。

4. 商场规模巨大、商品品种繁多。美国超级市场学会就把“仓储商场”定义为销售在5000万美元以上，以会员俱乐部形式的购物商场，仓储营业面积不得低于1万平方米。

5. 所有商品标明价格，开架销售，顾客自选，从业人员少，节省了人工费用。

6. 商品以中低档为主，主要经营日常生活必需品、品种齐全、货物充足、便于顾客采购。

7. 会员制购物，实行市场定位的有限性，包括准入会员制、非准入会员制两种。

二、仓储商场营销特色策划

（一）仓储商场营销的基本特色

1. 区位特色。仓储式商场设在城乡结合部，既避开了主商业区，又保证了客流畅通。

2. 规模特色。仓储式销售的“低成本、低毛利、低价格”，是建立在一定的营业面积、仓储条件以及连锁经营的规模效益基础上的。

3. 品种齐全特色。品种齐全，货物充足，以方便消费者批量购买。

4. 规范经营特色。仓储式销售因实行直接从厂家进货，减少各种流通费用，降低成本。同时，又严把质量关，建立了健全内部管理机制，可以在保证质量的前提下，以较少的服务、较低的价格向顾客推销大量的商品。

（二）仓储商场营销特色策划要点

1. 体现特色经营，侧重经营各种食品、果蔬、家庭用品及少量服装。能满足消费者“一次性购足”的需要。

2. 培养自己的品牌。目前的仓储商场大都是“代销商”，场内销售的商品没有自己的品牌。但从长期发展的角度考虑，应该加强培养自己品牌的意识。

3. 要在“量贩”上下工夫。这个“量”，包括商品销售的“量”、营业收入的“量”以及连锁经营的“量”。

4. 培养“忠诚”顾客，即培育一个稳定的消费群。

5. 进行业态创新。如武汉中商徐东平价广场采用了仓储百货 + 百货 + 超市的综合型运作业态，效果相当好。

三、仓储商场营销技巧策划

（一）仓储商场营销基本技巧

1. “物美价廉”的心理技巧。追求物美价廉的消费在普通消费者中仍是主流。据《经济日报》调查显示，83%的消费者常去中低档商场购物。

2. “方便购买”的交易技巧。消费者可以自由选择，实现大批量购买。

3. “顺应潮流”的创新技巧。仓储式销售弥补了传统商业的不足，特别是从根本上改变了以往的“紧逼式服务”。

4. “快速营销”的效率技巧。通过商品条形码，记录商品的品种、价格等数据，实现了仓储式商场高效率运转。

（二）仓储商场营销技巧策划

1. 运用会员制度。牢牢地锁定小商店、小酒店、小服务业及机关、学校等企事业单位这些稳定的顾客群，不与大型综合超市争夺一般的“个体型”消费者。

2. 采取法人与个体会员制的仓储式超市。其目标顾客的重点仍应是法人会员。以法人为重点服务对象的目标市场定位策略，实际上就是坚持仓储式商场的批发配销的业态性质。

3. 在目标市场区域确定上，以交通便利为首要的选择目标，以高速公路为各目标市场之间的物流连接线，而不应仅以靠近居民区为第一选择目标。

4. 疏密结合的布店策略。仓储式商场现购自运的销售体制，决定了它的“商圈”范围要较其他类型的超市大得多，因此在不同区域的目标市场布店，采取店与店“商圈”的衔接，而不要交叉重复。在不同顾客数量的目标区域市场可采取多布店或少布店的策略。

四、仓储商场营销管理策划

1. 实施先进的管理手段。仓储商场大都采用了全面电脑化管理，建立了一套全方位的电脑操作系统，达到了经营、管理的自动化、现代化、高效化。电子信息技术在仓储商场各个环节全方位的运用，使商流、物流、资金流、信息流等畅通无阻。

2. 严格“进销分离”管理体制。(1) 促使采购部更好地发挥集中管理、规范运作的优势，从而提高了商品采购效率；(2) 卖场不负责采购，可专心于销售，促进了卖场管理水平的提高；(3) 有利于理顺厂商关系；(4) 通过建立一级核算的财务制度，使财务管理规范化、集中化，有利于明晰资金流向，严格的成本控制。

3. 合理调整商品布局。要为顾客提供低价格、高质量的市场珍品。大力发展生鲜经营，在增大“放心肉、放心菜”投量的基础上，发展牛、羊肉，家禽类、蛋类、水果、各种配菜，以及烤、卤制品，保证日供品种在几百种以上。同时，侧重经营文教娱乐用品、西式文化，如西餐饮食、西式食品等，以迎合本地区人的消费特点和习惯，从而带动其他商品的销售。

第八节　新型业态营销策划

新型业态一般是指适应经济全球化与知识经济而形成的市场形态，包括网络营销（见第十二章）、电视营销以及邮购、目录购货等等，其中以直销为主导。直销就是跨过中间环节直接把产品推向渠道终端和消费者见面的销售形式。

一、电视直销模式策划

电视直销产生于20世纪60年代的美国。最初，美国一些公司在商品推销座谈会上，经常插播商品录像带来介绍各自的商品，以便引起顾客对商品的兴趣，促进销售。由于反应强烈，零售商开始应用电视直销的创意。他们在纽约市推出“家庭购物俱乐部”电视节目，该节目向人们介绍产品，顾客用电话或信函订购，商家送货上门。1981年底，北京电视台率先开办了“电视商场”。1992年，广州成立了国内首家电视直销公司——至诚直销公司。同年8月28日，广州电视台为其开办电视直销。1996年，国际大型电视直销公司——“帝威斯”正式进入中国市场，1998年6月1日，中央电视台的电视购物节目也正式开播，这些都标志着中国电视直销业开始走向系统化、正规化。

（一）电视直销模式业态定位

1. 电视直销的基本模式。电视直销是无店铺销售的一种营销方式。它主要是以电视为媒介，激发顾客的消费欲望，通过直销公司实现消费服务。常有两种方式：一种是购物时段式，即电视直销公司买下电视台的时段，利用电视广告时段（一般为60秒~120秒），对一件产品进行富有说服力的描述和展示，消费者观看电视后选择好自己需要的商品，然后拨打免费购物电话，由公司将商品邮寄或直接送到顾客手中。另一种形式是家庭购物频道式，即把整个电视节目或整个频道都用来播放销售商品和服务的信息，电视观众只需将电视频道转至家庭购物频道上，即可24小时收视直销节目，一般在节目播放过程中有很多降价或拍卖商品的机会，观众可立即拨打电话进行订购。由于可以通过结合电脑、有线电视及电话系统等现代先进的科技手段，形成顺畅广阔的营销网络。

2. 电视直销的营销定位。(1) 促销科技含量高或构思新奇的产品。(2) 直接为知识经济服务。电视直销能够较详细地介绍新产品的原理、基本功能，并演示其使用过程，使人们了解熟悉它，从而激发消费者购买的兴趣。有资料表明，国外的高科技产品一般都先以电视直销介绍两三个月，再到市场推广。(3) 有利于巩固新产品的市场地位、相对延长产品的生命周期。(4) 便利消费者购物。(5) 能够最大限度地杜绝假冒商品。

(二) 电视直销模式营销策划

中国人口众多，近3亿户电视家庭，5000万有线电视收视家庭，电视直销的需求潜力极大。

1. 商品定位策划。(1) 合适的商品。一般适合电视直销的商品有健身器材、传真机、多媒体、电脑、唱片、软件、化妆品、净水器、帐篷、电子词典等；(2) 良好的质量。必须坚持质量第一的标准，实施商品质量检验制度；(3) 优秀的服务。提高商誉和知名度，加强服务。

2. 价格定位策划。电视直销可以瞄准两个市场：(1) 高端市场。高级公寓、写字楼、酒店、休闲娱乐场所的大量出现，急需大量高档办公用品、汽车用品、健身器材等。(2) 大众化消费。注意薄利多销和工薪消费阶层。

3. 媒体运作策划。(1) 目前电视直销节目的播放方式仅为购物时段式。购物时段式在杂志、书籍、小型家用电器、录音机、磁带、唱片、收藏品等产品中效果较好；(2) 分析成本和利润，利用黄金时段；(3) 与有线电视台合作，开辟专门的购物频道以扩大市场，而有线电视台也可凭借自身优势组建自己的直销公司；(4) 电视直销的节目制作应该独特、有吸引力和文化内涵。

二、邮购经营模式策划

20世纪90年代以来，随着邮政、电信、电子产品业的发展，邮购业开始进入中国市场。人们坐在家中翻阅产品目录，或通过电话，或通过邮局便可安享坐在家中购物的乐趣。

(一) 邮购经营基本模式

一般而言，邮购销售的对象有：(1) 单独的消费者。(2) 企业。企业的邮购业务倾向于集中在办公室和计算机设备、办公用品等；面向单独消费者的邮购业务则倾向于销售一般商品、特产商品或季节性很强的商品。作为较大的直接营销产业，邮购销售包括：邮寄销售、电话销售、电视销售和电脑销售。

(二) 邮购经营模式的竞争优势

1. 降低成本。邮购业最初的启动成本比较低，无需陈列商品的设备且无需交通发达的零售地点。

2. 更低的价格。相对于商店的销售价格，邮购零售商可以在相同的产品上保持较低价格。

3. 更大的市场。相对传统的固定商店来讲，邮购公司可以更高效地实现更大地理范围的市场以及更有效地运用直接邮购销售。

4. 便利。直接邮购提供了一个更方便的购物渠道。

5. 免税。顾客可以根据目录从不在顾客本国经营的公司购买产品而合法地免税。

6. 额外销售。以商店为基地的零售商可以通过改变现有产品的供应而无需额外开辟铺面的邮购技术来加强其正常的业务来扩张其地理意义上的市场。

7. 目标市场营销。邮购技术可以被调整以适应每个市场部分，现在新技术可以根据特殊家庭需要而定制每个产品目录和邮购产品。

三、目录销售模式策划

（一）目录销售模式业态定位

目录销售英文是“Catalog Sale”。它是消费者通过查阅“目录购物商场”定期发行的购物目录，拨打“商场”商务中心的电话订购，再由专业快递公司提供快捷优质的送货上门服务，消费者经过验货甚至试用之后付款的购物方式。目录销售于20世纪50年代在经济发达国家兴起。如今已成为国际社会比较流行的新型商业形式。

（二）目录销售模式的竞争优势

1. 在家购物，便利快捷。

2. 品种齐全，相互衬托。在琳琅满目的目录购物商品中，不仅有生活必需品，也有来自国外的各种精品。商品与商品之间相互衬托，大大增加了不同层次消费者的选择余地。

3. 查看仔细，挑选满意。定期发行的购物目录配有彩色照片、详细文字介绍，增加了消费者对商品的了解和感官效果。

4. 直观方便，服务周到。送货人员将订购的商品送达后，消费者拥有7天的冷静期，如果不满意，可以将商品退回设立在各大商厦的客户服务柜台。

（三）目录销售模式营销技巧策划

1. 提高商品展示时间。根据市场调查结果，每个进入大型商厦的消费者对成千上万件商品看到的机会仅有1/12730，在每一件商品前停留的时间仅有十几秒钟。而销售目录在消费者手中可以停留几个月甚至更长的时间，他们可以仔细地了解每一件商品。

2. 增加商品购买的或然率。消费心理学认为：消费者对商品的需求存在相当大程度的随机因素，由于销售目录长时间地停留在消费者手中，因此，增加了消费者的或然购买率。

3. 提高信息覆盖率。据专家预计，理论上目录销售可有2.5亿的人口覆盖率，这是任何一家大型商场不能相比的数字。

4. 注意规避商业风险。目录销售商与生产商、代理商的合作采用直接销售方式，避免了生产商和代理商的多环节经营风险。

5. 节省销售费用。广告宣传、店面促销、POP、店面宣传统统合成为目录制作成本，节省了市场销售费用。

6. 增加资金周转。目录销售采用一次性买断方式与生产厂商结算，提货付款，一次结清，没有欠款，没有呆账，没有三角债，不占压资金，生产商不承担商业风险。

策 划 训 练

策划读点：百事可乐的分销策略

百事可乐的分销策略包括：（1）从特许经营向所有权投资的转变。传统的方法是，饮料厂从百事可乐公司得到特许授权后，再向百事可乐公司购买浓缩糖浆，经生产加工后，装入一定容积的瓶子运往零售店出售给顾客。这种方法操作方便，使百事可乐的供应范围扩大；（2）特色销售实施体系。把百事可乐置于任何消费者唾手可得的地方，是其对所有饮料厂制定的市场竞争的最基本目标。为了达到这一最基本的目标，百事可乐建立了一套完整的销售实施体系，其销售实施工作的具体目标是：扩大销售网点，通过增加零售点，增加销售量，提高自己品牌的知名度，也方便了广大消费者。①

策划方法训练：权威证言方法

证言式广告策划，是以第三者的角度，证明强调企业或产品的优势，赢得消费者信赖。如用名人或消费者做推荐，亲切自然，较容易打动消费者。当然在运用“权威证言”创作时要注意“证言”的真实，绝对不能有虚假成分，否则将弄巧成拙。

训练建议：分析该方法在世界市场的应用情况；应用该方法进行市场策划。

营销策划平台

企业资料概要	策划项目
凤凰卫视控股有限公司于2000年6月30日在香港创业板挂牌上市。自凤凰卫视中文台于1996年3月31日开播以来，凤凰卫视致力于为全世界华人提供高质素的华语电视节目，成功的扩展策略令凤凰卫视由单一频道发展为多频道的平台。到目前为止，凤凰卫视拥有中文台、电影台、资讯台、欧洲台、美洲台5个24小时播出频道。凤凰卫视通过亚洲三号S. EUROBIRD卫星、DIRECTV、ECHOSTAR卫星直播平台，已覆盖了亚、欧、北美、北非等95个国家和地区，在香港也进入了有线电视和NowTV宽频网，成为公认的在全球最有影响力的华语媒体之一。公司创造了一系列华语电视节目的首例：36小时全球新闻直播——“9·11”事件；20小时两岸三地直播——生命20小时；口语式新闻直播栏目——凤凰早班车；中国首个脱口秀节目——锵锵三人行；首个纯文化演讲节目——世纪大讲堂；最前卫的青春影像栏目——DV新世代；中国首个时事评论栏目——时事开讲；最受欢迎的人物访问节目——鲁豫有约……	理念策划 形象策划 产品策划 广告策划 促销策划 其他策划

① 世界品牌研究室主编：《世界品牌100强——品牌制造》，中国电影出版社2004年版，第15页。

第十章 DISHIZHANG

广告营销策划

“黑色是美丽，红色是奔放，蓝色是酷”

这是一则柯尼卡彩色外壳相机的广告。一眼望去，就给人以一种强烈的色彩视觉冲击。以黑白为背景的整幅画面，突出了黄、蓝、红三种色彩的鲜艳。与底色的强烈反差，正是该广告所要表现的主题。在这则广告中，我们看到的是鲜黄色的太阳镜、嘴唇、口红。这是我们从来没有看到过，也没有想到过的。虽然，这位女郎的打扮过于夸张，但是看到这样的画面的确让人眼前一亮。柯尼卡不只有黑色相机，还有红色、蓝色的时尚色彩。在画面上的三架相机旁，分别写着：“黑色是美丽，红色是奔放，蓝色是酷。”这三句广告语突出了三种颜色的相机各自不同个性色彩。在追求个性化的今天，这样的广告正符合了现代人的品位。①

第一节　营销广告策划概述

广告是由广告主通过付费方式发起的，对于创意、商品、服务或企业而进行的宣传行为。一般认为，广告策划这一营销广告行为，是英国伦敦波利特广告公司创始人斯坦利·波利特于20世纪60年代首次提出的。通过策划，使广告比较准确地融合经营者的观念、产品的特性、消费者的需求与市场的卖点，赋予广告巨大的生命力。

一、广告与广告策划的特征

（一）广告的含义

在日常生活中，广告一般有广义和狭义之分。广义广告包括不以营利为目的的广告，这类广告主要包括政府公告，政党、文化教育团体、宗教团体等的启示、声明，以及防止空气污染、美化公共环境、促进公共福利等方面的社会公益性广告，一般由各种广告媒介单位免费提供广告的空间和时间，创作人员免费提供广告的设计和制作。狭义广告是指营利性的经济广告，即商业广告。在现实生活中，绝大多数人所理解的广告实为经济广告。

我国广告法中所指的广告是指商品经营者或者服务提供者承担费用，通过一定媒介和形

① 周立公、聂永有：《中外广告精品赏析》，中国财政经济出版社2002年版，第170页。

式直接或间接地介绍自己所推销的商品或者所提供服务的商业广告。

（二）广告要素

对于一则具体的广告，具有以下一些基本要素：

1. 广告主。即进行广告者，包括提出发布广告的企业、团体或个人，如工厂、商店、饭店、公司、个体生产者等。

2. 广告信息。广告的主要内容，包括商品信息、劳务信息、观念信息等。

3. 广告媒介。即传播信息的中介物。具体形式有报纸、杂志、广播、电视等。

4. 广告费用。即从事广告活动所需付出的费用。包括服务费、设计制作费、发布费等。

5. 广告代理商。代理广告主广告业务的一种专业性组织。是广告运动的核心，包括广告公司、制作公司、调查公司等组织。

6. 广告受众。广告信息的接收者就是广告受众，包括终端消费者、经销商以及下游客户。广告受众是广告活动的终点所在，广告成功与否，最终要看消费者的反应。

（三）广告策划的特征

广告策划作为科学广告活动的中心环节，是广告公司业务运作的重要环节，是广告运作科学化、规范化的重要标志之一。

1. 广告策划是一种事前的谋划。它是在广告活动开始之前根据企业的目标和使命，对未来的活动以及广告主的重大资源进行调配的整体计划，预先决定该做什么、何时做、怎么做、谁来做、花多少经费做、做成什么结果等。

2. 广告策划具有明确的目的性。广告策划起始于广告目标的选择，根据制定的策略，最终达到既定的目标。

3. 广告策划是发挥创造力的过程。广告策划是广告运作的主体部分，同时它也是一项运用智谋进行创造性思维的活动。在这个活动过程中，需要相关人员发挥创造力、发现新问题、提出新创意、创造性地解决问题。

4. 广告策划是一种集体性工作。广告策划涉及广告运作的各个环节，进行一项广告策划，往往需要成立策划小组，集合各方面的人才和智慧，协同运作。因此，广告策划常常被称为小组性工作（Team Work），是广告运作中涉及面最广、规模最大的环节。

5. 广告策划具有程序化的特点。广告策划是一个动态连续的过程，具有一定的目的性，是在策划人员的统一协调下，遵从一定的策划流程，系统、客观、有序地进行科学运作。

二、广告策划的内容、程序与人员构成

（一）广告策划的内容、程序

1. 确定广告目标。广告目标是指广告活动所要达到的目的，它是由企业的营销目标决定的。

2. 明确广告对象。广告对象又称目标受众，是广告信息的传播对象，即广告信息的接收者。广告对象的确定，是广告策划项目中最重要、最基本的决策之一。

3. 提炼广告主题。广告主题是广告的中心思想和灵魂，是广告活动为达到某项目的所要说明和传播的最基本的观念。它统率广告作品的创意、文案、形象等要素，把广告各要素组合为一个完整的广告作品。

4. 制定广告战略。一般包括三方面内容：（1）整体思想的确立，例如“以人为本”的

思想、可持续发展思想、经济全球化思想等；（2）广告战略的目标与重点，包括市场目标、形象目标、利益目标、品牌目标等；（3）广告战略方案的设计与实施。广告战略思想的确立是广告战略策划的基础，广告目标的制定是广告战略策划的核心，对内外环境进行分析是广告战略策划的前提，明确广告战略策划任务是广告战略策划的条件，而广告战略设计则是广告战略策划的关键。

5. 编制广告预算。预算活动经费是提高广告宣传活动经济效益和工作水平的重要保证。按照广告宣传目标和活动方案所需的费用分成若干项目，列出经费清单，准确地预算出单项活动和全年活动的成本，有利于企业统筹安排、事后核对和考查效绩。广告宣传经费的预算主要是指项目开支预算，即企业开展某项广告宣传活动所需的经费。预算年度广告宣传项目开支时，除了推算出计划方案中各项活动费用外，还要事先设置应付突发事件的广告宣传活动开支，从资金上保证广告宣传工作的应变能力。

6. 进行广告效果评估。主要是运用科学的方法来鉴定所做广告的效益。广告效益包括三方面：一是广告的经济效益，指广告促进商品或服务销售的程度和企业的产值、利税等经济指标增长的程度；二是广告的心理效益，指消费者对所做广告的心理认同程度和购买意向，购买频率；三是广告的社会效益，指广告是否符合社会公德，是否寓教于销。

（二）广告策划人员构成

广告策划小组一般由以下几类人员组成：（1）业务经理；（2）策划人员；（3）文案创作人员；（4）美术指导和设计人员；（5）摄影人员；（6）市场调查员；（7）媒体联络人员；（8）公共关系人员，负责公共活动的组织和执行，协调与有关方面的公共关系，以获得支持和帮助，而且要求能提出公共关系建议。

三、广告策划思想

（一）广告策划思想要点

1. 广告是一项以广告活动为纽带、以营销策划为轴心、以市场经济为舞台、以塑造品牌形象为目标的现代经济运作形式。广告产业具有知识密集、技术密集、智能密集的特性，在沟通市场经济信息、指导生产与经营、促进商业营销繁荣、培育科学的消费方式、发展商业文化和社会大众文化诸方面，具有特殊的功效。

2. 广告的本质是信息。信息是物质的一种普遍属性，是事物运动的状态和方式；信息是人和物质的精神实体的特性；信息泛指情报、消息、指令、数据、信号等有关周围环境的认识，等等。而广告策划的信息就是在市场上传播并希望消费者关注的产品和服务的内容。

3. 广告策划的出发点是针对特定的消费者，运用心理与生理、感官与理智、直接与间接、近期效用与未来收益的种种广告手段，解答消费者迫切需要解决、了解、关心和感兴趣的问题，以充分调动他们的需求欲望。因此，策划的目的性就要求通过策划，围绕某一活动的目的性特征这个中心，努力将各个要素、各项工作由无序转化为有序，由模糊变成清晰，从而使该活动顺利圆满地完成，并且更具针对性。

4. 广告策划要处理好与市场、产品、价格、渠道等各项策略的关系。市场、产品、价格、渠道是广告策划的基础和前提。没有适当的目标市场，广告就失去了广告对象；没有适当的广告对象，广告就缺乏宣传的主体；没有适当的价格，广告就没有价值；没有适当的渠道，广告就不明确应涉足的区域。广告策划必须与适当的目标市场、适当的产品、适当的价格、适当的渠道相匹配、相适应。

（二）广告策划的思想特点

1. 全局性。广告策划思想是在一定时期内从宏观上对全局性的广告活动、目标、原则的运筹与谋划，因此具有明显的全局性。广告策划的全局性主要体现在以下两个方面：(1) 服务于企业营销战略；(2) 着眼于广告活动全部环节。

2. 指导性。广告策划思想是对整个广告活动过程的统筹和谋划，对广告过程中的各个具体环节都有指导意义。

3. 竞争性。广告活动是商品经济的产物，商品经济的显著特征之一就是竞争。作为市场竞争产物的广告活动，在广告思想的确定中，必须考虑到企业、产品、市场等方面的竞争因素。广告策划思想要针对主要竞争对手的广告意图，制定出符合实际情况的抗衡对策。

4. 目标性。广告活动具有明确的目标。广告策划思想要解决广告活动中的主要矛盾，保证广告目标的实现。因此，广告策划思想要围绕广告目标这一中心来进行。

5. 变异性。广告策划思想的变异性，主要是指广告战术策划的变异性，虽然说广告策划思想必须具有相对的稳定性，才能保证在策划期限内广告活动方向的正确性和目标的明确性，但是广告战术则必须具有非常强烈的适应性，具有一定的弹性和灵活性。

四、广告策划主题

（一）广告主题的含义

广告主题是广告策划者向受传者诉求的“卖点”。主题设计应该从不同的角度表达策划人的意图，以获取最佳效果。(1) 强调企业与消费者的关系。或者是站在消费者立场上为消费者着想，比如，日本“味之素”：美味生活，快乐享受；“日本烟草”：让您有更多的享受时间。(2) 表明企业对消费者的承诺。比如：“松下电器”：精神享受的先进技术——人类电子。(3) 企业宣言。比如，IBM：与社会共存，明确地表达了企业的整体目标。(4) 强调企业的社会责任。比如，佳能：为求人类共荣，做全球企业公民。(5) 传递优秀的创意。在“万宝路”的广告中，广告主题是“万宝路——男子汉的香烟”，核心概念是“男子汉”，创意中运用一切可以运用的手段来刻画和加强这一形象，给人留下难以磨灭的印象。

（二）广告主题策划原则

1. 真实性原则。所谓真实，是指符合实际和现状。广告策划的真实性是指广告策划的内容必须以事实为基础，是对客观实际的准确把握和真实反映。真实是广告的生命，也是广告策划的首要原则。我国自 1982 年起，即颁发了《广告管理暂行条例》，1987 年又正式颁发了《广告管理条例》。国家工商行政管理局也于 1988 年颁发了《广告管理条例施行细则》，这些条例与细则都明确规定：“广告内容必须清晰明白，实事求是，不得以任何形式弄虚作假，蒙蔽或欺骗用户和消费者。”

2. 信息量原则。广告作为一种信息广告活动，必须要向消费者传递一定的信息。而广告主题设计要对信息的流程和流量进行有效的控制和引导。从广告前期的调查活动、广告内容的创作，到媒体的选择和发布频次，都必须要进行合理的科学的设计和编排。广告策划必须遵循信息量原则，才能充分体现策划活动的巨大魅力。

3. 针对性原则。广告主题设计的流程是相对固定的，但广告策划的对象却千差万别。

因此，广告主题的差异性必须充分体现。针对性是保证广告策划具有个性特色的一个重要原则。

4. 心理原则。广告界有句名言："科学的广告依照的是心理学法则。"因为从广告作用于消费者的全过程来看，消费者接受广告信息，要经历引起注意—激发兴趣—刺激欲望—加强记忆—诱发购买五个阶段。这五个阶段反映出消费者购物时的心理活动过程。因此，广告策划时必须遵循消费者的这一心理活动规律。

5. 法律道德原则。首先，广告策划必须重视社会公共利益，维护民族尊严，不能策划出具有反动、淫秽、丑恶、迷信等内容的广告作品；不能违反国家保密规定；不能用不正当手段贬低竞争对手，抬高自己，以诱惑消费者；不能做虚假广告以损害消费者的利益等。其次，广告策划必须遵循伦理道德原则，不能违背人们的价值观念、宗教信仰、图腾禁忌、风俗习惯等。

（三）广告主题设计要点

1. 加大广告主题的文化含量。一般来说，广告本身就是一种文化现象。但是，广告之间存在着文化含量的差别。因此，广告策划人要进入广告诉求对象的文化角色，设身处地地考虑诉求对象对广告信息的感知方式、兴趣点、心理反应等。经过一番感同身受的心理历程，广告的创意往往会有意外的惊喜。

2. 深入进行广告主题研究。世界市场上的品牌广告，如可口可乐、麦当劳、索尼电器、丰田汽车等，这些近乎完美的营销广告，都是科学的广告主题研究的结果。

3. 跟踪消费者的消费者行为。如：食品广告——既要了解不同地域居民的饮食习惯、饮食结构，又要了解不同年龄层次的消费者在饮食上的特点，还要了解消费者的经济收入情况。汽车广告——既要了解汽车各方面性能的专业知识，又要了解发布广告城市的道路、停车、燃料价格等系列情况。

4. 克服跨文化广告障碍。由于人们对于广告主题理解的差异，在市场国际化的条件下，广告策划人在创作过程中要对广告诉求对象所处的文化背景有充分的了解，学会欣赏、借鉴别人文化中一切有益的东西，兼收并蓄。

5. 坚持广告主题的质量标准。市场是检验广告质量的唯一标准。美国宝洁公司广告在表现产品主题时，从文案创意到制作完成，都要经过4次公众测试，一旦消费者在看广告样片时提出异议，花费再多的广告片也会重新制作。

6. 体现广告主题的个性。进行广告策划时，许多企业都表现出一种倾向：广告诉求对象最好面面俱到，老少咸宜，每一个人都喜欢，这种心理容易使品牌落入一个完全丧失个性的境地。

（四）广告主题设计技巧

1. 鲜明地体现广告主题。大多数的广告受众在无意识的活动中，总是先看广告标题，然后再接受广告内容。在这样的情况下，广告主题的设计就要有两手准备，尽量运用主题的魅力将广告受众的兴趣和视线抓住，同时也要考虑到由于各种不同因素造成的不关心广告内容的现象。

2. 正确选择目标受众。突出广告的中心内容，来使目标受众对其产生注意，从而也达到了选择目标受众的目的。例如："美的空调，美的享受"，就可以使打算选购空调的目标受众产生注意。

3. 制造“广告卖点”，引诱目标受众注意。

4. 科学表达概念。通过有创意的设计，让目标受众接受广告概念。例如：“天上彩虹，人间长虹”（长虹牌电视机广告），“威力洗衣机，献给母亲的爱”、“人人求长寿，长寿505”（505 神功元气袋广告）。

5. 承诺消费者利益。通过广告传达产品能够给消费者的利益和应用。例如：“牙齿更干净，味道更清凉”（黑人牙膏广告）；“味道好极了”（雀巢咖啡）。

6. 提供新知识、新技术。把新产品或产品改良后的新特性，例如新的用途、新的功能、新的技术、新的原材料、新的包装等消息告诉目标受众。例如：“从 12 月 23 日起，大西洋将缩短 20%”，这是以色列航空公司的一则报纸广告，曾经被评为世界最优秀广告。其广告内容是说从 12 月 23 日开始，以色列航空公司飞越大西洋航线的飞机全部换用新式喷气客机，其速度比原来要快 20%。

第二节　广告策略策划

广告宣传要引起消费者的注意，就必须进行策略策划，使其富有吸引力、形象力与号召力。广告活动中的各个部门、各个环节及各种产品与服务都会具有相应的广告策略，决定了广告策略策划具有多样性；由于表现形式的不同，广告策略策划要有较大的灵活性。面对世界市场的技术发展、价格演变、产品开发、媒体宣传等情况的变化，广告策略策划应该在不违背广告战略的前提下，进行相应的调整、变动，以保证广告战略的实施。

一、广告策略策划概述

广告策略策划是对广告活动中的策略与运行模式进行的商业化、科学化谋划。广告策略已成为企业广告活动成功与否的关键，成为企业参与竞争、开拓市场、促进销售的有力武器。同样的市场环境，同样的产品，策划与实施不同的广告策略，效果是大不一样的。在当今的市场形势下，要求企业必须灵活多变地运用广告策略，才能推广市场和取得预期的效果。比如，力士香皂的影响，在一定程度上来自广告策略的科学策划——国际著名影星娜塔莎·金斯基的广告语：“我只用‘力士’。”这句广告词简练而又直接，具有强烈、迅速的感染和号召力。

1. 广告策略策划是知识经济时代的必然要求。在比较长的时间内，人们一般习惯使用“三大策略”，即“无差别市场广告策略”、“差别市场广告策略”、“集中市场广告策略”。然而，知识经济大大丰富了国际市场的广告策略，比如网络化广告策略、多元化广告策略、人本化广告策略，就强化了广告策略体系。同时，广告策略也是随着市场的进步而不断创新的，广告策略策划实际就是进行广告策略的创新。

2. 广告策略策划是寻找新的经济增长点的需要。广告策略是为企业发展服务的。比如，摩托罗拉公司就是通过广告策略策划寻找到新的市场增长点。1997 年 5 月，上海《新民晚报》陆续刊出了这样的广告：“这些日子，我们时刻准备为你欢呼！”（正文：因为我们理解寻找工作的毕业生心里的那份期待；因为我们明白每一次呼叫都意味着人生路上的一个机会。）“这些日子，我们为你日夜守候!”（正文：因为我们理解寻找工作的毕业生心里的忐忑不安；因为我们明白每一次呼叫都意味着人生路上的一个机会）。两则广告从感情诉求出发，把自己的目标市场转向了大学生；而大学生不仅是巨大的潜在需求者，而且还是新市场潜在的消费者。

3. 广告策略策划是实施经济全球化的需要。世界的广告市场是广阔的，广告策略的范畴也是广阔的。进行广告策略的多样化策划正是跨国公司的基本手段。比如，风靡全球的嘉士伯啤酒的目标市场深入到世界大部分国家与地区，其广告策略策划也是独具匠心：在俄罗斯的广告中，嘉士伯的酒瓶由大到小，由高到低一字形排开；在意大利的广告中，嘉士伯的酒瓶略略倾斜，瓶底是由瓶盖儿垫着；在澳大利亚的广告中，嘉士伯酒瓶被彻底倒了过来；在列支敦士登的广告中，嘉士伯酒瓶小得出奇……所有这些，广告策划人面对的是世界市场的多样化广告策略需要。

（二）广告策略策划内容

1. 目标市场广告策略策划。主要包括：市场渗透广告策略策划；市场开发广告策略策划；无差异广告策略策划；差异市场广告策略策划；密集性市场广告策略策划。

2. 产品广告策略策划。主要包括：（1）产品生命周期广告策略策划（引入期广告策略策划、成长期广告策略策划、成熟期广告策略策划、衰退期广告策略策划）；（2）产品知名度策略策划（所谓知名度，即指产品在消费者心中的地位或指消费者对产品质量的信赖程度和人数的多寡）；（3）产品差别化广告策略；（4）产品系列化广告策略（产品系列化是企业对同类型产品进行分档排列，组合成系列所采用的策略）。

3. 企业形象广告策略策划。主要包括：企业文化广告策划；企业战略广告策划；企业服务广告策划；企业公益性广告策划等。

（三）广告策略策划要点

1. USP 广告策略的应用。USP 是 Unique Selling Proposition 的英文缩写，指在广告宣传中，利用本产品与其他产品相比所具有的独特地方进行宣传。应用中应该注意：广告主题需包括一个产品具体的好处与效用；广告所宣传的主题必须是独一无二的，并且是能够感动用户，使之产生共鸣的；必须能够推动产品的销售，能够影响消费者的购买决策。

2. 树立品牌形象。世界广告权威奥格威认为：一个产品如同一个人，也应该有自己的形象，这个形象是由广告策划者根据产品特征、消费对象和审美情趣策划出来的。这个形象就是产品的特性，广告所推销的正是这种策划出的形象。品牌形象在食品、化妆品、体育用品、汽车、服装、饮料等商品有特别的宣传功能。

3. 严格实践承诺性广告。市场经济是信誉经济。承诺策略是指广告主在广告宣传中向消费者表示的一种许诺或某种保证。（1）承诺的构件是：承诺必须由受约人提出；承诺必须在产品的有效期内进行；承诺要与产品或劳务的水平相一致；（2）承诺的内容构成包括：功能性承诺：以产品的功能为广告诉求点；质量承诺：以产品质量为广告诉求点；利益承诺：以产品能给消费者带来什么样的切身利益为广告诉求点；安全承诺：以产品的安全性为广告诉求点；服务承诺：以产品附加的服务为广告诉求点；（3）承诺广告要件包括：广告主要明确承诺的范围、目标、时限，承诺要具有可行性；广告主要能为承诺进行评估，信守承诺。

二、广告定位策略策划

（一）广告定位策略策划的意义

广告定位策略策划，是指广告策划人正确确定自己的目标顾客，最有效地表达品牌、价格、包装、利益、服务等诉求点，以实现企业广告效益的商业化运作。

实践证明，企业的广告定位，对产品形象和销路都会有很大影响。比如“尿不湿”在刚刚投入市场的时候，因为产品为婴儿带来舒适，为年轻的父母带来方便，厂家认为这种产品一定大有销路。一段时间以后，产品的销售并没有得到预期的效果。主要原因是厂家把“尿不湿”的产品广告定位于——“方便有宝宝的妈妈”，使大多数人认为使用“尿不湿”是一种偷懒行为，是对宝宝的不负责任，因而不被看好。于是，广告的定位作了调整，改为“让宝宝更舒服”！正确的广告定位，带来销售量的大幅度上升。

（二）广告定位策略策划的理论依据

1. 以消费者为中心体现的是现代广告策略的灵活性。尽管消费者的需求是形形色色的，但是，具有某一特点的消费者群体的需要是确定的。

2. 产品的形象或概念是由产品定位延伸出来的，只有了解产品在市场上的位置，才能确定广告的形象。

3. 广告定位既是根据产品定位策略采取的一种表现策略，又是企业诱导消费者对产品进行评议的一种逻辑方法。广告定位本身就是一个逻辑分析过程。

（三）广告定位策略策划内容

1. 实体广告定位策略。具体包括：（1）技术创新定位策略；（2）产品功效定位策略；（3）产品品质定位策略；（4）目标市场定位策略；（5）产品价格定位策略；（6）产品品牌定位策略；（7）产品造型定位策略（指在广告宣传中，利用消费者的视觉与知觉等心理特征，以产品外观、图案、橱窗商标等为广告诉求点，向消费者传递情感和意识信息的广告策略）；（8）产品色彩定位策略；（9）产品利益定位策略；（10）服务定位策略等。

2. 思想观念定位策略。具体包括：（1）持续发展定位策略；（2）绿色产品定位策略；（3）经济全球化定位策略；（4）联盟竞争定位策略；（5）概念营销定位策略等。

3. 历史文化定位策略。具体包括：（1）历史定位策略（利用企业产品的历史资源进行定位，以迎合消费者对具有一定历史的企业或产品的信任）；（2）文化定位策略（在广告宣传中，使产品包含有特定的文化内涵，并且突出这种文化的象征）；（3）传统定位策略（利用消费传统吸引消费者）等。

三、广告表现策略策划

（一）广告表现策略策划意义

1. 广告表现策略策划是广告生命力的灵魂。广告表现策略策划是通过科学创意和形象思维，把产品或服务变成一种信息传播的艺术，并使这种艺术成为传递信息、沟通产销、指导消费、促进生产、繁荣经济的商业运作模式。应该明确，广告本身是一种“表现”的艺术，不能表现，就无法达到“广而告之”的目的；同时，广告的表现是“商业性艺术”，它的出发点和目的就是有利于产品的销售，使消费者在欣赏了广告作品之后，从广告作品的信息来改变其购买行为，促使其购买产品或劳务。

2. 广告表现策略策划是实现广告目标的中心环节。前面已经表述过，广告策略是一个巨大的知识宝库，它涉及科学的调查、分析、提出方案、构思、创意等创造性活动，但是最根本的问题就是广告作品的市场影响。

3. 广告表现策略策划反映了创作人员的基本素质。创作人员水平的高低可从他们的广告作品中一目了然。好的创作人员在创作广告作品时能充分理解广告战略的目标方针，准确抓住诉求重点。

4. 广告表现策略策划的好坏决定着消费者对产品的评价。消费者是从广告作品中认识广告商品的，根据A. 波利兹的说法，广告机能有“说服原理”和“亲近性原理”两种。说服原理指广告的诉求点是要得到消费者的认同。亲近性原理是指按照“已知的东西比未知的东西能使人抱有更大的信任感”这样一种假说，即消费者看到两种不了解其特性的商品广告时，无疑会选择其中对广告作品有亲切感的商品。

（二）广告表现策略策划要点

应该注意到，生活与工作在信息社会的大众是有特别明显的“信息偏好”的，他们对广告表现有强烈的选择性。因而，广告表现策略策划必须把握如下问题：

1. 时尚新颖。广告表现必须与时代潮流同步，并且将新技术、新产品的宣传作为主要任务。

2. 内容真实。广告必须真实、科学、实事求是地表现商品和服务，以传递准确无误的信息。

3. 形式艺术。广告表现应该具有强烈的艺术性与可欣赏性，使消费者在接受商品信息中陶冶情操。

4. 简洁通俗。“广告是一个短暂的艺术”。其所要表现的主题与内容受到广告媒介时间、空间的限制，因此要用简洁的画面、通俗易懂的语言，使消费者在极短的时间里注意广告信息。

5. 富于变化。广告虽然是个“重复的艺术”，但是广告的生命力是在“重复中创新”。人们总是喜爱新鲜的东西，愿意看到不断变化创新的画面，因此广告表现也要适合人们的心理变化规律，提供创新变化的广告信息。

（三）广告表现策略模式策划

广告表现的最终成果是广告作品。虽然广告作品无穷无尽，但是它的表现模式只有两种。即语言模式和非语言模式。

1. 语言模式。语言分为有声语言和无声语言两种。

（1）有声语言是指诸如广告口号、广告歌曲、广告中的对话、旁白等以声音为载体广告模式。它是电子媒体的主要表现手段，因最有感染力而被人们广泛采用。广播媒体的广告信息几乎都是用有声语言表达的。

（2）无声语言是指符号化语言即文字，它是平面广告信息的主要承担者。如报纸、杂志、招贴、路牌等。在中国，房地产广告、教育广告、就业广告比较多地使用无声语言广告模式。

2. 非语言模式。非语言模式也可分为有声语言和无声语言。

（1）非语言中的有声语言指艺术形式的音响。策划科学的音响烘托渲染强化广告表现，是电子媒体广告不可缺少的部分。

(2) 非语言中的无声语言主要有姿态语言与物体语言。姿态语言也称“行动语言”或“体态语言”，它基本上不发音，消费者可从广告作品中人的面部表情，肢体动作来接受有关传播的广告信息。物体语言指广告作品中出现的构图、色彩及其他一些有形实体所传达的广告含义。

(四) 广告表现策略策划内容

通常认为广告表现策略有三种：理性广告表现策略、感性广告表现策略、情理交融的广告表现策略。

1. 理性诉求表现策略。该种策略是指直接向消费者实事求是地说明产品的功能、特点、好处等，让接受信息的消费者进行理性的思考，作出合乎逻辑的判断、推理、选择。有时这种广告表现策略也称“伦理型”或“逻辑型广告表现策略”。

理性诉求广告策略适用的情况是：(1) 新产品刚刚上市，消费者不太了解产品特征与性能；(2) 产品有明显创新特性或核心竞争力；(3) 消费者需要经过深思熟虑才决定购买的产品；(4) 产品拥有特定的消费群体。

2. 感性诉求策略。该种策略是指依靠图像、音乐、文字的技巧，激发消费者的情绪使其产生购买欲望的一种广告表现形式。一般都是用温暖和蔼、甜美、深情的语言，浓烈的气氛及令人回忆的画面，从而使消费者产生情感共鸣。该种策略具体可分为生活片断型、歌曲型、解决难题型、演出型、幽默型等。感性诉求策略适应的情况是：(1) 产品没有特别重要的信息可以传递的时候；(2) 出于企业广告战略的需要，必须增加产品信息的重要性和趣味性，寻找新的竞争点；(3) 本产品没有独特的优点，但又要与其他产品相区别；(4) 面对众多层次的目标消费者；(5) 可以把各类信息联系起来，形成一个统一的形象；(6) 在树立、保持或改善企业形象的同时，又要推销产品。

3. 情理交融的诉求策略。该种策略是在广告宣传中既向消费者宣传产品知识，又同消费者交流感情，达到“晓之以理，动之以情”的广告效果。应当指出的是，随着新经济的不断发展，世界广告市场的变化是快速的，消费者的心理行为更是复杂的；纯粹用理性诉求和感性诉求的广告所占比例是相当少的，绝大多数都是情理交融的，所不同的是有的偏重于理，有的偏重于情。具有代表性、典型性的情理交融的广告，其文案和情景都比较长。情理交融的诉求策略的适应环境是：企业具有比较明显的增长潜力；社会处于良好的竞争环境；产品有好的宣传主题；消费者的消费心理可以诱导等。

(五) 广告表现策略策划技巧

1. 善于利用“名人效应”。即邀请知名人士或权威人士对产品进行评估或推荐。

2. 采用“实话实说”。实话实说就是在广告宣传中将产品的真实情况向消费者明明白白地告知。实话实说能给消费者诚实的感觉，强化产品形象。

3. 制造“广告悬念”。即在广告宣传中，根据产品或服务的性质制造出一定的悬念，让消费者在好奇的状态下探究广告信息，不一语道破主题，而是藏而不露，让人猜测。

4. 实施“压力反应”。即通过不断的广告宣传向消费者施加影响或压力，从而促使消费者产生购买行为的反应。

四、广告心理策略策划

（一）广告心理策略策划要点

1. 消费者的心理活动。广告心理策略策划学者，一般把广告传播过程概括为“人们在微笑中被广告说服”。这种形象化的说法，说明广告心理影响消费者的途径，应该主要通过心理暗示，激发消费者的注意力，从而实现广告主的广告战略。

研究表明，对公众的广告信息刺激，使消费者的心理反应呈动态分布的特点，包括感知过程、情感过程、意识过程，进而形成消费观念。（1）感知过程。包括感觉、注意、知觉三个层面。（2）情感过程。情感过程反映着消费者对广告信息的评定和信任与否，通过神态、表情、语气等行为表现出来，是消费者对商品需求多重属性的体现。（3）意识过程。包括消费者对商品的记忆、态度和信念等内容。

2. 消费者个体心理特征。新经济条件下，消费者心理行为具有鲜明的个性色彩，同时由于个体的能力、气质、思维方式、性格等特征的差异，接受广告说服的方式和程度而有不同。广告学研究者们制订了不同的模式，来表述和分析广告影响个体心理的途径。

3. 广告心理功效。广告心理功效，就是通过说服的形式，使消费者相信广告信息的真实性、效用性，并且按照广告策划人的预定意图，购买某种商品或者劳务。广告的说服，是通过广告诉求，即广告信息促使消费者从认知到购买的心理过程来实现的。它告诉消费者其自身需要如何予以满足，并敦促他们购买某种商品。引起人们注意某一信息的原因包括：消费者需求；外界刺激；消费者的好奇心。其运行过程是：对某种商品产生注意—兴趣—购买欲望—购买行为。

（二）广告心理策略策划技巧

1. 激发消费者兴趣。广告界流行这样一句话：使人注意到你的广告，就等于你的产品推销了一半。这里的“注意到”，其实就是一种兴趣。消费者的兴趣点包括：希望得到的利益（如健康、金钱、闲暇、信心等）；希望满足心理欲望（满足好奇、美的鉴赏、自我表现等）；希望拥有时尚、品牌、地位（如时髦、创造性、权威等）；希望寻找知音，等等。

2. 不断创造新的需求欲望。刺激消费欲望，是广告信息传播的根本目的所在。广告策划中有效地刺激这种消费欲望，比影响人的注意、感觉和知觉更为重要，有助于促进激发潜在需求，形成新的消费潜力。当消费需求与情感变化相一致时，消费者会支持和信任广告信息，久而久之，广告产品就会保持畅销不衰的势头。

3. 保持广告宣传的连续性。消费者一般有这样的思维定势：做广告是企业实力的表现，广告一旦中断，就认为企业衰落了。为了增强消费者对企业的好感，广告策划最好采用系列策略，如主题系列、内容系列、形式系列等，从不同侧面详细介绍产品的特点及技术优势。

（三）广告心理策略策划的操作

1. 瞄准最有购买潜力的消费者群体。从历史到现在，从国外到国内，女性都是最大的消费群体，广告策划人必须“投其所好”。女性的心理特征主要是：细致入微；善于记忆；爱交际；感情丰富；向往美丽等。抓住这些，就可以开发市场，创造需求。

2. 掌握大众消费者的心理特征。早期的瑞士劳力士手表发布了这样一条广告：“敬请消费者注意：该表一天快 24 秒”，该广告之所以成功，不仅在于一般地指出了该产品的不足，而且很巧妙地从该产品的不足上暗示了它的高标准，打动了消费者的心。

3. 增强广告信息的相对强度。(1) 着意增强色彩刺激。美国学者研究证实，在报刊广告的策划中，增加一种颜色，比黑白广告能增加 50% 的销售额，全色广告比黑白广告高出 70% 的广告效益。在广告策划中，突出字体或画面，使其成为广告作品的焦点，也能吸引消费者的视觉注意；(2) 增大刺激物间的对比。增大对比的做法有：色彩的明暗和光线的强弱对比；语言的长短、轻重对比；音响的高低、快慢对比；画面实体与空白的对比等，都能增强广告的注意效果和审美价值；(3) 增强刺激物的感染力。

4. 创新广告新思维。主要包括：(1) 开发新的广告信息传播通道。新的传输途径有味觉、嗅觉、触觉等媒质，比如香味广告就是顺应这一趋势出现的刺激嗅觉的广告；(2) 采用新技术新材料制作的视觉媒体，别具特色。比如新奇别致的烟幕广告；(3) 使用熟悉的媒体却有全新的创意。美国广告学家威廉·彭立克说："使观众在一瞬间发生惊叹，立刻明白商品的优点，而且永远不忘记，这就是创意的真正效果"；(4) 反向思维策划。广告策划中把文字倒写、反写、错位及利用生活中的常见现象组合出的离奇古怪效果，都是吸引人们注意的有效方法。

五、广告策略策划应该注意的问题

1. 广告策略的目标要注重树立企业形象。目前，国内许多企业的广告，往往单纯是把某种商品推销出去。而国外的广告更强调塑造企业的良好形象，他们从环境、产品以及标志企业特点的多方面因素综合考虑，全方位树立企业形象。

2. 广告策略的各个环节应当保持一致性和连贯性。即同一家企业的所有广告，其不同时期的各种形式的广告，都应表现统一风格，以使广告形象突出，效果集中，加深接受者印象。应重点注意的是：形象上的一致性；语言一致性；音响的一致性。

3. 注意运用广告的价值策略。目前的市场竞争实质上是一种促销策略的竞赛。合理、有价值的广告策略并不单是解决某个平面表现或某段广告语的写作问题，而是厂商和产品进入市场的整体策略。广告应发展为产品、价格、渠道促销等全面整合的一种手段。

第三节　广告创意策划

一、广告创意概述

(一) 广告创意的含义

广告创意是广告策划人对广告创作对象进行想象、加工、组合和创造，形成消费者能感受到的"卖点"，并抓住消费者的注意力，促使其采取购买行动的商业行为。广告创意的意义主要表现为：

1. 可以大幅度提高广告策划水平。广告表现水平不高曾经大大制约了我国广告业的发展。当富有创意的"小霸王"学习机"你拍一，我拍一"广告片在中央电视台播映时，人们特别注意到了创意的力量：画面色彩绚丽，节奏明快，学习场面被舞蹈化，特别富于观赏性。其中"为了将来打基础"口号，抓住了天下父母望子成龙的心态，儿童游戏式的画面对孩子很有吸引力。

2. 可以大幅度提高广告的科技含量。“创意”、“科技”是广告业发展的“两驾马车”。现代广告中，三维动画设计的画面是高科技的作品；慢动作、快节奏都是人们平常视角无法看到的。随着科学技术的发展，特技镜头将大量运用于广告中，给消费者一个新的奇异的视觉感受。所以，广告创意就是用特殊的技巧、奇异的画面去震撼观众，冲击观众的视觉。

3. 可以大幅度提高广告的核心竞争力。实践证明，被市场认可的广告关键不在资金的投入而在广告本身的创意。比如，“白加黑”感冒药广告以全新的创意，被消费者认同，从一个不知名的小品牌一跃成为全国的著名品牌。

（二）广告创意的产生

1. 广告创意的源头是天赋、实践能力和训练。首先，创意思维根源于人的智力和智能。这是以一种贯穿所有智力活动中的普遍能力，如观察力、记忆力、想象力、思维力；实践能力是体现完成某一特定行为的能力，如阅读能力、表达能力、动手能力等。其次，应进行大量的广告策划训练，而且这种训练必须是系统的、规范的、具有效能的。

2. 广告策划人必须摆脱旧的观念，运用联想思维，捕捉灵机一动的思想火花，营造一种引人入胜的意境。广告创意就是通过系统地运用各种形式思维，依靠集体智慧，在吸收前人经验的基础上不断形成和获得的结果。

3. 成功的广告创意，其主题要新颖、鲜明；品味要高尚；意境要深厚；视觉表现及文字表达要优良，达到不仅使人爱看，更要使广告耐看的效果。在这个意义上说，广告创意就是贯穿于广告创造过程中，紧紧围绕广告主题，选择一定视觉和听觉表现所进行的创造性思维活动。广告创意的中心环节就是广告主题的选择和提炼以及广告表现的创新。

（三）广告创意设计的内容

广告创意设计的内容，一般包括以下方面：（1）产品品牌或商标；（2）产品名称和产品功能；（3）产品的用途和使用方法；（4）产品质量、效果、技术优势、价格及其利益；（5）售后服务，向顾客说明售后服务的具体内容；（6）销售方式、销售渠道；（7）企业信息。

二、广告创意方法

1. 感性化创意法。即把抽象意义的商品文化意念、社会消费观念和人类理想境界转化为直观化的具体形象的思维过程。

2. 主题化创意法。即根据产品特性和公众情况，进行准确的主题定位和提炼，选择适合的主题内容，在鲜明的主题意识支配下，构思具体的广告情节和宣传用语。

3. 商品本位创意法。即根据消费公众的商品心理以及商品自身特性，以某种商品文化为主题素材，创造理想的商品形象意境、商品生产意境、商品消费意境的创意法。这种创意法以商品为本位，无论宣传内容、广告画面还是表现意境，都是商品的艺术化展示。

4. 顾客主体创意法。即根据消费公众的生活背景和时代特点，以公众形象为主体，以商品为“道具”而进行意境创造的方法。在这种创意思维中，顾客成为广告作品的中心内容和明星角色，而商品则完全退居次要地位，成为“明星顾客”的衬托。

5. 观念倡导创意法。即通过创造旨在倡导对社会进步、人类发展具有促进意义的意境，来宣传商品的创意思维。

6. 演示生活情景创意法。即指在广告作品中，有意设置符合商品基本消费途径的日常生活情景，在生活化、真实化的情景中展示商品的特点与功效。

7. 附加形象创意法。即在广告创意中，根据公众的社会性消费心理，运用文化融合、强化、装饰、包装等手段，在商品固有形象之外进行人格化、情感化、心理化的形象定位和渲染，使公众获得一种全新的商品形象、企业形象。

8. 时机捕捉创意法。即指广告人员根据特定时机人们所特有的心理，以某生活情景为主题，策划出相应的宣传意境，来开展广告宣传。这种创意方法的成果往往是策划出一个符合社会性时机心理的文化性宣传活动，主题具有很强的文化性。[①]

三、广告创意策划原则

1. 科学与艺术融合的原则。广告创意作为一门科学性和艺术性高度统一的知识体系，应该树立“科学为始”、“艺术为终”的思想观念。“科学为始”，是指广告前期的工作，如营销目标的落实、广告策略的确定、广告对象的选择和生活形态描绘，以及广告创意概念的得出都是依据科学的市场调查、分析得来的；“艺术为终”，就是将广告的诉求通过艺术化的方式进行表达，这样才可能创作出吸引消费者广告。杰出的广告创意不是夸大，也不是虚饰，而是要竭尽创意人员的智慧使广告信息单纯化、清晰化、戏剧化，使它在消费者脑海中留下深刻而难以磨灭的记忆。

2. 策划人与消费者互动的原则。在进行广告创意中，策划人应从消费者的角度去确定一个创意的概念，强化广告与消费者的“互动性”，比如获奖影视广告《婴儿与麦当劳》，创作者敏锐地捕捉到了生活中摇椅晃动而引起方位变化的细节作为广告创意的最佳切入点，是“互动性”的典型。值得指出的是，在实际生活中，消费者则是通过对广告创意的满意度、对广告宣传商品的选择性来参与广告活动的。

3. 技术独特性原则。依据国际惯例，广告创意属于知识产权的范畴，应该具有创造性。著名广告大师威廉·伯思巴克认为：“创作力是没有方程式的说服艺术！创作力意味着准确、彻底投入的能力！创作力是运用想象力的说明艺术！创作力是运用直觉力和洞察力的说明艺术！”因此，广告创意是广告诸要素中最有魅力的部分，广告创意最终的劳动成果应该具有独创性、独特性，或者是创意思想的独特，或者是表现手法的独特，或者是传播方式的独特，或者是销售主题的独特。总之，必须要有一个个性鲜明、与众不同的主意。

4. 市场实效性原则。所谓实效性，就是能带来现实的广告效果，能给广告主带来实际的收益。广告大师奥格威认为：“能够促销产品，而不是把人们的注意力引向自身的广告才是一则好广告。”实际上，广告创意的目的就在于更好地去说服。广告创意应与创意的目的和主题相一致，既需要想象力，又不能让想象力漫无目的。

5. 科学合理性原则。广告本质上是一种商品，而商品的属性就决定了想象力和创造力不能是无节制的、荒谬的，它还必须遵循一定的规律，掌握一定的分寸。

四、广告创意策划的流程

（一）广告创意的一般程序

英国心理学家华莱士在总结世界著名的科学发明和人类创造活动的基础上，提出了

---

① 董丛文主编：《营销策划原理与实务》，科学出版社 2004 年版，第 262 ~ 267 页。

“创造过程四阶段理论”，他认为：“无论在哪个领域，无论其规模是大还是小，创造过程一般都必须经历四个阶段，即准备期、酝酿期、顿悟期和完善期。”华莱士的思想对于广告创意也是有指导作用的：

1. 准备期。主要是指发现问题、筛选问题以及从中确立准备优先解决问题的准备阶段。其中，发现问题的准确性、有用性、鲜明性及独特性是关键。只有选准了问题，才能避免盲目性。另外，当选中某一问题后还要进一步从各种角度对该问题进行审视，以准确地捕捉适于解决该问题的思路、准备相关的知识、收集有关的经验、分析有关的事项、创造有关的条件，并预见可能遇到的困难和后果。这个阶段，往往是心理高度紧张和精神全力贯注的时期。

2. 酝酿期。其主要的特点是“松弛”下来，使心理状态从紧张的“动态”到解脱式的“静态”，亦即“将活动的重点从意识区转向无意识区”。这时的主要任务是消除一切无意识的障碍，恢复潜意识的自由、舒展，促进多样化因素的相互渗透、相互合作，使潜意识和有意识的相互作用获得强化。这是孕育灵感和激发顿悟的时期。

3. 顿悟期。主要是指经过酝酿之后，创造性思路如“柳暗花明”似地豁然开朗。常以“突发”式的醒悟，“偶然性”地获得，“无中生有”式的闪现或“戏剧性”的巧遇为其表现形式。如果说酝酿期是创造过程中“量”的积累和循序渐进，那么，顿悟期就是创造过程中“质”的突破和循序渐进。顿悟期是创造过程中质的转折点，使整个创造过程上升到一个新的更高的层次。

4. 完善期。在这个阶段，从“扩散的思维状态”恢复到“集中的思维状态”。这一阶段需要对最初闪现的出色的思想、崭新的观念、奇异的构思立即捕捉，及时甄别，迅速追踪和抓紧完善。这时，稍微的迟疑和疏忽，都有可能导致得而复失的后果。完善期也是论证期，是对创造成果及其价值的鉴定期，包括逻辑上的论证和实践价值的论证。这时还要提出明确解决问题可行的实践方式或方向，以免使好的创意沦为空想。

（二）AIDMA 定律

AIDMA 是揭示消费者购买行为发生的全部心理过程的一般规律，分别为以下几个英文单词的缩写：

Attention——（引起）注意

Interesting——（激发）兴趣

Desire——（刺激）欲望

Memory——（加深）记忆

Action——（采取）行动①

（三）广告创意过程设计的关键环节

广告创意过程的关键环节是：

1. 收集素材。这是广告创意最基本的问题，也是非常艰苦的准备阶段。广告创意是一种非常严肃的科学活动，只有在充分掌握大量相关材料的前提下才能进行。否则创意就变成了无源之水，无本之木。

2. 诉求点的确立与定位点的选择。当一个广告策划人面对一件产品时，他的基本素养

① 陈中民主编：《营销方法》，新疆科技卫生出版社 2001 年版，第 370 页。

就表现在如何从一大堆关于产品的信息中甄别出几条或几十条诉求点，然后从中确立定位点。这样，广告创意就顺理成章了。诉求点是广告主对消费者所作的一系列承诺，这些承诺的确定取决于三个方面：产品本身的特性；目标市场及宏观市场的状况；目标消费群的状况。三者当中，产品本身的特性具有核心位置。

3. 艺术化创作。广告创意要以情趣生动为条件，将受众带进一个妙趣横生、难以忘怀、印象深刻、浮想联翩的艺术境界中去。其中广告创意的形象化特别重要。策划人要尽可能打开想象的大门，集中拟出主题思想与广告语，并且从表象、意象、意念中获取创造的素材，形成形象化的妙语、音乐和富有感染力的图画，并能融会贯通，才能成为一条完整的广告作品。

4. 创意实现。创意的实现必须经过形式化阶段，即创意要通过文本化才能得到表现，要通过视觉化才能得到强化，要通过媒体的传播才能传达到目标对象。（1）文本化：创意只有通过语言才能得以表达，文本化是创意变成广告的必经之途，而且表达过程本身也是创意不可或缺的组成部分。只有有了优秀的创意文稿，才可据此制作出优秀的广告。文本化是实现创意的第一步；（2）视觉化。广告本身是以视觉为中心的艺术，将创意通过直观的画面传达出来，给目标受众以有力的心理冲击。视觉化涉及构图、布局、色彩等一系列技术问题，可采用隐喻法、图解法、意义延伸法、点缀法、动画表现法等各种方式予以表现。

5. 广告创意的评价。这是对完成的广告创意再次进行检验。广告创意评价的标准主要依照以下几点进行。（1）服从定位，表现主题；（2）新颖独创，不落俗套；（3）塑造足以表现商品性格的鲜明形象；（4）对消费者利益进行有效的承诺。消费者购买产品或劳务，是为了得到某种利益，广告创意能否巧妙地对产品或劳务给予消费者的利益进行承诺，对于广告的成功有特别的意义。

（四）广告创意过程应该注意的问题

1. 广告创意设计是一个系统工程。优秀广告特别重视广告创意的关联性、原创性、震撼性。广告与商品没有关联性，就失去了意义；广告本身没有原创性，就缺乏吸引力和生命力；广告没有震撼力，就不会给消费者留下深刻的印象。

2. 广告创意的过程应该是提高想象力的过程。想象是创造活动的基础和先导，提高想象力，能给思维插上创造性的翅膀。丰富的想象力是以丰富的知识和经验为基础的，丰富的信息储备是想象力的根基。

3. 要在广告画面上下工夫。大多广告是以画面取胜的。在短短的几秒或几十秒的时间里，若想在受众的心中留下深刻印象，一定要用新奇的画面冲击受众的视觉，给受众强烈的感染力与震撼力。

五、广告创意技巧设计

从20世纪50年代以来，世界广告业获得长足的发展，主要原因之一是广告创意设计受到特别的重视。广告大师大卫·奥格威曾讲过这样一段话：“我确信广告片中如果充满怀念、思念及令人追思的情意，那么其效果必然看好”。

（一）广告创意的一般技巧

1. 以人为本。人是市场的主体，当然也是广告创意所要塑造的主体。愈来愈多的产品广告追求广告创意的拟人化、人格化。（1）表达“人”的期盼。例如：“天上彩虹，人间长虹”（长虹牌电视机广告），“威力洗衣机，献给母亲的爱”；（2）表达“人”的生活。例如：“钻石恒久远、一颗永流传”、“不在乎天长地久，只在乎曾经拥有”（雷达表）、“晶晶亮，透心凉”（雪碧）；（3）表达“人”的个性。例如：“我的眼里只有你”（娃哈哈纯净水）、“在乎你的感觉”（三源美乳霜）等。

2. 营造意境。任何广告作品要引起消费者的兴趣和情感活动，使形象植根于消费者心底，一定要借助于意境的创作手法。特别是电视广告，它融合视、听、时空于一体，在短短的几秒或几十秒的时间里，感染和说服消费者，更必须营造某种意境。“万宝路”香烟广告“西部牛仔——男子汉风采”的意境就特别经典：广告画面呈现出一群狂奔的野马，几个粗犷刚健的西部牛仔策鞭奔驰于美国西部广袤的大草原上，把男人的粗犷、勇敢的性格风采表现得淋漓尽致。

3. 感性诉求。主要是借助受众心目中的人性因素、情感因素，以此赢得广告受众的共鸣，产生情感消费。广告创意应该长于情感诉求，以精美的画面，悦耳的音响，诉诸于人的情感，给受众心理以一种强烈的感性冲击，让人不知不觉地进入其所营造的情感氛围中去。广告创作中，经常运用的情感包括亲情、爱情、友情、乡情、同情以及成功感、正义感、审美感、道德感等。

4. 传播形象。正因为广告是传播形象的，因而这是广告创意设计的“重中之重”。（1）整体形象，包括企业形象、产品形象、品牌形象、服务形象，其目的是为了建立一个让公众和目标消费者信任、赞赏的形象，为广告主的长期销售活动作有效的铺垫。（2）观念形象。通过对某种观念的提出和表达，来表现广告主体中的企业、产品经销者、服务者的观念和看法，表现对一种消费方式和消费观念的创造和引导。例如：“弹钢琴的孩子不会变坏”（山叶钢琴）、“好东西要和好朋友一起分享”（麦斯威尔咖啡）等，都是一种观念的表达。（3）优势展示。一般是展示商品（产品或服务）的优势，来展示广告主体的功能、特点，让消费者用最省俭的方式了解其优势，与其他产品进行对比，做出正确选择。例如：“红桃 K，补血最快”（红桃 K）、“农夫山泉，有点甜”（农夫山泉纯净水）等都是对其产品的关键特点的优势展示。（4）创造市场。广告创意要为企业开发新市场、新产品服务。如：“一齐来生力”（生力啤酒）、“要想身体好，请喝健力宝”（健力宝），都是对受众的一种直接的消费口号。

5. 追求艺术。广告的技巧就是要艺术性地表现广告主题。因而必须注意：（1）题材的接近：即在两种以上的事物之间，寻求其共同点并将它们在一定的时间上联系起来。例如：雨天与雨伞，火车站与火车、旅客等可以联系在一起，这种接近有时是基于外部特征，有时则是基于内容本质而形成的；（2）创意的连续：即在时间上的连续性，使创意在事物本身的推进中产生。比如，“白＋黑感冒药”即是这种广告创意；（3）内容的协调：受众对广告的形式和内容往往容易产生感情和审美的反应，美的东西容易产生愉快的心情，使大众容易产生联想，而与之相反的东西总是令人厌恶；（4）传播的组合：将两种或两种以上事物或不同的观念按照广告目的及大众接受程度形成有效活泼的组合。使本来没有多大价值的事物会产生意想不到的效果，以致变得饶有情趣，富有意义。在广告创意中，这种组合就是一种重新的创造，是创造者与大众之间的心灵交融。

（二）广告表现创意技巧

广告的表现形式多种多样，主要有新闻式、明星式、生活式、情节式、歌唱式等八大类。

1. 新闻式，以新技术、新产品、新工艺、新材料为广告诉求点，以吸引消费者。

2. 明星式，利用知名度高的人士向消费者推荐产品或者服务。

3. 生活式，利用日常生活中的一个片断、细节，将所要宣传的产品点缀广告中。

4. 情节式，利用故事情节、戏剧冲突而引发出产品和劳务的宣传主题。

5. 歌唱式，以一首广告主题曲贯穿统率整个广告。

6. 特技式，利用特技手法创造出特殊的广告视听效果。

7. 动画式，根据广告主题及创意要求把一幅幅绘制好的图画，用定格拍摄，然后连续放映。

8. 答疑式，通过使用某种产品或劳务的前后对比进行广告宣传。

第四节　广告媒体策划

广告媒体是传播广告信息的运载工具。是广告者与广告宣传对象之间起媒体作用的物质手段，也是生产者与消费者之间的桥梁。目前广泛使用的主要有报纸、杂志、广播、电视、路牌、网络等。广告借助媒体本身所固有的吸引力、适应性与宣传性，使广告诉求更具有针对性、市场性、艺术性和社会性。

一、广告媒体影响力设计

（一）广告媒体影响力的含义

广告媒体影响力是指不同广告媒体把广告信息传播给目标受众的广度与深度。广告媒体的发展过程，实际就是广告媒体影响力不断提高的过程。工业社会里，在比较长的时间内，报纸（杂志）、广播、电视被人们称之为三大媒体。信息社会里，除了传统广告媒体有了快速的发展外，随着因特网的出现，网络被认为是“第四媒体”。在新世纪，有人把利用有线电视从单一的视频网转换为综合数字信息传播网称为“第五媒体”。

1. 广告媒体的特点。广告媒体是传播的一种形式，同其他传播形式相比，广告媒体有如下特点：（1）有组织的传播机构和专业人员制作传播内容。广告媒体必须有组织化的机构。诸如报纸、杂志、广播、电视等广告媒体，都是一群人为了实现共同的目标，按照一定的领属关系组建起来的社会群体；（2）必须运用现代传播工具。包括印刷媒体（报纸、杂志、书籍）、电子媒体（广播、电视、电影）；（3）广泛、快速、连续地传递信息；（4）广告媒体的对象是广大而不确定的社会公众；（5）广告媒体活动是一个市场营销过程。

2. 广告媒体的影响力。在信息社会，不同的广告媒体是依不同的比较优势而存在的。一般地说，印刷媒体是占有空间的媒体，可让消费者享有控制阅读速度和阅读时间、地点的主动权，可以浏览大略，择要来读，可以逐字推敲；广播却要广播是依仗时间的媒体，需要按顺序听，按时听，且广播是重在听众感染力上，对于资料的处理不如视觉来得效果佳，适于传播较简单的市场信息；电视是时空兼备的媒体，因此兼有时间空间媒体的优缺点，虽然不能由视听人自行控制速率，但可以藉着形象强化听觉，也可以藉音响弥补形象的不足，在广度与深度上都比广播媒体为优。

如果从传播速度的角度来比较影响力，电子媒体报道的及时性和机动性高于印刷媒体，而电子媒体中的广播又快于电视（现场直播除外）。这是因为：首先，电视新闻制作程序较广播复杂；其次，电视新闻节目设置和播出次数目前还没有广播多。可以说，迄今为止传播速度最快的还是广播，这是广播的最大优势。印刷媒体中报纸的传播速度较快，杂志次之。

3. 广告媒体的功能。广告媒体具有传递信息、监督环境、引导消费与培养市场四大功能。

（二）广告媒体影响力设计要点

1. 广告媒体要发挥传递信息的功能。第一，必须抓住消费者的“注意力”；第二，必须传递有价值的信息；第三，必须实施正确的广告战略。

2. 广告媒体要发挥监督环境的功能。第一，广告媒体要向消费者提供发表自己的意见和建议的机会，并对市场活动实行公开监督。也就是说，消费者通过广告媒体行使“知情”和“告诉”的权利；第二，广告媒体还应成为不同社会阶层、不同利益群体以及政府与民众之间协商对话的重要渠道。舆情放在非常重要的地位，把推行公众舆论作为政治改革的重要手段。

3. 广告媒体要发挥引导消费的功能。第一，宣传消费新知识、新动向；第二，研究消费者的心理行为；第三，报道消费政策、方针与法律。

4. 广告媒体要发挥培养市场的功能。第一，要积极参与市场培育；第二，要为企业开拓新市场出谋划策。

二、广告媒体市场选择设计

广告媒体市场选择，就是企业按照市场营销的方式与方法进行媒体定位，即依据企业经济利益的要求决定将何种广告媒体作为企业产品与服务的宣传工具。因而，广告媒体市场选择是关键的一环。

（一）广告媒体市场选择的标准

1. 广告媒体的市场影响。
2. 广告媒体的广告费用。
3. 广告媒体的宣传时间。
4. 广告媒体的播送频率。
5. 广告媒体的策略组合效果。
6. 广告媒体与消费者的互动效果等。

（二）广告媒体市场选择过程

1. 调查研究。在选择广告媒体之前，广告策划者必须对媒体进行如下调查和分析：传播媒体的性质、地位和背景；传播媒体的发行量、覆盖面，可能获得的市场面有多大；传播媒体的对象是谁，广告对象与广告媒体对象是否一致；在读者或听（视）众对象中，有多少可能成为潜在顾客等。其中，最为重要的是了解广告费用的有效值，即用比较最低的广告费用换回比较有效的期望值。

2. 确立目标。(1) 明确传播对象；(2) 明确传播时间；(3) 明确传播地点；(4) 明确广告次数；(5) 明确推出方法；(6) 明确媒体方案等。

3. 效益性分析。确定媒体方案时，必须充分考虑它的经济效益、社会效益、心理效益。

4. 组织实施。(1) 与广告主签订媒体费用支付合同；(2) 购买广告媒体的版位、时间与空间；(3) 推出广告并监督实施；(4) 收集信息反馈并对效果进行评估。

(三) 广告媒体市场选择的方法

1. 市场法。即按目标市场来选择广告媒体。

2. 产品法。即按产品的性质来选择广告媒体。比如，日用品之类最好运用电视媒体；大型机器设备，通常选用报纸、杂志或广播等媒体。

3. 对象法。即按产品的使用对象或广告受众来选择广告媒体。比如，化妆品的使用对象大部分是青年女性，那么广告媒体就应该选择她们所喜爱的杂志、电视或网络等媒体。

4. 规律法。即按消费者的记忆规律来选择广告媒体。

5. 预算法。即按广告预算来选择广告媒体。

6. 效果法。即按广告效果来选择广告媒体。

(四) 广告媒体广告时机的选择

广告时机选择，是指在确定媒体选择方案后，广告策划者对广告推出的时间、频率所作的具体安排。基本要求是：(1) 服从广告策划的战略要求，有利于实现企业的广告目标；(2) 服从市场规律与价值规律的变化；(3) 服从产品的生命周期规律；(4) 根据销售季节的不同而不同；(5) 要充分考虑到竞争者、消费者的变化情况。

三、广告媒体竞争力比较

(一) 报纸媒体的市场竞争力

报纸是广告媒体中历史最悠久且影响面最广泛的。其主要优势是：(1) 传播面广。发行网遍布城乡各个角落；(2) 时间性强。一般报纸刊登广告，读者当天就可以读到；(3) 印象深刻。可以用最快的速度给人留下了书面语言，事后可进行保存查阅；(4) 简易灵活。报纸广告不需要复杂的制作程序；(5) 具有权威性；(6) 费用相对低廉。报纸的局限性主要有：传播速度不如广播、电视迅速和及时；现场感、形象感较差；而且受读者的文化程度、报纸的发行机制等条件的限制。

(二) 杂志媒体的市场竞争力

杂志广告是广告媒体中“轻型武器”。其主要优势是：(1) 针对性强，一般都是对某个专业、某个部门领域感兴趣的读者；(2) 广告有效期长，杂志的有效期短则半个月，长则可达半年和一年，甚至更长的时间；(3) 广告对象素质比较高，对新产品的反应较敏感，易于接受杂志的广告宣传；(4) 制作精美，杂志广告可用彩色画面，纸质优良，制作比较精细、印刷效果好，能够较好地表现产品的外观形象。杂志广告的不足之处有：设计复杂，出版周期长，且阅读范围受到限制等。

(三) 广播媒体的市场竞争力

广播媒体是利用电波传播声音的工具。它通过语言和音响效果，诉诸人的听觉，唤起人们的联想和想象。其主要优势是：(1) 迅速及时，不受地区、交通、路程、气候条件的限制，能以最快的速度把广告信息传送到各地；(2) 覆盖面广，广播在一天中持续的时间长，从早到晚都有节目播出。且不受地点环境的限制；（3）具有较高的灵活性，广告内容可长可短，形式多样；（4）信息互动性，一方面，节目主持人的音质、语气和传播内容结合起来，能较好体现情感和情绪的感染作用，使受众产生相当程度的接近性和亲切感；另一方面，广播节目的制作，可以发挥声音传播的特长，如电话交换意见的现场广播，听众的现场评论与解说等节目，能及时反馈听众的意见。广播的局限性主要有：传播的信息瞬间即逝，无法使信息长久保留；广播听众的选择性差，不能自由选择时间、速度和内容，只能按顺序接受信息。

（四）电视媒体的市场竞争力

电视是一门融视觉和听觉、时间与空间于一体的艺术形式，是最重要的广告媒体之一。在万千纷繁的广告媒体之中，电视可以说是最完善、最具表现力和魅力的媒体。其主要优势是：（1）形象生动、感染力强。实际上，电视集空间、时间、综合艺术之长，不仅可以具体生动地反映商品的特点，而且富有强烈的表现力和感染力，给观众以美的享受。（2）直观真实，理解度高。电视是"不要纸张、'没有距离'的报纸和形象化的政论"（列宁语），它能够直观、真实地传播信息，既可演示，又可解说，具有其他广告媒体所没有的强烈的心理感染力。（3）深入家庭、影响面广。电视媒体的局限性主要是：广告信息一瞬而过，难于再现和记忆；电视广告制作费用很高等。

（五）户外广告媒体的市场竞争力

户外广告媒体，通常包括路牌广告、电气广告、交通广告和空中广告等。它们主要分布在交通要道、商业闹市、旅游胜地、机场车站和公共娱乐场等行人密集的地方。户外广告主要用于补充其他广告媒体的不足，它面对流动性的观众，其特点是行人随时随地有可能看到，比其他传播媒体更广泛地接近观众。但是观众接触往往是在行动中无意看到，时间短促，距离较远，无法准确地测定其效果。

（六）POP 广告媒体的市场竞争力

"POP"是 Point of purchase 的缩写，也称"销售点广告"，是指利用销售场所的内部和外部所做的广告。销售场所既是买卖交易的地点，也是买卖双方进行信息沟通与传递的场所。POP 广告的主要优势是：（1）机动灵活，形式多样，可根据具体情况进行选择、组合、搭配使用，同时也可与大众媒体组合，加强其宣传效果；（2）引人注意，促成销售，广告与产品销售在时间与空间上融为一体；（3）费用低廉，方便快捷，广告设计、制作技术简单、材料来源广泛，布置方便，随时安装或拆除，费用也十分低廉。局限性主要是：传播面不广泛，影响力比较小。

（七）网络广告媒体的市场竞争力

网络广告媒体是利用互联网发布商品与服务信息的新兴传播工具。其主要优势是：（1）信息量大。在网络媒体上做广告，由于信息空间大，可以通过文字、图片等组合形式，增强趣味性，有利于吸引更多的消费者。（2）监测效果强。网络是由广告受众自己决定是否浏览某一页信息，网络商可根据广告受众的需要，将其连结在他需要的内容，因此网络具有互动性，有利于精确统计消费者访问网页的人数，便于监测并及时提高广告效果。（3）动态效果好。网络上广告形式可以多种多样，既可以是文字、图像、声音，也可以是将文字、图像、声音整合在一起的集成化信息，还可以应用虚拟现实技术，把广告受众带入虚幻的现实世界，使其能够看到、听到、触摸、翻转商品，也可以运用文字的闪烁、滚动、变形以及声音、音响、录像、动画、游戏等各种技术，使广告的动态化效果增强。

四、广告媒体营销组合

广告学家曾对广告媒体组合进行过研究和实验，发现广告媒体的交错使用能产生额外的效果。实验证明，同一广告内容传播给目标消费者，各接触三种媒体一次，比接触某种媒体三次的效果好。两种以上媒体向同一受众传播同一内容的广告信息，比一种媒体传播的效果要好。为了达到应有的广告效果，就要连续不断地给目标消费者以反复刺激。

（一）广告媒体组合的意义

广告媒体组合是指企业为实现一定的广告目标而选择两个或两个以上的媒体进行产品与服务宣传其中主要作用是：（1）服务于第一种媒体所未达到的目标公众，形成优势互补媒体效应；（2）维持广告的知名度，强化消费者的记忆；（3）多种媒体组合能够节省广告成本，以最少的广告投入取得成倍的广告效益；（4）可以扩展广告运动的效果，发展潜在消费者；（5）可以取得更好的促销作用。

（二）广告媒体组合原则

1. 互补性原则。媒体组合主要是充分发挥各种媒体的长处，避其短处。例如：电视媒体长于展示形象、过程，动之以情，因此多用告知性信息。

2. 效益性原则。媒体组合一般是在第一种媒体达到最大收视效果，再以较便宜的媒体提供额外的覆盖，实现规模效益。

3. 跨文化原则。媒体组合可以按照不同的民族文化特点，有针对性分布不同的广告服务。

（三）媒体组合方式

1. 报纸与广播组合，可以使不同爱好的消费者都能接受广告信息，实现快速、广泛传递信息。

2. 电视与广播组合，可以使不同区域的消费者都能接收到广告信息，使视觉效应与听觉效应有机的组合。

3. 报纸、电视与 POP 组合，由点成线，由线成面，形成各方位的立体交叉信息传播网，有利于消费者记忆，起到促进销售的目的。

4. 报纸与杂志组合，利用两者的时间差异性，扩大市场信息传播效果。

5. 网络与电视的组合，这属于“强强联合”，可以全方位进行产品与服务的广告宣传。

五、网络广告媒体设计

随着因特网的飞速发展，每个人与网络接触的机会越来越多。目前，西方发达国家的网络广告业已经初具规模，并且创造了一系列商业传奇故事。如 IBM 电子商务系列广告、索尼视听产品广告、广联中国分类广告站的广告，设计制作水平都富有特色。

（一）网络广告的意义

传统媒体的不足之处在于只能单向交流，强制性地发布广告信息。与此相反，网络广告因含有更多的技术成分，使它具有传统广告媒体无法比拟的优势：（1）经济性，网络广告的投入成本是最低的，因此网络广告在价格上具有极强的竞争力；（2）交互性，网络广告的受众在访问广告所在站点时，能够在线提交 FORM 表单或发送 E－mail，广告主能够在很短的时间里（几分钟或一两小时）收到信息，并根据客户的要求和建议及时作出积极反馈；（3）易统计性，网络广告媒体可以通过 LOG 访问记录软件等众多软件来为广告主服务。广告主通过这些软件，可以随时获得访问者的详细访问记录，根据这些访问记录，广告主可以得到受众的准确信息，并且可以随时监测广告投放的有效程度，以便及时调整广告策略和市场战略；（4）非强制性，网络广告使受众享有了主动性选择的权利；（5）受众准确，上网是要双重付费的，网络广告的访问者（受众）会选择真正感兴趣的内容来浏览；（6）实时性，在网络广告可以随时更新行动，这样广告主在 24 小时内就可以根据各方面的需要随时调整价格、商品信息，以适应市场变化。

（二）网络广告的发布方式

目前来说，网上广告的发布方式有多种，但比较广泛应用的有以下几种：

1. 在别人的网站发布广告。这是最有效、最重要的网络广告方式。

2. 建立自己的网站。现在全球网站数量总计已经超过 1 亿个。

3. 电子邮件广告。广告主可以建立自己的客户电子邮件列表或者购买别人的邮件组广告，向这个邮件群组定期发送广告信息。

4. 使用新闻组。Usenet 是由很多的在线讨论组组成，自成一个体系。其中一个一个的组叫新闻组或讨论组。

5. 网上调查。网上有很多网上调查、有奖问答，实际上是一种广告发布方式。

6. 使用 BBS 电子公告版。用户通过 Telnet 或 Web 方式在电子公告栏发布消息。

（三）网络广告的发布技巧

1. 在各搜索引擎登记。

2. 积极利用互换链接和页眉广告的机会。

3. 加入广告交换网。

4. 利用 Banner 来宣传网站。

（四）图标广告设计技巧

1. 使用具有震撼力的词汇。

2. 广告词要简单、明了、直截了当。

3. 文字与图形的设计、色彩、动态的协调。

4. 采用有力的设计工具。

（五）网络广告的效果

广告主可以通过以下三种方式检测广告效果：通过服务器的访问统计软件随时进行监测；通过查看客户反馈量；通过广告评估机构。

第五节　广告费用策划

广告策划的中心任务是以尽可能少的经费达到最佳的广告效果，广告费用策划的作用就在于使广告经费得到科学、合理的使用。

一、广告费用策划要点

1. 广告费用一般是指广告活动中所用的总费用。它主要包括行政开支和项目开支。行政开支是维持广告部门日常工作所需的开支，也称“间接广告费”。项目开支是直接为推进广告活动所需的费用，故又称为直播性广告费。这部分费用是广告费用的主体，约占广告费总额的 80% 以上。

2. 广告费用策划是以经费的方式说明在一定时期内广告活动的策划方案。其主要意义是：(1) 控制广告规模。广告活动的规模必然要受到广告费用的制约。通过广告费用策划，广告企业或广告部门可以对广告活动进行管理和控制，从而保证广告目标和企业营销目标的协调一致。(2) 评价广告效果。广告费用策划为广告效果的测评提供了经济指标。较多的广告经费投入必然要求获得较好的广告效果。(3) 规划经费使用。广告费用策划的主要目的之一就是有计划地使用广告经费，这对合理有效地使用广告经费无疑具有指导性的作用。(4) 提高广告效益。

3. 直接广告费用的预算。企业的一切经济活动都需要一定的经费支持才能顺利的开展。

4. 广告预算决策的理论建立在经济边际分析为的基础上。如果广告产生的边际收益大于增加的广告投入，那么公司就应该考虑对某一品牌或某地区市场或某种媒体增加广告预算。

5. 广告预算是由一个个子项目累加的。在广告活动中，要涉及许多费用。所以，在完成了广告费用总额的预算后，对广告的预算还存在着切割和分配的问题，广告预算的分配包括：媒介之间分配、媒介内分配、时间分配、地域分配、内容之间分配、产品间的分配等。

二、广告费用策划体系

随着广告投入的费用不断提高，广告费用策划的内容与环节愈来愈复杂。特别是在经济全球化的背景下，应该建立起科学的广告费用策划体系。

(一) 基本广告费用策划

基本广告费用包括：(1) 广告调查费，包括市场调查研究费用，购买所需资料和情报等费用；(2) 广告制作费，包括照相、翻印、制版、录音、录像、文字编辑、美术策划等费用；(3) 广告媒体费，购买广告传播媒体的版面和时间费用。广告行政管理费；(4) 广告人员的行政费用，包括工资、办公、出差和管理费用等。

一般来说，上述广告费用四个方面内容的支出比例大体是：广告制作费用约占广告预算的 10%；购买传播媒体的版面，位置和时间的费用约占 80%；调查研究与购买调研资料的费用约占 5%；行政与管理费用约占 5%。当然，每个企业的管理情况是不同的，因而其广告费用的内容和支出的比例也会有一些区别。

(二) 广告费用体系

1. 按照广告费用的用途方式分类，有直接广告费与间接广告费。

2. 按照广告费用的使用者分类，有自营广告费与他营广告费。其中，自营广告费是广告企业自营广告业务所要使用的广告费用；他营广告费是广告企业委托其他广告专业部门代理广告活动所支付的费用。

3. 按照广告费用的使用方式分类，有固定广告费和变动广告费。其中，固定广告费通常用于广告人员的行政开支和管理费用，其支出相对稳定；变动广告费是因广告实施量的大小而起变化的费用。

三、广告费用策划技巧与方法

有人说，广告是“花钱的艺术”，这是有一定道理的。一方面，广告投入动辄上亿；另外一方面，广告费用有相当大的“科学使用”的空间。在广告费用策划时，可使用如下费用预算方法：

1. 营销状况组合方法。该种方法主要根据营销情况和营销需要来确定。(1) 销售百分比法，是以一定时期内销售额或利润额与广告费用之间的比率来预算广告费用的方法；(2) 盈利百分比法，是根据一定期限内的利润总额的大小来预算广告费的一种方法；(3) 销售单位法，是按照一个销售单位所投入的广告费进行广告预算的。

2. 广告目标组合方法。使用这种方法不仅能够明确广告费用与广告目标之间的关系，而且便于检验广告效果，包括：(1) 销售目标法，这种方法是以销售额或市场占有率为广告目标来制定广告预算的一种方法；(2) 传播目标法，这种方法是以广告信息传播过程中的各阶段为目标来制定广告预算的一种方法；(3) 系统目标法，是采用系统分析和运筹学的方法，将系统的目标范围扩展到整个企业的生产经营活动之中，从而使广告预算更合理、更科学、更完善。

3. 营销利益组合方法。主要有根据广告收益递增广告预算和根据销售收益递减广告预算两种。(1) 广告收益递增法，是一种动态的计算广告费用的方法，即按照企业销售额的增加比例而增加广告费用投入比例的一种方法。(2) 销售收益递减法。就企业产品销售发展阶段来看，任何产品都不可能永远处在销售旺季，当此种产品达到高峰时，其销售总额就会减少。如果产品处于供不应求阶段，可以采取广告收益递增法计算广告费用，而当市场的产品需求量处于饱和状态时，就需要运用销售收益递减法来确定计算广告费用。

策划训练

策划读点：可口可乐著名的广告语

可口可乐可称为世界上最知名的品牌之一。在可口可乐的发展历程中，一流的广告创意为可口可乐的成功提供了强力的支持。可口可乐著名的广告语有：(1) 请喝可口可乐（Enjoy Coca · Cola）；(2) 挡不住的诱惑（Can't beat the real thing）；(3) 真正的口味（It's the real thing）；(4) 永远是可口可乐（Always Coca – Cola）；(5) 就是可口可乐（Coke is it）；(6) 可口可乐添欢笑（Cheerful life of Coke）；(7) 令人神清气爽的小憩（the pause theat refreshes）。

策划方法训练：形象思维方法

形象思维是在对形象信息传递的客观形象体系进行感受、储存的基础上，结合主观的认识和情感进行识别（包括审美判断和科学判断等），并用一定的形式、手段和工具

（包括文学语言、绘画线条色彩、音响节奏旋律及操作工具等）创造和描述形象（包括艺术形象和科学形象）的一种基本的思维形式。当然，形象思维并不满足于对已有形象的再现，它更致力于追求对已有形象的加工，而获得新形象产品的输出。所以，形象性使形象思维具有创造性的优点。这也说明了一个道理：富有创造力的人通常都具有极强的想象力。

训练建议：分析该方法在世界市场的应用情况；应用该方法进行市场策划。

营销策划平台

企业资料概要	策划项目
联想集团成立于1984年，是一家以研究、开发、生产和销售自有品牌的计算机系统及其相关产品为主，在信息产业领域内多元化发展的大型企业。联想集团于1994年在香港联合交易所挂牌上市，市值达到约500亿港币，位居香港股市十大上市公司之列。联想集团始终致力于为中国用户提供最新最好的科技产品，推动中国信息产业的发展。联想集团的业务涉及个人电脑、服务器、主板、外设、信息家电等INTERNET接入端产品、信息服务、软件、系统集成以及以电子商务为核心的网络局端产品等多方面，各类产品和技术已成为中国政府、金融、交通、邮电、商品流通等许多重要领域必不可少的信息技术手段。2000年4月，联想集团主动应变进行大规模业务重组。从原来的以事业部为核心的体制向以子公司为核心的体制转变，形成两大子公司，分别为：向客户提供全面的INTERNET的接入端产品、信息服务的联想电脑公司和为客户提供电子商务为核心的局端产品及全面系统集成方案为主的联想神州数码有限公司。2004年3月，联想加入了国际奥委会的TOP计划，成为国际奥委会2005年到2008年的计算机技术设备的合作伙伴。	理念策划 形象策划 产品策划 广告策划 促销策划 其他策划

第十一章 DISHIYIZHANG

营销策划绩效控制与预警

"化蝶、铜镜、编钟"的形象塑造

有一则广告用"化蝶"、"铜镜"、"编钟"分别表示广告公司在创意、客户服务、媒体服务等方面的企业精神，以期塑造一个好的企业形象。(1) 化蝶。以化蝶表示"我们的创意精神"是"搏者所为，惊视惊魂"。大家知道，蝴蝶在破茧之前，只是一个被束缚的幼虫。它为了维持自己的生命，吐丝、作茧、自缚。这是一个积累力量保护自己的过程，也是一个发展自己、壮大自己的过程。经过长期努力，它终于成为一只破茧而出、自由飞翔的彩蝶。设计者以此来比喻公司广告的创意精神。"不吃嫩草，挤不出鲜奶"，这是广告创意的至理名言。日本广告人士指出，广告人必须学会"创造不同"，敢于创新，敢于破茧而出。(2) 铜镜。镜子可以准确反映人的喜怒哀乐，镜与人"同喜同忧，心形相应"，可以说是荣辱与共。以铜镜反映公司对客户的服务精神，既准确又明白。以铜镜代表公司的优质服务，以及公司与客户相互依存的关系是极为贴切的。铜镜古色古香，与化蝶的古老故事以及历史悠久的编钟能形成广告古朴稳重的统一风格。(3) 编钟。编钟是古老的出土文物，是古代的乐器。编钟能发出悦耳动听的音乐，必须以准确无误的运锤为前提。只有在有效的指挥管理条件下，各种手才能协调一致，按统一意志演奏出优美的乐曲。广告设计者以"运锤不惑，气浩音宏"比喻公司各部门紧密衔接、配合默契的管理风格和媒体服务水平，也颇有新意。①

第一节 营销策划工作程序控制

一、营销策划工作的权、责、利关系

营销策划工作是一种商业行为，参与策划工作的各个方面形成了权、责、利关系，相应地要为自己的经济行为负责。

(一) 营销策划主体

营销策划主体是营销策划运作者，即参与营销策划各类人员，包括职业策划公司的人员

① 周立公、聂永有：《中外广告精品赏析》，中国财政经济出版社 2002 年版，第 261 页。

以及形形色色的兼职策划人。他们应该从策划成果中获得劳动报酬，同时，亦为自己的成果的科学性、规范性、实用性承担相应的经济责任。

（二）营销策划主体的选择

营销策划的承担者一般情况下有三种选择：（1）由企业自己的营销人员进行营销策划，是属于一般技术型营销策划；（2）委托专业的营销策划公司担任营销策划，是属于专业型营销策划；（3）聘请营销顾问与企业的营销部门进行营销策划，是属于联盟型营销策划。

（三）营销策划主体选择标准

1. 一般技术型营销策划，可以完成属于程序性的营销策划、常规的营销策划、局部的营销策划。大都可以由本单位策划人员以及联盟型营销策划容易承担。

2. 综合性营销策划项目，大型营销策划项目和企业自己缺少营销策划能力的营销项目可以委托专业营销策划公司或聘请营销专家进行营销策划。选择适合的营销策划公司，首先要看其专业特点与业务经验，不同公司有不同的营销策划擅长；同时，还要看其营销策划人员的素质与技巧。

二、营销策划客体

（一）营销策划客体意义

营销策划客体，就是营销策划的工作对象。包括企业营销管理活动各个领域（如产品策划、品牌策划、促销策划、广告策划）、各个环节（如市场调查、市场开发、广告制作、业态培育）、各种因素（如消费者心理、质量控制、公共关系）等等。可见，营销策划客体的本质是形形色色的企业。

（二）营销策划客体的控制

对营销策划客体的控制，实质是对企业营销管理目标的控制。在营销策划活动中起决定作用的，是企业根据营销环境以及自身的经营特长所完成的营销策划目标及对相应的目标控制。

1. 营销环境组合。营销环境可以归纳为政治、经济、文化、科技、竞争、法律六个方面。这六大因素是不可控的，但是，可以为企业营销管理所利用。利用的方式，就是在营销策划中进行营销环境组合，发挥环境因素的有利方面，克服不利因素，适当、适时地调整其企业的可控因素的环境适应性，以实现预定的营销目标。

2. 营销因素组合。企业内部可控因素主要可以归纳为产品、价格、促销、渠道四个方面，它们的组合即是营销组合。营销组合是企业在一定时期、一定目标市场销售一定商品的营销策略的组合。营销组合具有整体性、协调性、多变性，即营销的各种策略与措施是一个有机组合，应当配置好各个局部，以形成最佳组合；同时，这种组合又要根据环境的变化适时地调整，以保持总体协调，适应外部环境。

3. 信息发布控制。营销策划过程是利用、传播信息的过程。信息发布对营销策划成果的评价关系极大。信息发布形式有新闻形式和广告形式。信息发布的新闻形式是指营销策划主体通过新闻媒介来发布自身行为的信息，常用的方法有如下几种：（1）营销策划主体通过文字、录像、录音等形式向新闻界提供营销策划主体所发生的新闻稿件；（2）邀请新闻单位的记者参加营销策划主体举办的新闻发布会，并向新闻记者宣布本组织的重要新闻事件，请新闻界予以公开的报道；（3）营销策划主体接受新闻单位的采访；（4）营销策划主体根据新闻事件的特点，在不弄虚作假的前提下，针对公众和新闻界的兴趣，有目的、有计划、主动地营销策划，制造一些具有新闻价值的活动或事件，吸引新闻界和社会公众的注意，争取获得报道的机会，从而达到信息发布的目的。因而，这种创造出来的新闻主要是“演”给大众和新闻媒介看的。

三、营销策划的可行性研究

可行性报告是在市场调查的基础上，进行营销策划的设想、计划、安排的依据，是评估营销策划风险与回报的初级文件，是营销策划者的第一份承诺书。

1. 营销策划普遍存在的问题是：(1) 没有进行必需的可行性研究，忽视详尽的实施计划和如何实现；(2) 营销策划报告中宏观的、模糊的数据多，而微观的、具体的数据少，很难评估与判断；(3) 没有或很少量化的衡量标准和责任说明，成败难辨；(4) 市场前景预测过于乐观，对“不测风云”认识不足；(5) 对环境、市场、用户，特别是竞争对手的动态和可能的变化评估过粗，难以做到知己知彼。

2. 可行性研究要点。(1) 规范化。可行性报告必须是建立在充分的市场调查的基础上，而且在一个行业、一个企业集团中格式必须一样，数据格式也必须是统一的，这样分析和评估的标准才能统一。(2) 定量分析。必须用数据说话，宏观与微观的市场、用户、竞争信息全部量化。(3) 对市场结果作出三种预测和财务分析，即最佳状况、正常状况、最差状况。(4) 详细的实施方案，包括组织、人员、资金、设备、工作流程，以及“里程碑”式的分阶段检查标准和时间表。(5) 对潜在市场变化，潜在用户变化，潜在竞争形势变化，风险与潜在风险，问题与潜在问题有一个具体的分析和应变措施，把意外情况的影响控制在最低水平。(6) 对执行的方式、流程有一个明确的描述。以便于他人理解与评估。

四、营销策划程序控制

（一）营销策划一般程序

营销策划的一般程序，主要适用于综合的、大型的营销策划活动。具体分为“四个阶段”、“十二个环节”。

第一个阶段，建立合作联盟阶段。

【环节一】 寻找伙伴。营销策划如同其经营管理活动一样，首要的、关键的问题是寻找合作伙伴。合作伙伴的寻找方法包括“客户主动型”与“自我推销型”两种情况。

【环节二】 确立策划意向。这一步关系到双方联盟是否成立，也关系到整个营销策划能否成功。其主要工作内容包括：确定策划目标，确定策划内容，确定策划的方法，确定策划资金的投入，确定策划力量的组织，等等。

【环节三】 签订策划合同。签订策划合同，可明确双方利益、责任。为保证营销策划的顺利进行，维护策划双方的合法权益，需要以合同方式将策划委托方与被委托方的行为法律化。其内容包括：合同双方的主要权利和义务事项，策划课题，水平要求，预期成果，策划费用，履行期限，违约责任等。

第二阶段，营销策划准备。

【环节四】 营销策划调查。市场营销策划的起点，在于营销策划调查。所以市场营销人员要设法把握与市场、产品、竞争、分销以及现实环境的有关背景资料。

【环节五】　营销策划分析。在调查市场营销基本情况的基础上，营销策划人员要进行大量的分析、研究，围绕企业营销管理找出主要的机会和威胁、优势与弱点，以及面临的问题。

【环节六】　营销策划战略。一般来说，战略可以简单地理解成企业为了实现预定目标，所作的全盘考虑和统筹安排。可见，营销策划与战略，是能够结合起来实施的。营销策划人员要清醒地看到，企业每个目标都可能通过多种途径去实现。

第三阶段，营销策划实施。

【环节七】　方案构思。策划方案是否科学、可行，是策划能否成功的关键。方案构思是营销策划工作的中心环节。方案构思的类型包括：技术构思、产品构思、市场构思、广告构思、营销组合构思以及文案构思、画面构思，等等。方案构思的要点包括：方案的创新性；方案的技术性；方案的可比性；方案的融合性；方案的传播性。

【环节八】　方案优选。国外有一句格言："如果看来似乎只有一条路可走，那么这条路可能就是错误的。"说明人们在策划时，应该拟订多套方案以备选择。如果只找到一种策划方案，就难以相互比较好坏，区别优劣，就没有选择的余地。因此，策划者在策划中应拟订多种方案，以备挑选。同时，由于每一备选方案都有其合理性和局限性，因此，在优选的基础上，还可以吸收其他方案的长处，补充所选方案，使之更加完善。

【环节九】　精心策划。一旦完成了各种各样的策划准备，营销策划人员就转入策划方案的精心制作。

【环节十】　产生策划成果。营销策划成果包括：《营销策划书》；《营销策划实施方案》；其他营销策划产品，如广告词、广告电视片。

第四个阶段，营销策划传播。

【环节十一】　营销方案传播。

1. 策划报告会。策划报告会是策划成果发表会，也是策划工作的总结汇报会和实施改善方案的动员会。为开好这个会，可事前召开预备报告会，以便进一步征求意见，进一步作补充修改，并为正式报告会的召开提供经验。同时，要做好正式报告会的准备工作。

2. 实施传播。主要通过电视、报纸、网络或者其媒体进行传播。

【环节十二】　营销策划修正。改善营销策划方案是策划的提升工作。为保证改善方案的质量，需注意如下环节：第一，改善方案要具体可行、内容应写明策划目的、主要问题、改善重点、改善措施、预期效益和所需费用。第二，所有的营销策划改善方案都要和企业领导及有关人员一起研究，并取得与实施改善有关的各部门的认可。第三，要有策划复数方案，以供企业选择。

（二）营销策划特殊程序

1. 营销策划特殊程序的含义。营销策划特殊程序是通过营销研究判断决策的信息需求和成本，系统地搜集、整理、分析和报告有关信息，以帮助企业、政府和其他机构正确制订、实施、评估和调整市场营销策略和计划。

营销研究是营销活动所不可缺少的、极为重要的一部分，也是营销策划的一个特殊程序，其最主要目的就是通过为营销决策提供及时、准备和有用的信息来改进决策质量，减少决策失误。

2. 市场分析与预测。这是营销策划特殊程序的首要问题，是营销管理活动的基础与前提。营销策划中的市场细分、目标市场选择、市场营销组合都是建立在市场分析与预测的基础上的。

3. 定价心理学研究。价格是营销管理中特别敏感的问题，因而是营销策划的“老、大、难”，成为不可回避的特殊程序。实践表明，正确的定价策略是建立在对成本、市场需求、价格弹性、竞争者的价格和消费者心理的良好把握的基础上的。

4. 产品研究与测试。在产品为主导的时代，产品研究与测试理所当然成为营销策划的重要程序。特别是由于高科技的发展，企业产品策划常常是营销策划的核心。

5. 数据标准化。数据库营销、标准化营销是网络营销的新发展，也是营销策划面临的新问题。一般地说，数据标准化在营销策划过程有特别高的要求。不仅要求市场信息数据标准化，而且要求营销管理资源的数据标准化，还包括消费者需求的数据标准化。目前，许多跨国公司都建立了高效消费者回应系统。该系统通过生产厂家与经销商之间的电子数据的标准化、共享和及时处理，将产品开发、渠道管理和营销研究有机地结合起来，通过品类优化、快速补货、库存管理和有效促销，提高整个销售渠道的效率，降低了成本，最终达到使消费者满意，制造商和分销商赢利的目的。

五、营销策划程序控制要点

1. 抓住“两个基本点”。营销策划的两个基本点是营销现状和营销目标。营销现状是指企业所处的营销环境，它是企业进行营销策划的依据和基础。营销目标是指企业希望达到的经营目标，它是营销策划的目的和结果。企业的营销策划从某种意义上说就是寻找一种方法，使企业完成由营销现状到营销目标之间的过渡，或者说是消除营销现状与营销目标之间的一切差距。在一般情况下，营销现状与营销目标的距离越大，达到营销目标的难度也越大，从而使营销策划所花费的时间、费用、精力也越大。

2. 突出“时间效应”。在快速营销的时代，时间就是金钱，效率就是生命。营销策划者就应该在适当的时间完成策划方案，并且在适当时间推出策划方案。一般地说，营销策划所用的时间没有一定的标准，应视策划本身的需要、条件以及复杂程度而定。但是，一项策划的时间耗用过长，企业的营销环境有可能发生大的变化，策划的前提就可能随之变动，同时，策划时间过长，也使营销活动无法按期实施。另一方面，如果营销策划的时间过短，就不能保证策划的质量。

3. 重视策划信息。信息对于企业在激烈的市场竞争中取得主动权、赢得相对竞争优势越来越重要。管理所涉及的基本要素已由计划经济体制下的3M（人、财、物）变为市场经济条件下的4M（人、财、物、市场营销），和知识经济时代的5M（人、财、物、市场营销和信息）。此时，信息已是现代企业赖以生存和发展的一项极为重要的资源和约束条件。

4. 营销策划预算。提出执行各种营销策划所需的最适量的预算，以及在各个市场设计环节、各种营销策划手段之间的预算分配。例如，一家公司为它的立体声组合音响系统的产品，进行了这样的营销策划预算：目标市场——中上收入家庭，尤其侧重于女性顾客；品牌定位——音质最好和最可靠的立体声组合音响系统；产品线——增加一种低价格的型号，两种高价格的型号；价格——稍高于竞争品牌；分销——重点放在收音机、电视机商店和耐用消费品商店销售，并努力向百货商店渗透；销售人员——增加10%；服务——进一步做到方便、迅速；广告——针对品牌定位战略所指向的目标市场，开展一次新的广告活动；广告重点宣传——高价格的机型；广告预算——增加30%；销售推广——预算增加15%，用以增加销售现场的展览，参加更多的商业洽谈会；研究与开发——增加25%的费用，以开发更多、更好的机型；市场调研——增加10%的费用，以增加对消费者购买选择过程的了解、监测竞争者的举动。

5. 注重促销效果。营销策划的市场目标是扩大销售。不能提高市场占有率的营销策划是没有意义的。

第二节　营销策划预警机制

一、预警概述

（一）预警的含义

预警是采用一系列信息、传感、遥控探测手段，发现、监视、定位和识别市场营销目标，发出警报信号，为提高抗风险营销能力提供相应情报和时间保证。按照“市场大预警”的系统概念，现代营销预警系统可分为四个部分，即：产品预警系统、品牌预警系统、消费预警系统和渠道预警系统。

（二）营销预警的目标

营销预警的目标主要是：

1. 社会营销的预警目标。包括人口增长率、犯罪率、贪污腐败、贫富差距等，进行观察、分析，把握它们的现状与趋势，发现它们的警戒线。

2. 环境营销的预警目标。包括自然生态环境问题，如环境污染问题、生态平衡问题；社会生态环境问题，如营销政策、营销法规问题、竞争环境问题、营销行为问题等等。

3. 产品营销的预警目标。包括新产品开发的风险问题、产品设计的应用性问题、产品质量问题、产品的科技含量问题，等等。

4. 营销渠道的预警目标。包括渠道开发的安全性问题、中间商的信誉风险问题、促销手段的有效性问题，等等。

（三）营销预警的特点

要保证营销预警的准确性与科学性，营销预警机制的建构必须考虑以下几个特点：

1. 信息畅通。这是准确、科学实现营销预警的前提。

2. 预测准确。即要善于根据已有的资料，对营销的走势作出准确的分析与预测。

3. 方法科学。对营销信息的把握、预测分析，可采用“前景方案法”、“仿真模拟”、“网络分析”等方法，以实现对营销现状与发展态势的科学预警。

二、危机营销

所谓危机营销，就是指企业在面对外部危机时所采取的特殊的营销措施，因为外部危机发生时，企业所遭受的压力往往来自于外界、来自于消费者甚至公众，因此展开危机营销常常能起到对症下药、快速缓解危机危害的作用。

从具体操作的角度来看，危机营销依托于完整的危机管理体系，这个体系包括了以下几个方面的内容：

1. 危机规划。营销管理人员必须经常审视和回顾消费者的需求、期望值，这些都是确定危机管理过程的重要指标。

2. 危机评估。危机评估是指辨别和分析危机，营销管理人员应该能正确地评估危机的影响范围并分析出危机的严重程度和可能造成的损失。

3. 危机处理。营销管理人员正确地评估了危机的范围和程度后，就可以决定如何来处理危机，是利用手段，还是通过终端、宣传。

4. 危机监控。根据危机评估的结果和危机处理的过程，营销管理人员应该对危机处理的全过程进行监控，并根据情况的变化及时改变危机处理的方案。

5. 危机总结。应该说，危机总结是危机营销流程中最重要的一环，只有对危机发生和危机处理的全过程进行记录和总结，企业才能真正做到“化危为机”。①

三、策划活动的反馈

这是因为策划活动具有相当的超前性和预测性，策划过程中所涉及的一系列因素经常处在不断发展变化之中。只有借助于全过程中的不断反馈，形成良好的双向反复互动格局，才能发现拟订与实施过程中的某些偏差，从中汲取有价值的信息和意见，并据以对方案不断地作出不同程度的调整，以利于策划活动顺利开展，确保实现原定的策划目的，并尽可能收到最佳成效。

反馈的常用方法包括：

1. 比率统计法。即对所选择媒体的传播效果进行统计、计算，将得出的比率与原定策划方案中的预计效果加以比较。超出了原定效果，是非常成功；等于原定效果，是基本成功；差于原定效果，为不够成功，差额越多，说明成功的指数越小。

2. 询问统计法。即对目标公众进行走访调查，统计被询问者中接受信息、产生认同、改变态度、引起行为的人数及其程度，据此加以统计、计算、分析，并与原策划方案中的预定效果进行比较，从而判定出策划工作的成效。

4. 媒介反馈法。即搜集新闻媒介对策划项目实施过程中的相关反映，并与策划实施前的反映加以比较，从中了解策划实施中产生的效果。

5. 观察理解法。即通过对目标公众产生认同、改变态度、引起行为等情况的观察分析，来判断策划实施的效果。

6. 民意测验法。即通过问卷、访谈等民意测验的方式，来了解目标公众对策划实施情况的了解、认知、理解、认同情况，以此推测、检验策划所取得的效果。

实际应用中，既可以单独运用上述的一种或几种方法来进行反馈，也可以根据具体情况与可能条件，采取其他方法来进行评估和反馈。②

四、工作补救策略

1. 跟踪并预期补救良机。企业需要建立一个跟踪并识别工作失误的系统，使其成为挽

① 郑方华：《营销策划技能案例训练手册》，机械工业出版社 2006 年版，第 345 页。

② 梅雨霖主编：《应用策划》，中国轻工业出版社 2007 年版，第 14 页。

救和保持顾客与企业关系的良机。有效的工作补救策略需要企业通过听取顾客意见来确定企业工作失误之所在。

2. 尽快解决问题。一旦发现工作失误，工作人员必须在失误发生的同时迅速解决失误。否则，没有得到妥善解决的工作失误会很快扩大并升级。

3. 从补救中汲取经验教训。工作补救不只是弥补工作裂缝、增强与顾客联系的良机，它还是一种极有价值但常被忽略或未被充分利用的具有诊断性的能够帮助企业提高工作质量的信息资源。通过对工作补救整个过程的跟踪，管理者可发现工作系统中一系列亟待解决的问题，并及时修正工作系统中的某些环节，进而使补救现象不再发生。[①]

策划训练

策划读点："纯碱工业之父"与"红三角"牌品牌

我国"纯碱"这个新产品，就是由我国近代著名企业家、化学家、"中国纯碱工业之父"——侯德榜博士首先创造的。他以"侯氏制碱法"，打破了近百年来外国人对世界制碱行业的统治；他以所生产的优质国货"纯碱"，打破了垄断我国"洋碱"市场近半个世纪的被动局面；并以国货"红三角"牌纯碱商标，完全替代了在我国碱类产品市场上行销几十年的英商"蛾眉"洋碱品牌。我国第一家民族制碱厂终于在 1922 年 8 月 13 日正式投入生产。侯德榜与范旭东等合计，为公司取了一个意义深远的名称"永利"。有这样两层意思：第一，创办制碱工厂，在企业产品生产过程中，还会发生这样那样的众多问题，面临各种各样的挑战，希望生产经营永远顺利。第二，通过永久获利，提升经济实力与洋碱同场竞技，最终将外国洋碱赶出中国市场。有"永远顺利"和"永久获利"两层意思。而产品商标取名为"红三角"牌。寓意当时公司有三位主要领导，用"红三角"牌，以此象征三位创办者，团结一致，朝着一个共同的目标，奋勇向前。而"红三角"牌商标图样，则又与所生产的产品纯碱紧密相连。从"红三角"牌商标图样设计情况看，所构思的商标基本图形，是在一个烧杯（即做化学实验的烧杯）图案外，加上一个红色三角形。这个图样象征纯碱在生产工艺过程中，同时有气体、液体和固体三相的直接反映。"红三角"牌纯碱产品多次荣获世界博览会大奖。[②]

策划样本：让我们做得更好

（一）样本展示

让我们做得更好的理念和行动，表达出把每件事都做得更好的承诺，使飞利浦成为顾客心目中的第一选择。飞利浦在视听电子产品方面的成就卓著。早在 1935 年，飞利浦已积极发展电视制造的技术，除了是显像管及影视传播科技的发展先驱，也是手提摄录机的始创者，而飞利浦的彩色显像管位居世界销量第一。飞利浦生产出全球首部体积只有一盒普通录像带般大小的手提迷你电视机；最大可增至 62 寸大屏幕画像投射效果的 LCP（小精灵）液

---

① 陈中民：《营销方法》，新疆科技卫生出版社 2001 年版，第 530 页。

② 左旭初：《著名企业家与名牌商标》，上海社会科学院出版社 2008 年版，第 153 ~ 157 页。

晶体投射放影机；画质超凡、音响震撼的视霸彩电系列；独有灵智遥控及超宽立体声系统的超音彩、新视霸彩电系列等。重视产品的售前售后服务，是飞利浦一贯对消费者的承诺。飞利浦更透过网络系统，不断拓展客户支援服务的崭新领域。飞利浦陈列室和服务中心遍布全球，时刻为各飞利浦产品的用户，提供原厂配件、部件修理、技术支援等周全服务。①

（二）模拟与创新

1. “让我们做得更好的理念和行动”的模拟与创新；
2. 飞利浦电视制造的技术的模拟与创新；
3. 飞利浦“产品的售前售后服务”的模拟与创新。

策划方法训练：因果共变方法

当第一种事物发生变化时，必然引起其他事物的连锁反应。据此，即可判断前一种变化是后一种变化的原因，后面的变化是前一种变化的结果。两者之间存在着共变式的因果关系。应用共变法时要注意两个问题。第一，只有在其他因素保持不变时，两种现象才能说明因果联系；第二，两种现象的共变是有一定限度的，超过这个限度，就不再有共变关系。比如，股票市场上，美国的网络类股票一下跌，其他国家的网络类股票必然下跌。这里，美国的网络股票与其他国家网络股票便属于共变性的因果关系。

训练建议：分析该方法在世界市场的应用情况；应用该方法进行市场策划。

营销策划平台

企业资料概要	策划项目
青岛啤酒股份有限公司前身是国营青岛啤酒厂，始建于1903年。是国际市场上最具知名度的中国品牌之一。1993年改制为股份有限公司，并在香港和上海上市发行H股和A股股票。公司以建设国际化大公司为目标，适时进行战略性调整，由“做大做强”向“做强做大”转变，由以“外延式扩大再生产”为主向“内涵式扩大再生产”为主转变，加快整合创新，不断提高自身核心竞争力，以创世界驰名品牌，建国际一流企业。青岛啤酒素以泡沫洁白细腻、澄澈清亮，酒体醇厚柔和、香醇爽口、持久挂杯而享誉海内外。质量好、品位高、风格雅是青岛啤酒的一贯追求。树立品位高雅、卓越超群的产品形象，会为进一步提高青岛啤酒的知名度，大力开拓市场打下坚实的基础。	理念策划 形象策划 产品策划 广告策划 促销策划 其他策划

① 世界品牌研究室主编：《世界品牌100强——品牌制造》，中国电影出版社2004年版，第105页。

第十二章 DISHIERZHANG

营销策划书

《佐贺报》精诚所至金石为开

日本有一家地方性报纸——《佐贺报》，它在邻近的福冈县大报社的竞争夹缝中历经110年而没有被挤垮，靠的就是处处为用户打算的真心诚意。佐贺北临日本海，南接太平洋，是典型的海洋性气候，经常下雨给报纸的投递带来了很大的困难。《佐贺报》的董事长说："下雨天送去湿漉漉的报纸实在说不过去。"所以凡是阴雨连绵的早晨，每一位《佐贺报》的读者，都会收到一份用塑料袋细心包裹着的报纸。《佐贺报》对读者的这份真诚和温馨，是它历经百年而不倒的原因。①

第一节 营销策划书概述

一、营销策划书概述

营销策划书定义为：以需求为导向，以策划为手段，将产品、服务或者项目、计划、任务等的创意构思转化为文字的书面成果。有营销策划报告书、营销策划任务书、策划书、策划案、市场开发策划案、市场操作手册、营销方案等称谓。一份条理清晰、版面活泼的营销策划书，对于提高营销策划说服力和接受度有极大的帮助。同样，营销策划书没有固定的格式，但却有必备的项目或条件，以及构思、表现等方面的技巧。

营销策划书主题要明确、突出；结构要严谨；要有科学性、逻辑性；要注意表现形式，尽量用数据、图表说明问题，做到直观易懂。

二、营销策划书的内容与形式

营销策划书的内容包括：策划人员构成和任务分担情况、策划目的、策划创意、策划工作过程、对象企业的现状与主要问题、策划中使用的主要方法；具体改善方案；改善方案的可行性和实施后的预期效益；实施改善方案所需费用等等。大型营销策划可以分成总报告、分报告和附件。总报告主要对该项策划的总体环境和总体目标进行设计，有时在报告中还包

① 王一心：《读故事 学营销》，海潮出版社2005年版。

括设计营销活动的总体原则及步骤。在分报告中，主要就一些重要的分类营销策略作具体设计。附件是指与营销策划有关的调研记录、规章及其他营销管理资料。小型策划项目则可以把总报告和分报告合在一起。营销策划报告可以采用书面形式，也可以采取计算机光盘的形式。当然，越来越多的策划报告既提供书面报告，又制作成光盘。

三、营销策划书的功能

营销策划书是营销策划工作的理论成果，是营销策划者与企业营销管理者（接受方）共同劳动的结晶。营销策划书的基本功能是：

1. 产品创意功能。营销策划书是针对某一特定需求的特殊创意。包括企业创意、产品创意、品牌创意、促销创意、渠道创意等。

2. 中介服务功能。营销策划书90%不是为自己写的。营销策划书实质是营销策划公司的产品。营销策划书是高智力投入、高附加值的知识型产品。

3. 营销研究功能。营销策划书是在大量的市场研究基础上形成的一种说服性的材料，资料全面，信息完整，理论联系实践，对整个项目的来龙去脉作了清晰的交代，同时充分陈述项目的意义、作用和效果。

4. 市场指导功能。营销策划书是比较科学地反映了接受方的立场，并对营销策划项目所涉及的市场、产品、消费者等问题进行细致的预测与规划，有相当强的指导作用。

5. 知识传播功能。优秀的营销策划书本身就是一本市场营销案例的说明书。完全可以成为营销管理者营销策划的知识读本，并可借鉴学习策划项目的方法和技巧。

四、营销策划书的编制原则

1. 逻辑思维原则。营销策划是创造性的逻辑思维活动，营销策划书也必须按照逻辑思维的思想方法来编制。首先是各种各样的信息资料要完整、真实，符合世界市场的历史趋势；其次，要与企业真诚合作，以“企业的成功就是我的成功”为策划理念；再次，就是在策划过程中认真分析市场现状，详细阐述具体策划内容，提出解决问题的科学对策。

2. 简洁朴实原则。营销策划书不是文学创作，不要过多的艺术修饰。要注意突出重点，抓住营销管理要解决的核心问题，深入分析，进行可行性研究，真正为企业排忧解难。

3. 可操作原则。营销策划书的编制是要用于指导营销管理活动的。同时，其指导性涉及营销活动中的每个人及各个环节。影响并且制约着营销管理活动的方向与质量。因此，可操作性非常重要。不能操作的方案创意再好也无任何价值，不易于操作也必然要耗费大量人、财、物、信息资源。

4. 创意新颖原则。营销策划的创造性是通过营销策划书来体现的。因而，不仅要求策划的创意新、内容新、表现手法新，给人以全新的感受，而且要求营销策划书内容新颖、方案富有创意。

第二节　营销策划书类型与结构

一、营销策划书的类别

营销策划对象极其广泛。有物质产品与精神产品的策划、城市市场与农村市场的策划、产品创新与服务创新的策划、工业企业与商务运作的策划、传统产品与现代产品的策划、品牌与文化的策划、竞争与联盟的策划等。

（一）综合类营销策划书

属于营销策划的完整形式，包括对新企业、新市场、新产品、新服务各个环节、各个过程的全面策划。同时，也包括产品开发策划、品牌策划、广告策划、销售策划等而形成的营销策划书。

（二）专项类营销策划书

属于营销策划的部分形式。包括对市场营销活动某些环节、某些过程的独立策划。比如，新产品开发策划，新品牌策划，或者新产品促销等而形成的营销策划书。

（三）活动类营销策划书

属于营销策划的节点形式。包括依据特定市场或者特定时间所进行的营销策划活动而形成的营销策划书。比如，医药保健品北京市场“五·一”促销活动策划书；“十一”黄金周旅游市场营销策划书等。

二、营销策划书的结构

（一）营销策划书结构的一般要求

根据美国营销策划专家丹·E. 舒尔茨等人在《营销策划运动策略新论》中的理论，一份完整的营销策划报告，一般包括以下几个方面的内容：

1. 策划前言。这是全部策划的提要部分。应具体说明营销策划报告的任务和目标，必要时，还应把策划的要点概括出来，以方便营销策划客户了解全貌。

2. 情况分析。主要包括四个方面的内容：公司及产品历史、产品分析、消费者分析和竞争者分析。

（1）公司及产品历史。一般以一小段为开场白，极简短地介绍公司历史概貌、产品历史，可用500字的篇幅稍加详细叙述。叙述内容应围绕以下几个问题展开：本产品或品牌的背景；专利权或产品技术发展历史；企业在社会上的重大影响；过去的营销策划预算；过去的营销策划主题；过去的媒体或传播形态；目前在营销策划中或推广上所使用的创意主题；目前本品牌所面临的问题点和机会点。

（2）产品分析。这是营销策划报告极其重要的一部分内容，必须对一切可能影响到产品或劳务销售的要素进行概要分析。一般可围绕以下问题展开：与竞争者相比，本产品的特点、成分、用途、消费者、接受等方面的竞争结果如何？在过去几年中，产品有何增加或改进、删除或放弃，新用途、新市场等等？本产品的价值何在？产品的销售范围如何？零售商对本产品感觉如何？本品牌认知度和理解度、接受度怎样？本产品与竞争对手相比，有何独具的或与众不同之处？

（3）消费者分析。这部分叙述时应尽量明晰、准确。评估内容主要包括以下几点：基本情况，如性别、年龄、收入、职业、教育、种族、家庭收入、人口、社会阶层、地理区域等。态度情况，对本产品的知晓程度、喜爱程度，是同情、认可、赞同、支持还是冷漠、敌视、否定、反对，原因在哪里？行动情况。在何处使用本产品、如何使用、使用频率、使用平均数量，对同类产品尤其是对竞争对手的产品的品质、价格、包装、型号、品牌荣誉、服装等评价如何？消费者对目前营销策划的认知度是多少？本产品为消费者解决什么问题？消费者知道这些利益吗？现有顾客的忠诚度如何？发生品牌转移了吗？如果已发生是本名牌中，还是在其他品牌？谁是本品牌的最佳潜在顾客？等等。

（二）营销策划书的结构（见表12－1）

表12－1

封面	（1）策划书名称及策划书文号；（2）策划书委托方名称；（3）策划书保密等级；（4）策划组织名称与策划主持人姓名；（5）策划书完成时间或者修订日期。
前言与目录	（1）策划主题或者委托方意图；（2）策划方案与创意；（3）策划合同要点与必达目标；（4）策划书实施方案；（5）策划书目录（标明内容与页码）；（6）概要与提示。
策划书正文	（1）策划背景与策划成果概述；（2）策划目标的环境分析；（3）策划目标的市场定位与机会分析；（4）策划目标的竞争者分析；（5）目标市场的消费状态分析；（6）目标市场的利益群体分析；（7）策划思想与策划创意分析；（8）策划成果或者方案概述；（9）策划方案实施的企业经营组织；（10）策划方案实施的市场资源分析；（11）策划方案实施营销成本与市场盈利分析；（12）策划方案实施的产品战略设计；（13）策划方案实施的品牌战略设计；（14）策划方案实施价格策略设计；（15）策划方案实施渠道策略设计；（16）策划方案实施的促销策略设计；（17）策划方案实施广告策略设计；（18）策划方案实施的费用控制、市场控制与效果控制；（19）策划方案实施的细则；（20）其他备选方案的概要说明；（21）结束语。
文献附录	（1）策划书的参考文献与资料来源；（2）与策划主题相关的调查报告；（3）补充资料、原始照片等；（4）注意事项和特别说明。

第三节　营销策划书的制作

一、营销策划书的封面制作

1. 要求：创意、醒目、整洁，科学设计字体、字号、颜色，达到良好视觉效果。

2. 提供信息：策划书的名称、被策划的客户、策划机构或策划人的名称、策划完成日期、本策划适用时间段、策划书的密级及编号、策划书的页数。

3. 效果：吸引眼球，有力度，准确传递信息，美化策划书。

二、营销策划书前言的编写与制作

1. 要求：字数控制在1000字以内，以不超过一页为宜。信息密度大，需要字斟句酌，语言精练准确，简明扼要。

2. 提供信息：包括营销策划项目的委托与承担的情况；营销策划项目的背景资料；策划的目的以及策划实施后要达到的理想状态；策划及策划书的特色，策划过程的概略介绍，参加人员的情况，致谢等。

3. 效果：高度概括，清晰表述，有强烈的吸引力和创新力，能够最大限度地调动读者的兴趣与欲望。

三、营销策划书的目录制作

1. 要求：制作规范，体系完整，字体标准，编排得当。

2. 全面介绍策划书框架。

3. 检索方便，阅读清晰。

四、营销策划书概念归纳的制作

1. 要求：科学归纳概念，创造“卖点”与“看点”，赋予策划书比较强烈的创新力。

2. 提供信息：科学地策划定位，准确把握策划项目的策划目标；提纲挈领，勾画出策划的骨架；巧妙利用框图。

3. 效果：概念有创意，思路、意图与观点清晰。

五、营销策划书的市场环境分析编写

1. 要求：拥有完整的一手资料，理论联系实际，从宏观、微观与专业市场的角度，系统分析市场状况、竞争状况、分销状况、宏观环境状况等情况。

2. 提供信息：（1）市场状况，列出目标市场近几年的数据，通过年度相对指标对比，得出分析结果；（2）竞争状况，对主要的竞争者进行辨认，并逐项描述他们的规模、目标、市场份额、产品质量、营销战略和其他特征，从而恰如其分地了解他们的意图和行为；（3）分销状况，列出在各个分销渠道上的销售数量资料和重要程度；（4）宏观环境状况，描述宏观环境的主要趋势（如人文的、经济的、技术的、政治法律的、社会文化的），阐述它们与本企业产品的某种联系。

六、营销策划书 SWOT 分析的编写

1. 要求：对企业内部环境的优势（strengths）、劣势（weaknesses）、外部环境的机会（opportunities）、威胁（threats）的全面评估称为 SWOT 分析。SWOT 分析是环境分析的结果。

2. 提供信息：（1）机会/威胁分析。根据以上的分析归纳出企业所面临的主要机会和威胁。（2）优势/劣势分析。根据以上的分析归纳出企业所具有的优势和劣势。（3）问题分析。应用上述优势和劣势分析，确定企业必须注意的主要问题。

七、营销策划书营销目标的编写

1. 要求：通过 SWOT 分析得出分析结果后，即可据此来设定营销目标。营销目标通常是几个目标的组合，包括：利润率、销售增长率、市场份额提高、分销网点增加、风险分散、创新和声誉等。

2. 提供信息：需要提供利润率、销售增长率、市场份额提高、分销网点增加、风险分散、创新和声誉等方面的策划信息。

3. 效果：分析清晰，结论准确，内容充实，语言流畅，为企业营销提供优秀的策划成果。

八、营销策划书营销战略的编写

1. 要求：科学进行战略定位，提出企业战略的基本设想。

2. 提供信息：全面的战略策划，包括目标市场战略、产品开发战略、产品生命周期战略、竞争战略、多角化战略、国际市场营销战略。

3. 效果：战略分析明晰，构建企业的营销战略蓝图。

九、营销策划书市场营销组合策略的编写

1. 要求：科学把握营销组合的意义，创造性地把营销组合的策略应用于策划书，并形成优秀的综合营销方案。

2. 提供信息：（1）产品策略。阐述产品体系、品牌体系、品牌管理、包装体系、包装形式、包装设计等内容。（2）价格策略。阐述定价原则、定价方法、价格体系、调价体系等内容。（3）渠道策略。阐述渠道建设指导方针、渠道开发步骤、渠道网络架构、渠道激励措施等内容。（4）促销策略。阐述人员推销、广告、营销推广、公共关系的方式方法。

3. 效果：营销方案策划有创意，对企业有重要的指导意义。

十、营销策划书行动方案的编写

1. 要求：行动方案具体，计划科学，操作性强。

2. 提供信息：（1）组织机构，包括机构名称、人员、任务安排、职责、达到目标等。（2）营销行动程序安排，具体包括时间、地点、具体任务、计划目标、必达目标、工作途径、措施保障等。

十一、营销策划书营销预算的编写

1. 要求：采用作业项目估计法，列出预算支出细目。计划性要强，开支项目清晰，列出估算的收入及利润金额。

2. 提供信息：（1）产品开发估算费用；（2）品牌培育估算费用；（3）渠道估算费用；（4）促销估算费用；（5）广告估算费用；（6）人员工资估算费用；（7）其他估算费用；（8）估算收入；（9）估算税费；（10）估算利润。

3. 效果：项目合理，计算规范，符合策划项目实际。

十二、营销策划书结束语的编写

1. 要求：与前言呼应，使策划书有一个圆满的结束。

2. 提供信息：突出策划书重点，强调创新思想。

3. 效果：使利益相关者全面地掌握策划书灵魂，积极参与策划书的提升、完善与执行。

十三、营销策划书附录的编写

1. 要求：附录材料有价值，成为策划书内容的补充。

2. 提供信息：包括权威数据资料、消费者问卷的样本、座谈会记录等等。

3. 效果：既能补充说明正文内容的一些问题，又显示了策划者负责任的态度，同时也能增加策划方案的可信度。

第四节 营销策划书举例

一、营销策划前言举例

前言举例（一）

中华民族是伟大的民族，中国的制造业有着辉煌的历史。古人引以为豪的中国丝绸，至今仍享誉全球。中国古代陶瓷的制造技术、造型工艺曾被西方人所叹服。近代中国、资本主义列强以炮舰开路，将西方商品强行打入中国市场。中国一代民族制造业者用智慧与策略在困境中为中国制造的商品闯出一条生路。范旭东、侯德榜这些民族制造业的先驱，在制碱行业中，凭借爱国主义的满腔热情，以科研为先导，掌握了最新技术，并运用灵活的斗争策略，冲破了老牌帝国化工厂商的垄断，在中国制造业的史册上写下了自强不息、振奋人心的篇章。

“中国制造”迅速崛起的标志，是一大批重要产品产量拿到了“世界第一”，如钢铁、水泥、数字程控交换机等，为大型系列丛书《中国制造》的编写创造了条件。在《中国制造》的大家庭中，有特别广泛的出版资源，譬如，《中国制造·海尔制造》、《中国制造·武钢制造》、《中国制造·一汽制造》、《中国制造·同仁堂制造》、《中国制造·恒源祥制造》。①

二、营销策划价值概念举例

1. 商业价值。站在全国、全球和未来的角度审视城市的历史、精神、文化和经济实力，寻找城市的商业灵魂，展示城市的商业价值。

2. 人文价值。定位城市的过程，是对城市的人文性的再发掘、再认识的过程，全方位地描述城市的人文特征，说明21世纪的城市人的历史地位，塑造城市人的价值。

3. 思想价值。定位城市，是用思想说话，传播城市创造者、城市决策者、城市管理者、城市消费者对城市的过去、城市的今天、城市的未来的心声，赋予城市真正的思想性。

4. 理念价值。定位城市，是传达一种理念。城市的革命，往往是理念的革命。不同的城市有不同的理念；不同时期的城市，也有不同的理念。概括城市理念，是最现实地提升城市。

---

① 选自《中国制造丛书》策划书。

5. 战略价值。定位城市是规划城市的战略。站在战略的高度定位城市经济带、城市产业、城市市场、城市文化、城市环境、城市消费等等，确立科学的城市发展观，是一项紧迫的战略任务。

6. 形象价值。用智慧塑造城市，是为城市搭建经济发展大舞台，展示各个地区城市的新定位、新思路、新战略、新版图，让城市“名片”亮起来。城市形象，是巨大的资源。定位塑造形象，形象凝结价值。

7. 知识价值。城市是知识的载体。定位城市，是对城市所涉及的人口、资源、地理、生态、文化、教育、经济、技术等自然科学、社会科学知识全面提炼与总结。用知识开发城市，是定位城市的全部价值。①

三、环境分析举例

……市场分析

地域分析

陕西由陕南、陕北、关中三块地域组成，也称三秦。其中关中地势平坦，人口稠密，经济较为发达；陕南地处秦岭以南，水田丰沃，是著名的鱼米之乡；陕北地处高原山丘之中，经济较为落后。

消费心理分析

陕西消费者的消费心理较为传统，对传统的文化和礼仪较为接受，消费目的专一。此外，城市与农村的消费心理截然不同，城市消费者较为理性，一般在对比感受并对产品原理有了了解后才会购买，而农村消费者更注重功能与效果，从众心理较强，其购买动机在很大程度上取决于对产品的信任。

……陕西市场竞争现状

目前六味地黄丸在陕西市场的竞争比较激烈，大小品牌有十六七个之多，市场呈现白热化的竞争态势，直接表现在争夺平价药品超市、抢占连锁药店终端以及集中在大型医药连锁超市的面对面的争夺顾客上。各个厂家的销售人员之间甚至出现了相互诋毁、不择手段地竞争的现象。以西安市场为例，高端以河南“仲景”、兰州“佛慈”为代表，中端以长沙“九芝堂”为代表，低端以陕西“天洋”、端药为代表，另有各种杂牌品牌在中低层次竞争，进一步蚕食这个市场。从市场份额分析，仍然以传统品牌兰州“佛慈”和低价位的“天洋”为主，其次为“仲景”六味和其他品牌。

随着受众人群的增加及宣传力度的加强，为使仲景六味由导入期进入到产品高速增长期，按照原有方法是不可行的，必须走网络化的整合营销之路。

目前“仲景”六味地黄丸的市场基本情况是：

1. 营销通路仍然不畅，许多想买产品但买不到的顾客可能流失；
2. 宣传方式较为被动单一，对潜在顾客未进行深度挖掘；
3. 市场占有率偏低，缺乏对市场的深层次开发；
4. 没有形成规模销售，市场还停留在浅层次销售上；
5. 面临机会风险，稍有等待（一旦同等产品竞争形成规模）则市场尽失；

① 选自《城市定位丛书》策划书。

6. 集中于终端的面对面的抢夺之中，缺乏与消费者的主动沟通。

以上就是目前六味地黄丸市场的总体现状：所有品牌竞争态势不一，没有能够在最短时间内达到最大化市场占有的绝对性品牌。同时，以功能定位的广告专题已经对一部分消费者产生了作用。接下来的问题是：要形成规模销售，提高产品销量，就必须挖掘深层次的消费者，变被动为主动，以活动、促销、广告及病例口碑的整套宣传配合，日趋完善的网络进行整合行销，这样才能建立完善的营销网络，树立牢固的产品品牌……

……仲景六味的陕西市场思路

以上问题的解决之道是严格化的管理、系统化的市场培训以及规范化的市场监督。同时，为配合陕西市场，要建立监督、外联、市场、管理四大体系。

陕西市场的思路是：以西安为龙头，以咸阳、宝鸡、渭南为一类城市销售网络，安康、汉中为二类销售网络，商洛、陕北为三类销售网络，建立以办事处为基点的、覆盖陕西区域的严密的三级销售网络。由于前期的市场发展及培育，仲景六味已经具备了一定的市场知晓率及消费群体，接下来的工作就是如何扩大产品的影响，形成规模销售……①

四、SWOT 分析举例

（一）优势方面

××公司成立于××年，是由香港名人×××与××公司联合投资创立的，总厂设在苏州××镇，那里号称“华果乡”。从××年起，公司已经在上海市场陆续推出了“××系列蜜饯”等近十种产品，并多次获得省特优产品与“全国名特优产品”的称号。××公司在同行业中较早就进入了上海市场，再加上产品的口味独特，甚为广大市民青睐。

（二）劣势方面

第一，本公司产品现被个别不法之商假冒。由于假冒伪劣产品扰乱市场，使不少市民在购买了假冒产品之后，误以为是本公司的产品，在大众传播媒介提出了不少批评意见，对本公司的信誉产生了误解，使公司的形象蒙受了损失，商品销量也不断下降。

第二，由于经济体制已由计划经济转为市场经济，供销渠道发生了变化，市场竞争实力增强，市民的择优消费观念在不断更新，希望产品做到“新、奇、特”。因此“质高价优”成为公司巩固形象、维护市场份额的关键与基础。由于公司在产品开发方面一度忽略了公众需求，与公众新的消费需求还有一定距离，存在不尽一致的现象。

（三）机会点

第一，由于市民生活水平的不断提高，在工作闲暇之际，居家休闲时品尝休闲食品已成为一种新的时尚。

第二，由于现在工作时间都作了大幅度的调整，已由原来的六日工作制改为现有的双休日制，市民休闲时间的增多，也为休闲食品造就了一个潜在的市场。

第三，由于市民的文化素养不断提高，出现了一种特有的现代消费心理，即要买“好人”生产的“好东西”。也就是说，现代顾客的消费越来越注重商品的人格化形象。②

---

① 袁小琼著：《医药保健品营销全程策划中国医药保健品市场一线报告》，广东经济出版社 2005 年版，第 258～260 页。

② 范进、刘军：《写好营销策划文案》，中国经济出版社 2006 年版。

五、营销组合举例

产品特点介绍

"MOTO-860"是摩托罗拉公司2006年春季隆重推出的一款外形时尚、专为年轻人设计的3G手机，本款手机打出绿色环保为主题，所以以浅绿色调为主色调，颜色鲜明，外观以树叶抽象变形为主要形状，机长：12厘米，宽：6厘米，厚：0.7厘米，自下而上——手机左下角有五个长方形，以梯形格式排列组成话筒。键盘流线型设计，凹凸有致，用夜光材料所制，这样可以省下手机平时所耗的电能……

销售与广告分析

1. 定价策略。目前"摩托罗拉MOTO－860"在中国的市场定价在2700～2800元之间。

2. 分销渠道。主要是手机专卖店和邮局手机专柜，地区以北京为中心向全国各大、中、小城市扩散。

3. 广告地区。针对大、中、小城市，全面推出，重点放在大、中等城市。

4. 广告内容（诉求点）。以绿色环保、时尚为诉求点。

5. 广告方式。以电视广告为主要广告媒体，以全国各大电视台为主，辅以报纸、杂志、路牌等广告媒体。

"摩托罗拉MOTO－860"手机的广告策略

1. "MOTO－860"手机形象的问题点和优势。

问题点：（1）产品销售对象有局限性。（2）产品外形可能给人一种华而不实的感觉。

优势：（1）摩托罗拉手机知名度高。（2）"MOTO-860"是一款超低辐射环保的手机。（3）产品外形设计吸引年轻人。（4）广告宣传主题与设计风格明确，传播效果好。

2. 广告目标。

广告对象：主要针对时下追求自我个性时尚的年轻人，在校的大学生或已经有经济基础的年轻人。

目标地区：以北京为中心向全国各大、中、小型城市扩散。

广告定位：传播一种绿色环保的口号，让每个年轻人行动起来，捍卫地球上的绿色资源。

3. 广告策划主题：既环保又时尚。

广告主题（也是口号）：既环保又时尚。

品牌概念："MOTO-860"是一款颜色、外形时尚的手机，特别是它具有"0.01辐射"的技术，极大地减轻了对人脑的伤害，非常环保。基于以上两种特点，所以我们打出既时尚又绿色环保的主题对此手机进行广告推广，并让时下的年轻人进一步地意识到地球宝贵资源在日渐严重流失的后果。保护地球资源是每个人应尽的义务和责任，在这个人们都追求时尚、奢华的时代里也不忘了保护、节省地球上仅有的绿色资源！

4. 广告创意设计。以电视广告为主，在视觉上打动人心，迅速建立"既时尚又环保"的新概念。在品牌建立后，辅以报纸、杂志、户外广告、车身广告与店铺等平面广告扩大知名度与美誉度。在广告宣传后需要营销、公关的创意活动支持，把这一品牌概念进一步推广。时下是中国人民沉浸在申办2008奥运成功的喜悦当中，北京又提出绿色奥运的口号，这更深化产品的品牌概念，能够取得出人意料的效果。设计要求：在电视广告设计上，用一系列的“绿色时尚”主题广告来进行广告宣传，力争表现“绿色时尚”的各个方面。整个设计以年轻时尚的生活为主，运用一些电脑技术营造地球缺少资源会变成什么样子，来增加年轻人对环保的重视性。①

六、“行动方案”举例

（一）活动目的

创意产业是城市精神文明的灵魂，它给城市带来了活力，提升民众的创造力，并且挖掘出城市所蕴涵的中国文化。

目前，××的创意设计产业较有优势，在某些领域实力雄厚，处于全国前列。全市创意设计机构近500家，年产值逾100亿元，并且高校云集，人才众多，是创意产业的不竭源泉。

在××举办的首届创意市集，将“圣诞节+音乐节+创意市集”融合一体，对于活动品牌、人气、影响力及商业价值的开发都将是一次全新突破。

（二）战略方式

1. HIFI音乐节：结合××酸酸乳年初的××音乐风云榜活动，将××赛区的前三十强邀请到××商场，让他们带给观众年轻的圣诞之声！

2. DIY产品大血拼：邀请专业创意团队加入，展示最具年轻设计风格和独立艺术视角的本土原创作品，展现城市青年艺术家的新思路，激活更多艺术市场的潜力，也让更多的人看到设计者内在的声音和态度。让此次活动成为中部地区原创品牌崛起的宣传窗口。

3. 新锐设计展：发起××市服装新锐进行圣诞新衣的设计大赛，让市民看到华丽服饰的同时，体会到时尚新人所具有的知性内涵。

4. 索道求爱大宣言：圣诞夜这样一个情侣们的专属节日，自然少不了爱的宣言，索道大求爱，让情侣们彼此记住这个永恒的时刻。

（三）活动时间

（略）

（四）活动地点

××商场。

（五）活动执行

1. 活动宣传。××晚报《玩周刊》每周五刊登活动宣传，并发布报名及其他信息。晚报具体宣传计划：

（1）11月23日××晚报《玩周刊》以两个版的篇幅刊发活动预告，引导有意向的市民报名，营造活动声势。

（2）11月30日××晚报《玩周刊》以整版篇幅推进活动进程，刊发有特色的创意人和创意作品报道，同时预告“美丽有内涵——为百万市民设计圣诞新衣服装新锐设计大赛”活动详情。

（3）12月7日××晚报《玩周刊》以整版篇幅报道活动进展，挖掘活动更深更广的意义，报道活动中将出现的创意事情。

---

① 孟韬、毕克贵编著：《营销策划：方法、技巧与文案》，机械工业出版社2008年版，第227~251页。

（4）12 月 14 日××晚报《玩周刊》以整版篇幅继续预热活动，并预告圣诞求爱大宣言、风云新人冠军回归音乐秀活动详情，以及市民领取圣诞换购卡相关事宜。

（5）活动前 10 天，××晚报对活动中有新闻价值的事件进行报道。

（6）活动前一天及活动 3 天期间，××晚报进行较为密集的新闻报道，呈现服装新锐设计大赛、圣诞求爱大宣言、风云新人冠军回归音乐秀活动盛况。

（7）从 12 月 1 日起，每周五××晚报《玩周刊》上会留下报名方式（电话、邮件形式）。

（8）从 12 月 7 日起，每周五××晚报《玩周刊》上刊登网站查询信息，告知所有报名者可以登陆网站查询自己是否成为创意市集的摊主。

2. 活动报名。

（1）报名条件。年龄不限、性别不限、国籍不限；有创意、好玩、健康、看得见、摸得着的 DIY 物件（服饰、配件、家居、发明……）均可报名参加。报名者无特殊原因，均需提供 DIY 作品的电子档照片、文字介绍，以及店主的个人信息。

（2）报名时间。即日起至 12 月 19 日。

（3）大众报名方式。所有符合创意市集参展要求的准店主，均可通过晚报上的联系方式与晚报方负责人联系，并提供自己参展作品的资料；执行方负责人（张沛）每天会与××晚报方进行沟通，拿回报名人的资料，然后转给报名负责人（吴泽超、刘丹）进行进一步沟通；

（4）圣诞新衣设计赛。执行方负责人（×××）与××晚报方沟通，确认设计主题，即圣诞新衣；然后在××晚报《玩周刊》上公布该主题，让参赛选手可以按照主题要求设计圣诞新衣，增强现场的圣诞气氛。

3. 筹备期要求。

（1）人员。

①参展人员：执行方负责人（×××、××）按照××晚报提供的报名者名单，进行初期筛选，筛选以一个星期为周期，每周六与晚报方负责人审核本星期可以参展的摊主名单，以电话形式告知，并记录该摊主的参展作品数量、规格，然后统一以邮件形式发放参赛细则。

②义工：执行方负责人（×××、×××）按照××晚报提供的高校联系方式，联系××科技学院的老师，确定义工数量；在活动前安排时间前往高校进行义工培训，交代现场工作要求。

③风云新人：执行方负责人（××）与××方沟通，拿回××酸酸乳风云新人的联系方式，转交给××、×××，进行电话联系，告知其活动形式及参赛奖励，鼓励其届时前往现场参加活动。将确定前来的名单进行整理，然后统一约定时间进行活动规则讲解及交代相应事宜。

（2）物料（详见物料清单）。

①执行方：现场道具及舞台搭建，部分设计类物料、演出人员的联系及节目安排、摊位布置及分配。

②××：各类奖项的奖品、销售及展示所需物料。

4. 活动现场要求。

（1）开幕式。

①执行方前期与电台主持人×××联系，确定其来参加开幕式，并告知开幕时间、流程及相应要求。

②开幕前执行方需与××、商场三方确认现场舞台、道具及相关设计，并在活动前一晚进行现场搭建工作，确保活动能够顺利进行。

③义工在活动过程中统一着××发放的衣服，并按照事先执行方培训时的要求在各个岗位上进行管理工作。(具体分工细则详见附录)

④活动第一天10点前摊主必须按照执行方事先要求进行现场布展，并领取圣诞换购卡、颜料等活动所需物料，同时有任何疑问或要求需及时向现场执行方工作人员进行沟通。

⑤现在根据实际情况设置警戒线，并调配专人管理，以免发生不必要的危险。

（2）HIFI音乐节（节目编排详见附录）……

（3）DIY淘宝区。

①所有参展店主均需在活动期间最少一次上舞台进行产品展示或节目表演。

②所有参展店主均可在活动开幕前当天在指定位置领取10张圣诞换购卡，店主可以送圣诞换购卡给光临本摊位的消费者作为促销手段。消费者可以在活动当天拿圣诞换购卡免费领取××的超值饮品。

③活动期间凡在现场的道具服装上进行涂鸦的消费者可获得投票徽章一枚，同时，现场购买××饮品任意一款均可获得投票徽章一枚，消费者可将此投票徽章送给自己觉得有创意、有特点的店主，活动最后一天（24日），执行方工作人员会统一回收所有摊主的投票徽章进行统计，得到徽章数量越多，在平安夜的颁奖典礼上，摊主获奖的机会就越大，奖品也会更加丰厚！

（4）索道求爱区。

①12月22—24日10：00—18：00，前来游玩的顾客在活动现场购买两瓶“奶特”饮品，即可获得参加索道求爱活动的机会：购买饮品后，工作人员会将饮品包装角剪下，顾客在索道区将包装角给工作人员，即可参加索道求爱的活动一次，并可在心型背板处照相留念。

②12月24日晚上的颁奖典礼上，会有5对神秘情侣进行索道大求爱的现场表演，届时表现最出色的“最浪漫情侣”也会得到××赠送的精美礼品一份，同时也可在心型背板处留下自己的浪漫瞬间。

（5）××现场区。

①××在活动现场设置两个销售点进行产品销售，同时在销售点购买奶特两瓶即可参加索道求爱的活动，购买任意饮品一瓶也可获得投票徽章一枚。每个销售点5名工作人员，统一服装。

②在舞台旁边的中心区域，会搭建一个高端产品的展示区，用于产品展示、纪念徽章兑换以及免费的试饮休憩机会，5名工作人员，统一服装。

（6）闭幕式准备。

①23日下午18：00后，所有DIY摊主开始撤展，执行方工作人员回收各摊主的投票徽章并进行数量统计，为颁奖典礼做准备，24日不接受投票。

②执行方与××方确定参加索道求爱的5对情侣，并告知表演要求。

③执行方通知所有参加闭幕式的演出人员（包括主持人阿吉吉），告知节目编排以及闭幕式流程，同时进行现场舞台布置。

④执行方整理现场照片及影像片段，制作颁奖典礼所需 PPT，确认内场 LED 屏可以正常使用。

⑤落实颁奖嘉宾：风云新人和各赞助方领导。

（7）闭幕式。

①确认奖品数量及种类。

②告知颁奖嘉宾各奖项及获奖摊主名单。

③24 日晚 22：00 后全场撤展。

5. 四楼家居艺术商户参与环节。

（1）商场预留部分摊位作为四楼家居艺术特色展示区，并采取自愿原则，参与商户可将店内特色小商品进行参展。

（2）四楼家居艺术参展商户均可在活动开幕当天 10 点前，在指定位置领取 10 张圣诞换购卡，店主可以送圣诞换购卡给光临本摊位的消费者作为促销手段。消费者可以在活动当天指定地点，凭圣诞换购卡免费领取 × × 的超值饮品。

（3）四楼家居艺术参展各商户拥有索道求爱活动 10 个免费名额，商户可以送免费名额给光临本摊位的情侣消费者作为促销手段。情侣消费者，凭各参与商户出具的统一销售单，可免费参加索道求爱的活动一次，并可在心型背板处照相留念。

12 月 22—24 日 10：00—18：00，前来游玩的顾客需在活动现场购买两瓶“奶特”饮品，才可获得参加索道求爱活动的机会，顾客在索道区凭“奶特”饮品包装角，方可参加索道求爱的活动一次，并可在心型背板处照相留念。

（4）四楼家居艺术参展商户可参与摊位评选活动。活动期间凡在现场的道具服装上进行涂鸦的消费者可获得投票徽章一枚，同时，现场购买 × × 饮品任意一款均可获得投票徽章一枚，消费者可将此投票徽章送给自己觉得有创意、有特点的店主。

23 日下午 18：00 后，工作人员回收各摊主的投票徽章并进行数量统计，为颁奖典礼做准备，24 日不接受投票。活动最后一天（24 日），工作人员会统一回收所有摊主的投票徽章进行统计，得到徽章数量越多，在平安夜的颁奖典礼上，摊主获奖的机会就越大，奖品也会更加丰厚！

另：商场将仅针对四楼家居艺术参展商户，额外开设内部奖项。获奖商户将获得 × × 晚报《玩周刊》特色商铺采写追踪报告。

（5）四楼家居艺术参展商户还可以参加：最有创意摊位、最炫着装摊主、童年宝贝收藏达人、最佳新锐设计、最具创意设计、风云新人成长最快、最具人气摊主、最佳摊主节目。

策划训练

策划读点：“自己有钱才能赚钱”

美国麦当劳快餐老板雷·克洛克在当推销员时便十分喜爱快餐工作，但他只是个推销员，没有足够的资金。于是，他要求到麦当劳快餐店工作，同时，兼营推销工作，并把推销所得收入5%让给快餐店。经过几年努力，他终于有了足够的资金，于是他买下了快餐店，并使之发展成为美国最大的跨国食品公司之一。如果当初雷·克洛克不去快餐店工作，即使日后能成就大业，但至少要花费更多的精力和时间。他在自己条件还不具备的情况下，借助于麦当劳快餐店，从那里学到了不少经营与管理的经验，摸索到了走向独立经营的大门，为自己以后的发展创造了坚实的基础。“自己有钱才能赚钱”，这是一条自古到今都令人信奉的生意经。[1]

策划方法训练：缺点逆用构思方法

它是利用事物缺点，化弊为利的策划方法。缺点逆用法不是以克服事物的缺点为目标，而是巧妙地利用事物的缺点，化弊为利，寻找新的创新突破。例如，金属腐蚀本来是一件坏事，但人们却利用腐蚀原理发明了刻蚀和电化学加工工艺以及制造不锈钢粉末的方法。现在盛行于世界的“基因疗法”也属于缺点逆用构思法的成果。

训练建议：分析该方法在世界市场的应用情况；应用该方法进行市场策划。

营销策划平台

企业资料概要	策划项目
可口可乐（Coca-Cola，也称 Coke），是由美国可口可乐公司出品的一种含有咖啡因的碳酸饮料。汉语译名出自蒋彝，是翻译界极为有名和成功的例子之一。可口可乐是由美国乔治亚州亚特兰大药剂师约翰·彭伯顿（Dr. John S. Pemberton）发明的。今天，可口可乐商标是世界上最为人熟知的商标，并在全世界上近两百个国家和地区销售。可口可乐在中国的合资伙伴是中国轻工业总会及其联系机构、中国粮油进出口总公司、中国国际投资公司、嘉里集团和太古公司，共同建立了27家瓶装厂。在中国市场上的可口可乐系列产品有：可口可乐、健怡可口可乐、芬达、雪碧、阳光、醒目、天与地、津美等。特别是在1996年推出首次为中国市场研制的果汁饮料“天与地”后，接着又推出矿泉水和茶产品。又于1997年8月推出果味的碳酸饮料品牌“醒目”。 可口可乐代言包括：李宇春、刘翔、赵晨浩、热力兄弟、余文乐、郭晶晶、王力宏、潘玮柏……	理念策划 形象策划 产品策划 广告策划 促销策划 其他策划

① 王一心编著：《读故事　学营销》，海潮出版社2005年版。

主要参考书目

1. 世界品牌研究室主编:《世界品牌100强:品牌制造》,中国电影出版社2004年版。

2. 左旭初著:《著名企业家与名牌商标》,上海社会科学院出版社2008年版。

3. 董丛文主编:《营销策划原理与实务》,科学出版社2004年版。

4. 姚风云、苑成存主编:《创造学理论与实践》,清华大学出版社2006年版。

5. 孟韬、毕克贵编著:《营销策划:方法、技巧与文案》,机械工业出版社2008年版。

6. 庄贵军主编:《企业营销策划》,清华大学出版社2005年版。

7. 盛安之编著:《营销的58个创新策划》,企业管理出版社2007年版。

8. 潦寒编著:《文化营销》,江西人民出版社2004年版。

9. 国际广告杂志社等著:《中国广告猛进史1979~2003》,华夏出版社2004年版。

10. 贾吕荣编著:《汽车品牌·推广战》,机械工业出版社2007年版。

11. 郑方华主编:《营销策划技能案例训练手册》,机械工业出版社2006年版。

12. 张昊民编著:《营销策划》,电子工业出版社2005年版。

13. 梅雨霖主编:《应用策划》,中国轻工业出版社2007年版。.

14. 陈中民主编:《营销方法》,新疆科技卫生出版社2001年版。

15. 张征宇著:《营销创新》,经济管理出版社2006年版。

16. 杨述奎著:《畅销卖点:畅销元素策划技术》,中国时代经济出版社2007年版。

17. 梁宏、严良、刘善华编著:《现代市场营销策划案例及点评》,中国地质大学出版社2005年版。

18. 张秀贤、冯章等著:《广告语创作及赏析》,经济管理出版社2005年版。

19. 王一心编著:《读故事　学营销》,海潮出版社2005年版。

20. 朱立编:《市场营销经典案例》,高等教育出版社2004年版。

21. 樊丽丽主编:《趣味促销案例集锦》,中国经济出版社2005年版。

22. 金哲、姚永抗、陈燮君:《世界新学科总览》,重庆出版社1986年版。

23. 中国企业联合会咨询服务中心编:《企业管理咨询理论与方法新论》,企业管理出版社1999年版。

24. 余明阳等主编:《广告策划创意学》,复旦大学出版社1999年版。

25. 李成书、江华、陈放:《广告策划学》,知识产权出版社2000年版。

26. 李道平、孙黎:《企业形象策划》,中国商业出版社1996年版。

27. 郜振廷、刘志昆:《企业创新策划新思维》,中国经济出版社1999年版。

28. 编委会:《策划的方法与应用》，文化艺术出版社 1997 年版。
29. 陈惠湘等著:《策划中国》，中国经济出版社 1998 年版。
30. 高明编著:《策划大师与经典策划》，企业管理出版社 1996 年版。
31. 刘可主编:《震惊世界的 100 项策划》，中国经济出版社 1995 年版。
32. 陈火金等主编:《企业成功策划的学问》，中国经济出版社 1995 年版。
33. 罗建主编:《广告创意》，中国经济出版社 1995 年版。
34. 李飞著:《商战王》，北京经济学院出版社 1996 年版。
35. 肖传林主编:《策划谋略库》，河南人民出版社 1996 年版。
36. 王瑞明、徐至展:《高新技术与高新技术产业》，经济科学出版社 1996 年版。
37. 马维杰、马维刚:《世界经济 500 强启示录》，广东旅游出版社 1998 年版。